学びのための
英語指導理論

4技能の指導方法と
カリキュラム設計の提案

中森誉之 著

ひつじ書房

まえがき

　教室の扉を開けると，生徒たちは珍しそうに一斉に注目する。教育実習の初日，緊張でこわばった実習生を，快活な生徒がからかう。自己紹介も早々に，「1人でも多くの生徒に，英語を好きになって欲しい」と，英語教師の卵たち共通の思いを，はにかみながら語る。準備した授業は後悔の連続で，生徒のばらばらな視線の中，何を指導しているのかを省みる余裕はない。実習期間は，かけがえのない大切な思い出とともに，あっという間に終了し，翌年の春には，新任教師となって教壇に立つ。
　現在の教員養成制度では，学校教育臨床，青年心理，英語学習・指導理論について，十分に勉強する機会がないまま教師となる。「教師は，大工修行と同じで，先輩から学び試行錯誤を繰り返して，指導技術を向上させるべきである」と，いわれる。
　しかし，熟練教師の指導技術を見て学ぶ場は乏しく，教室の中には間違いを矯正してくれる「棟梁」は見当たらない。「自らの技量不足は生徒から学び，情熱で補いながら成長せよ」と，訓辞されて我流を抱えたままベテラン教師に陥っていく危険性は，全ての教師が抱えている。
　生徒がつまずく原因についての知識と，克服策を持たないまま教壇に立った場合，その教師の鍛錬と対面する生徒は極めて不幸である。生徒の英語力を高めることはできたのであろうか。
　経験を積み重ねた現職教員と，若い学生がともに切磋琢磨しながら勉学に打ち込む光景は，親和的で共感的な雰囲気にあふれている。
　「レディネス，遠い昔，講義で聞いたやさしい響き，懐かしいなあ。」教員は振り返り，日々の授業に追われ，置き去りにしていたことを素直に告白する。課程を修了し現場へ戻っていくとき，一様に口をつく重いことばがある。
　「教壇に立つためには，教師の英語力が大前提であり，英語力を維持し指導力を高めなければ教育は成立しません。その上で理論，技術を勉強して，

生徒のつまずきの解決や，指導に生かすことができることを，身をもって気付きました。」

　本書は，教育の一貫性を考慮に入れながら，学習者の学習段階を把握して，効果的な授業実践を行うための俯瞰的な視座を提供することを目的としている。これは，カリキュラム設計で考慮すべき本質的な観点ではあるが，理論に立脚した提案は成されてはこなかった。

　教師は，あらかじめ編纂され決められた教科書や教材を用いて授業実践を行うため，それらに依拠する指導となる。こうした制約を考えて，学年別指導法は扱わないこととする。担当学年の指導方法のみを関心の対象とするのではなく，学習者の言語習得過程の中で，自身が立つ位置の役割を認識しなければならない。教室場面での具体的な指導方法は，本書からの知見を指針として取り入れて，教師が学習者とともに，自由に創造的な英語授業を展開していくことを望んでいる。

　本書では，初級段階は小学生から中学校2年生くらい，中級段階は中学校3年生から高校2年生くらい，上級段階は高校3年生以降を想定している。しかし，英語が得意な学習者や，授業時間数が多い学校では，想定される学年は前倒しになる。また，1つのクラスの中でも様々な段階の学習者が存在しているため，単純に画一的な区分を設定することは教育的配慮を欠く結果となる。

　さらに，大学生や社会人で英語が不得手な場合（false beginner）は，初級段階のアプローチから再学習を始め，進度を早めて中級・上級段階へと移行することが効果的である。学校教育課程に従った学年別による段階区分ではなく，学習者の個別性を重視した初級・中級・上級段階を採用する。この区分方式は，教材でも一般的に設定されている考え方である。

　本書で取り上げるつまずきは，教育現場から寄せられた代表的なものであり，同時に現職教員が日々直面する悩みでもある。その多くは，学習者のレディネスを逸脱したことに起因する問題であり，自らの学習経験や，教育経験を思い起こしながら読み進めて欲しい。

　英語は「ことば」である，という言語観から本書は執筆されている。語彙と文法を記号体系としてではなく言語としてとらえ，運用方法を獲得するた

めの言語処理理論に基づいて展開されている。英語を理解し表出するメカニズムと，その獲得について概観した上で，カリキュラム設計とシラバス・デザインの指針を提案する。指導において逸脱してはならないレディネスの考え方を詳述し，学習者が直面するつまずきを取り上げながら，原因と克服策を考えていく。

筆者は，大学時代から統語論（文法論）を中心に，英語教育との関わりを理論的に研究してきた。言語学理論では，言語を記述し分析する手段として文法は不可欠であるが，母語習得や外国語学習では，語彙の果たす役割が極めて重要であると考えるに至った。言語習得の根本は語彙獲得にあるとの観点から，語彙の役割を重視する立場をとり，言語習得理論を援用して理解・表出のための文法指導を推奨してきた。

本書では，語彙中心の指導観を基盤として，指導への指針を述べていく。この研究は，文部科学省科学研究費補助金の援助を受けた基礎研究に基づいている。提案する指導理論は，拙著『学びのための英語学習理論』を理論的根拠としている。紙幅の都合により，詳しい理論的考察は「学習理論」と該当箇所を示して簡潔にした。

具体的な教材例として，Cengage Learning 社の *Innovations*: elementary; pre-intermediate; intermediate; upper-intermediate; advanced を使用した。

Innovations series は，語彙中心のアプローチを具体化した本格的な教科書の1つである。快く引用許可を与えてくださった，著者の Hugh Dellar 氏と Cengage Learning 社の山本哲也氏に謝意を表したい。

本書は，筆者が直接的・間接的に交流を持った教師たちの，真心によって支えられている。ここに心から感謝申し上げる。

2010 年 9 月　中森誉之

目　次

まえがき　　　　　　　　　　　　　　　　　　　　　　　　　　　　i

第Ⅰ部　外国語処理の基盤を構築するための英語教育　　　　　　1

第1章　英語はどのようにして理解・表出されるのか　　　　　3
- 1 英語の理解過程　　　　　　　　　　　　　　　　　　　　　　4
  - 1.1 音声・文字刺激の入力（入力系）　　　　　　　　　　　　6
    - 1.1.1 英語音声の解読　　　　　　　　　　　　　　　　　6
      - 1.1.1.1 調音音声学からの知見　　　　　　　　　　　6
      - 1.1.1.2 音響音声学からの知見　　　　　　　　　　　7
      - 1.1.1.3 音素レベルの知覚　　　　　　　　　　　　　8
      - 1.1.1.4 句や節，文などの連続音声の知覚　　　　　　9
    - 1.1.2 文字の解読　　　　　　　　　　　　　　　　　　11
      - 1.1.2.1 アルファベットの解読過程　　　　　　　　12
      - 1.1.2.2 文字単独の処理　　　　　　　　　　　　　13
      - 1.1.2.3 単語中の文字の認識　　　　　　　　　　　14
  - 1.2 意味理解に向けた語彙・構造の処理（処理系）　　　　　15
    - 1.2.1 心的辞書　　　　　　　　　　　　　　　　　　　15
      - 1.2.1.1 心的辞書の記載内容　　　　　　　　　　　16
      - 1.2.1.2 心的辞書に保存された語彙の関係性と活性化　19
      - 1.2.1.3 心的辞書に記載された語彙の検索　　　　　20
    - 1.2.2 文の分析的な処理に基づく意味理解（項構造と構造処理）　22
      - 1.2.2.1 項構造と意味役割の付与　　　　　　　　　22
      - 1.2.2.2 構造処理　　　　　　　　　　　　　　　　23
  - 1.3 話し手や書き手の意図の的確な把握（解釈）　　　　　　25
    - 1.3.1 語用論的知識　　　　　　　　　　　　　　　　　26
    - 1.3.2 談話知識　　　　　　　　　　　　　　　　　　　27

	1.3.2.1	意味内容の整理方法（統御）	27
	1.3.2.2	談話の一貫性	28
	1.3.2.3	談話の情報構造	28
	1.3.2.4	典型的な場面の記憶と談話の構成	29
	1.3.2.5	談話を理解するための処理方策	30

2　英語の表出過程　31
 2.1　伝達内容の準備（概念化）　33
 2.2　語彙と構造の選択（形式化）　33
 2.3　音声・文字による表出（音声化・符号化）　34
 2.4　表出のチェック機能（モニター）　34
 2.5　談話としての発話　35
 2.6　まとまりのある文章の表出（作文）　35
Topic 1　教育心理学と心理言語学に応用される視点追跡　37
資料 1　意味のまとまり（構成要素）の見つけ方　41

第2章　技能指導の理論的な背景　45

1　なぜ語彙中心の指導法か　47
2　技能指導の中でチャンクはどのように機能するのか　48
 2.1　外国語の理解と表出におけるチャンク処理　49
 2.2　音声チャンクと意味チャンク　50
 2.3　会話とチャンク　51
 2.4　語用論的知識に基づいたチャンクの理解と表出　52
 2.5　まとまりのある文章理解とチャンク　54
 2.6　聴解と読解指導におけるチャンクの留意点　54
3　4技能をどのように扱うか　55
 3.1　4技能のプロセス　55
 3.2　4技能の相関関係とカリキュラム設計　56
 3.3　技能指導の考え方　57
  3.3.1　成果・知識重視の指導観　57
  3.3.2　過程重視の指導観　57
 3.4　日本の教育環境にそった技能指導　58
4　いま，なぜ段階性なのか　60
 4.1　Communicative Language Teaching の目標　60

4.2	Communicative Language Teaching と第 2 言語習得理論	61
4.3	Communicative Language Teaching に関する教育現場からの報告と課題	62
4.4	レディネスに基づいた技能指導の必要性	63
4.5	言語習得理論に基づいた技能指導の段階性	64
4.6	学習者のためにどのような英語を選択するのか	65
5	語彙中心の指導法と従来からの指導理論との融合	66
5.1	語彙中心の指導法で使用する教材の留意点	67
5.2	語彙中心の指導法の援用可能性	69
5.3	技能指導の一貫性	71
Topic 2 学問としての外国語教育	72

第Ⅱ部　レディネスを遵守した英語指導　　77

第 3 章　聴解　　79

1	聴解のプロセスと聴解技能の獲得過程	80
1.1	聴解とはなにか	81
1.2	聴解技能はどのように獲得されるのか	82
2	一貫性のある聴解技能指導に向けたカリキュラム設計とシラバス・デザイン	84
2.1	聴解能力の定義	85
2.2	英語教育での聴解技能の位置付け	87
2.3	聴解技能指導の目標	88
2.4	シラバス・デザインに基づく授業の展開	89
2.4.1	聴解前の指導	89
2.4.2	聴解中の指導	90
2.4.3	聴解後の指導	91
2.5	「聴き方」の指導	91
2.5.1	「聴き方」を指導するためのシラバス・デザイン	92
2.5.2	「聴き方」を指導するための練習方法	93
2.6	レディネスに基づいた聴解技能指導のためのカリキュラム設計	96

2.6.1　初級段階の指導と留意点　　　　　　　　　　97
　　　2.6.2　中級段階の指導と留意点　　　　　　　　　　98
　　　2.6.3　上級段階の指導と留意点　　　　　　　　　　100
　3　聴解技能獲得の困難性と克服策　　　　　　　　　　　101
　　3.1　なぜ聴解は難しいのか　　　　　　　　　　　　　101
　　3.2　音声に関わる困難性　　　　　　　　　　　　　　102
　　　3.2.1　カタカナ英語　　　　　　　　　　　　　　　103
　　　3.2.2　つづりと発音　　　　　　　　　　　　　　　103
　　　3.2.3　聞き間違い　　　　　　　　　　　　　　　　103
　　　3.2.4　トーン　　　　　　　　　　　　　　　　　　103
　　　3.2.5　多様化している英語の発音　　　　　　　　　104
　　　3.2.6　音節　　　　　　　　　　　　　　　　　　　104
　　　3.2.7　英語と日本語の語順の違い　　　　　　　　　105
　　3.3　まとまりのある音声理解に伴う困難性　　　　　　105
　　　3.3.1　長い会話　　　　　　　　　　　　　　　　　106
　　　3.3.2　文章理解　　　　　　　　　　　　　　　　　106
　　　3.3.3　未知語，類推・推測　　　　　　　　　　　　107
　　　3.3.4　複雑な構文を含む聴解素材　　　　　　　　　107
　　3.4　聴解技能学習に対する学習者の態度面　　　　　　108
　　3.5　学習する機会の充実　　　　　　　　　　　　　　109
　Topic 3　学習者のための授業実践に向けた取り組み　　111

第4章　発話　　　　　　　　　　　　　　　　　　　　　117

　1　発話のプロセスと発話技能の獲得過程　　　　　　　　119
　　1.1　発話とはなにか　　　　　　　　　　　　　　　　119
　　1.2　発話技能はどのように獲得されるのか　　　　　　119
　2　一貫性のある発話技能指導に向けたカリキュラム設計と
　　　シラバス・デザイン　　　　　　　　　　　　　　　121
　　2.1　発話能力の定義　　　　　　　　　　　　　　　　121
　　2.2　英語教育での発話技能の位置付け　　　　　　　　122
　　　2.2.1　日本の現状　　　　　　　　　　　　　　　　122
　　　2.2.2　教育現場の実情　　　　　　　　　　　　　　123
　　　2.2.3　学習者を取り巻く環境　　　　　　　　　　　123

2.3	発話技能指導の目標	125
2.4	シラバス・デザインに基づく授業の展開	125
	2.4.1　発話活動前の指導	125
	2.4.2　発話活動中の指導	126
	2.4.3　発話活動後の指導	126
2.5	「話し方」の指導	130
	2.5.1　発音の指導	130
	2.5.2　自由発話とはなにか	131
	2.5.2.1　自由発話に求められる発話能力	131
	2.5.2.2　自由発話に必要とされる方略	131
	2.5.3　聴解・読解素材を要約する発話	133
	2.5.3.1　要約に求められる発話能力	133
	2.5.3.2　要約に必要とされる方略	133
2.6	レディネスに基づいた発話技能指導のためのカリキュラム設計	135
	2.6.1　初級段階の指導と留意点	137
	2.6.2　中級段階の指導と留意点	139
	2.6.3　上級段階の指導と留意点	140
3 発話技能獲得の困難性と克服策		142
3.1	なぜ発話は難しいのか	142
3.2	音声面に関わる困難性	143
3.3	語彙・文法に関わる困難性	143
	3.3.1　一致要素	144
	3.3.2　否定形の疑問文	144
	3.3.3　日本人英語学習者が発話で注意すべき項目	145
3.4	語彙と文法の運用面	145
3.5	発話技能学習に対する学習者の心理面	146
Topic 4　構音障害と英語聴解・発話との関連性		148

第5章　読解　　　　　　　　　　　　　　　　　　　151

1 読解のプロセスと読解技能の獲得過程		152
1.1	読解とはなにか	153
1.2	読解技能はどのように獲得されるのか	154

2　一貫性のある読解技能指導に向けたカリキュラム設計とシラバス・デザイン　155
2.1　読解能力の定義　155
2.2　英語教育での読解技能の位置付け　156
2.3　読解技能指導の目標　157
2.4　シラバス・デザインに基づく授業の展開　158
2.4.1　読解活動前の指導　158
2.4.2　読解活動中の指導　158
2.4.3　読解活動後の指導　159
2.5　「読み方」の指導　159
2.5.1　読解速度をどのように向上させるのか　159
2.5.1.1　読解処理の方法にあわせた読み方　160
2.5.1.2　読解速度向上のための方策　160
2.5.2　どのように音読を活用するのか　161
2.5.2.1　音読指導の目的　162
2.5.2.2　音読指導の留意点　162
2.5.3　未知語の類推　163
2.5.4　スキミングとスキャニングの指導観点　164
2.5.5　多読とはなにか　165
2.5.6　精読と英文和訳の位置付け　166
2.5.6.1　構文解析技術の必要性　167
2.5.6.2　構文解析技術の意義と指導　168
2.5.6.3　構文解析技術と英語教育　170
2.6　レディネスに基づいた読解技能指導のためのカリキュラム設計　171
2.6.1　初級段階の指導と留意点　171
2.6.2　中級段階の指導と留意点　172
2.6.3　上級段階の指導と留意点　174
3　読解技能獲得の困難性と克服策　175
3.1　なぜ読解は難しいのか　175
3.2　文字列を解読する困難性　176
3.3　語彙や表現面に起因する困難性　177
3.4　文法や構造・構文面の困難性　178

3.5	まとまりのある文章の理解に伴う困難性	178
Topic 5	言語の習得に適した年齢域はあるのか	181

第6章 作文 　　　　　　　　　　　　　　　　　　　　　　　187

1 作文のプロセスと作文技能の獲得過程　　　　　　　　　189
　1.1 作文とはなにか　　　　　　　　　　　　　　　　　189
　1.2 作文技能はどのように獲得されるのか　　　　　　　190
2 一貫性のある作文技能指導に向けたカリキュラム設計と
　　シラバス・デザイン　　　　　　　　　　　　　　　　191
　2.1 作文能力の定義　　　　　　　　　　　　　　　　　192
　　2.1.1 作文と読解の相関性　　　　　　　　　　　　　192
　　2.1.2 母語と外国語の作文能力の関係性　　　　　　　193
　2.2 英語教育での作文技能の位置付け　　　　　　　　　193
　2.3 作文技能指導の目標　　　　　　　　　　　　　　　196
　2.4 シラバス・デザインに基づく授業の展開　　　　　　196
　　2.4.1 作文活動前の指導　　　　　　　　　　　　　　197
　　2.4.2 作文活動中の指導　　　　　　　　　　　　　　198
　　2.4.3 作文活動後の指導　　　　　　　　　　　　　　199
　2.5 「書き方」の指導　　　　　　　　　　　　　　　　199
　　2.5.1 作文指導の歴史的概観　　　　　　　　　　　　199
　　　2.5.1.1 制御作文 (Controlled composition) (1960年代　Fries)　199
　　　2.5.1.2 修辞学 (Rhetoric) (1970年〜80年代　Kaplan)　199
　　　2.5.1.3 過程重視の指導法 (Process approach)
　　　　　　　(1980年〜90年代　Zamel)　　　　　　　200
　　2.5.2 「書き方」を指導するためのシラバス・デザイン　200
　　2.5.3 「書き方」の指導上の留意点　　　　　　　　　201
　　2.5.4 「添削の活動」を取り入れたシラバス・デザイン　202
　　2.5.5 「添削の活動」の指導上の留意点　　　　　　　203
　2.6 レディネスに基づいた作文技能指導のための
　　　カリキュラム設計　　　　　　　　　　　　　　　　204
　　2.6.1 初級段階の指導と留意点　　　　　　　　　　　205
　　2.6.2 中級段階の指導と留意点　　　　　　　　　　　206
　　2.6.3 上級段階の指導と留意点　　　　　　　　　　　208

　　　　2.6.3.1　立場を表明するための文章指導　　　　209
　　　　2.6.3.2　英作文シラバスの例　　　　210
　3　作文技能獲得の困難性と克服策　　　　212
　　3.1　なぜ作文は難しいのか　　　　213
　　　3.1.1　作文意欲に対する困難性　　　　213
　　　3.1.2　文章構成に対する困難性　　　　213
　　　3.1.3　構文・表現面に関わる困難性　　　　214
　　3.2　どのように問題点を解決するのか　　　　214
　Topic 6　教材選定で考慮する視点　　　　216
　資料2　英語論文の執筆へ挑戦　　　　221
　　Ⅰ　英語小論文執筆過程　　　　221
　　Ⅱ　英語論文執筆への第一歩を踏み出す　　　　222
　　Ⅲ　英作文・英語論文執筆の注意事項　　　　223

第Ⅲ部　聞く・話す・読む・書く技能を統合する　　　　225

第7章　4技能を取り入れた語彙の指導　　　　227
　1　語彙能力の定義　　　　229
　2　学習が困難な語彙　　　　230
　3　カリキュラム設計上の語彙指導の段階性　　　　231
　　3.1　初級段階の指導と留意点　　　　231
　　3.2　中級段階の指導と留意点　　　　232
　　3.3　上級段階の指導と留意点　　　　232
　4　語彙獲得の困難性と克服策　　　　233
　　4.1　音声面と文字・つづりの関連性　　　　234
　　4.2　運用を支える語彙の学習　　　　235
　　4.3　母語の影響（干渉）　　　　237
　　4.4　学習した語彙の整理（体制化）と保存（貯蔵）　　　　237
　　4.5　語彙の学習方法　　　　238
　資料3　4技能を活用した語彙指導のためのシラバス・デザイン　　　　240
　　Ⅰ　文章を用いた練習　　　　241
　　　1　文章を提示する前の活動　　　　241

		2 文章を素材として用いながら行う活動	242
	II	表出に向けた活動	245
	III	日本語を取り入れた活動	246
	IV	コーパスを援用した語彙指導	248
	V	語彙のネットワーク化	248

第8章　4技能を取り入れた文法の指導　　251

1　文法能力の定義　　253
  1.1　伝統的な文法観　　253
  1.2　コミュニケーション理論の文法観　　254
  1.3　現代言語学の文法観　　256
2　学習が困難な文法　　257
  2.1　文法の困難性とはなにか　　257
  2.2　文法形式の余剰性　　257
3　文法指導をどのようにとらえるか　　258
  3.1　言語記述・言語分析のための文法　　258
  3.2　言語理解・言語表出のための文法　　259
  3.3　動詞・構文の指導　　259
4　シラバス・デザインに基づく授業の展開　　260
  4.1　演繹法と帰納法　　261
  4.2　文法書き取り・文復元　　262
5　カリキュラム設計上の文法指導の段階性　　263
  5.1　シラバスでの文法の位置付け　　263
  5.2　文法指導の課題　　264
6　文法獲得の困難性と克服策　　265
  6.1　複数の文法機能を音声が担っていることによる困難性　　265
  6.2　英語と日本語の構造的差異による困難性　　266
  6.3　概念構造の相違による困難性　　268

資料4　語彙中心の指導法による現在完了形の学習　　270
  I　Elementary level　　270
  II　Pre-intermediate level　　274
  III　Intermediate level　　281
  IV　Upper-intermediate level　　283

V　Advanced level　　　　　　　　　　　　　　　　285

第9章　統合されていく技能　　　　　　　　　　　　　287
　1　なぜ技能を統合するのか　　　　　　　　　　　　　288
　2　統合技能の能力とはなにか　　　　　　　　　　　　289
　3　一貫性のある統合技能指導に向けたカリキュラム設計と
　　　シラバス・デザイン　　　　　　　　　　　　　　　290
　　　3.1　レディネスに基づいた統合技能指導のための
　　　　　　カリキュラム設計　　　　　　　　　　　　　291
　　　　　3.1.1　初級段階のシラバス・デザイン　　　　　291
　　　　　3.1.2　中級段階のシラバス・デザイン　　　　　292
　　　　　3.1.3　上級段階のシラバス・デザイン　　　　　293
　　　3.2　技能統合のパタン　　　　　　　　　　　　　　293
　4　英語教育における統合技能の位置付け　　　　　　　294
　　　4.1　学校教育課程での統合技能の扱い　　　　　　　294
　　　4.2　英語力向上のための入学試験　　　　　　　　　295
　5　言語力の獲得　　　　　　　　　　　　　　　　　　296
　　　5.1　学習する機会の充実　　　　　　　　　　　　　297
　　　5.2　ことばの力を育む言語教育　　　　　　　　　　297

参考文献　　　　　　　　　　　　　　　　　　　　299
あとがき　　　　　　　　　　　　　　　　　　　　311
索引　　　　　　　　　　　　　　　　　　　　　　313

第1部 外国語処理の基盤を構築するための英語教育

第1章
英語はどのようにして理解・表出されるのか

　言語は，遺伝的に人間の脳内に搭載されている，生得的な言語習得装置に誘導されて，無意識に獲得されていく。

　発達段階に従って習得された言語は，理解と表出を繰り返し記憶の中で人間の営みを支えているが，そのメカニズムを解明し，ことばで説明することは難しい。

　外国語学習は，言語処理の基盤を意識的に体系立てて構築していくことである。英語はどのような処理過程を経て運用されているのか。

> York Minster に響き渡る，パイプオルガンの重厚な調べに身を沈め，聖歌隊の天使の歌声に魂を揺り動かされ，敬虔な気持ちでこうべを垂れる。ゴシック様式の弓形に弧を描く高い天井は，太い石の柱で支えられ，荘厳な聖堂に差し込む光を受けて，ステンドグラスが美しく輝いている。
> 　司教の preach は，大聖堂に響きわたり，反響し，こだまのように幾重にも折り重なってたたみかけてくる。威厳を持って語りかけ，人々の祈る心を浄化していく。
> 　大理石で囲まれた，ロンドン大学の講義棟での授業は，共鳴箱の中に座しているようで，教授のことばが割れて反響し，日本人学習者には内容を理解することが難しい。日本語訛りの平坦な強弱のない発音での発表は，マイクの使用を義務付けられても，まわりには理解されはしない。

はじめに

　英語は強弱の言語であり，リズムで内容を理解する。周囲の反響音や雑音には，内容理解は阻害されにくいストレス言語である。日本語は，高低で理解されるモーラ言語である。こうした言語間の質の違いが，理解と表出の障壁となっている。

　本章では，英語が脳内でどのように理解（聞く・読む），表出（話す・書く）されていくのかについて，言語処理の過程に従って考察する。言語処理理論に基づき，音声と文字，語彙，構造，談話の理解と表出について，言語学の基礎理論を概説しながら基盤となる考え方を詳述する。

　紹介する英語処理の実証研究やデータは，Carroll (2008) と Harley (2008) を参考資料とした。次章以降では，英語の理解と表出の能力を獲得していくための指導理論を展開する。

1　英語の理解過程

　この節では，英語母語話者の理解過程について概観する。音声や文字の流れから内容を理解するためには，次のような言語処理が行われると仮定する。

言語の理解過程では，記憶のメカニズムが基盤となって，外部からの言語刺激情報を保持（記憶）しながら入力系・処理系・解釈を支えている。

【記憶のメカニズム】
・短期記憶
　入力される言語刺激を瞬時に記憶する。音声，文字やつづりの把握。
・作業記憶
　意味を抽出するための語彙の活性化と構文処理を行い，推論能力を働かせながら意味を解釈する。
・長期記憶
　言語知識や脳内の百科事典的知識（生まれた時点から現在までに知り得た知識）が保存されている。

【入力系】
聴覚情報である言語音声，視覚情報の文字を解読する。

⇩

【処理系】
・音声や文字の流れから単語を認識し，形態素（unhappiness, played, boxes, etc.）の処理を行う。
・動詞をもとにして，出来事の状況を分析的に理解する（意味役割の付与）。
・文型や構文を語順に従って正確に把握する（構造処理）。

⇩

【解釈】
・文の適切さや推論による理解，話し手や書き手の意図や心情の把握を行う（語用論的知識の活性化）。
・まとまりのある文章の内容を整理して理解する（談話処理，統御）。

図 1-1　言語理解過程

本節では，こうした言語理解の処理過程に従って，具体的なプロセスを考察していく。

1.1　音声・文字刺激の入力（入力系）

聴覚や視覚から与えられた言語刺激を，記憶に短期間保持（短期記憶）して解読（decoding）を行う段階である。日常生活の中では，様々な聴覚・視覚情報に囲まれている。言語音声は，鳥のさえずり，風や雨の音，楽器の奏でる音色，その他雑音，騒音などの聴覚情報と区別されていく。

また，視覚情報の文字は，景色や物体などの空間刺激から自動的に区別されていく。言語刺激の処理は，個別言語（日本語，英語，中国語，アラビア語など）の制約を受けるため普遍的ではない部分も多い。一方，言語刺激以外の聴覚・視覚刺激は，言語に関わりなく普遍的に処理される。

ここでは，言語刺激に特化して，言語音声や文字列を解読するプロセスを概観する。

1.1.1　英語音声の解読

英語音声の解読について専門的に研究している学問領域は，調音音声学（articulatory phonetics）と音響音声学（acoustic phonetics）である。調音音声学は，唇，歯，舌，声帯などの調音器官が，どのように言語音声を作るのかを生理学的に解明することを目指している。音響音声学は，生成された言語音声を詳細に分析した上で分類し，聴覚言語刺激の質や特徴を定義することを目標としている。

1.1.1.1　調音音声学からの知見

言語音声の発音についての研究は，調音音声学の専門領域である。言語音声は，調音器官の働きによって作り出される。調音器官を順々に，または組み合わせて動かして，口腔内で空気の流れを変化させたり，舌の位置を移動させたりする。その結果，様々な音色の言語音声が作り出される。肺からの空気の流れを遮断しなければ母音（vowel），空気の流れに変化を加えると子音（consonant）が作られる。

母音は，口腔内のどの位置で音声が作られるのかによって，前方から後方，舌の位置の高低によって区分される（学習理論 p.18, 図 2–2）。

子音の分類は，調音位置（place of articulation）と調音様式（manner of

articulation)に基づいている。調音位置は，調音器官のどこで音声が作られるのか，調音様式は，どのように音声が作り出されるのかを示す（学習理論 p.18, 表 2–1）。

例えば，/b/ は，両唇の位置（bilabial）で，空気を止めてから強くはき出す（stop）ことで作られる。声帯が震える場合は有声音（voiced），振動しない場合は無声音（voiceless）となる。/b/ は有声音，/b/ に対応する無声音は /p/ である。

また，母音の発音時間の微妙な違いが，音声知覚に影響を及ぼしていることも報告されている。pack と bag は，/p/ の後の強い呼気（aspiration）と，bag の母音の発音時間がわずかに長いことによって識別されている。こうした要素は，絶対的な基準ではなく，話者の中で標準化（normalise）された規則に基づくといわれているが，標準化の様相は理論的に解明されてはいない（学習理論 第 2 章 2.2, 2.4.3）。

1.1.1.2　音響音声学からの知見

音響音声学は，言語音声がどのように知覚・生成（産出）されているのかを解明することを目指し，音響的な特徴を機械的手法を用いて記述，分析している。

言語音声の質を探る方法は，スペクトログラフによる分析が一般的である。音素ごとのエネルギーの違いを記録・測定して，分析を加える。スペクトログラフに記録される「影」の形式や，特定の「影」が発生する時間帯を区分することによって，言語音声の特徴を把握するものである（学習理論 Topic 1）。

音響音声学の知見は，音声認識や読み上げ技術などに応用されている。パソコンの自動音声認識や文字読み上げソフトは，この成果を投入したものであるが，依然として単語の区切り位置などの誤認も多く，また，人間の発する「自然な」言語音声ではない。1つ1つの言語音声を作り出したり認識したりすることと，音声を継続的な流れとして生成し，把握することは質が異なっている。音素と連続音の処理方法はそれぞれ独自であり，複雑なメカニズムであることが分かっている。

周囲の様々な音声の中から，自分と関わりのある言語音声を適切に抽出することは，人間の持つ特殊な能力である。言語音声刺激は，声の高さ，質，速度，発声方法，訛りに至るまで，同一で均一の音声を知覚することはない。
　例えば，'pat' の発音は，性別，年齢，人種などによって異なるものの，'pat' として認識される。
　これらの全てを許容しながら，正しく言語音声を知覚する能力が音声解読の過程を支えていることが分かる。この能力を完璧に機械で再現することは，極めて高度であり困難を伴う作業である。「完璧に」とは，通常行っている言語活動のように，発音の個人差を包容して瞬時に認識し，誰にも自然な言語音声として知覚することができる音声を作り出すことを指している。

1.1.1.3　音素レベルの知覚

　言語音声を作り出したり，正しく知覚したりする能力は，人間という種に与えられた驚異的な特質であるといわれている。
　母語では，話者が言語音声を知覚することは，無意識に自動的に行われている。しかし，外国語学習で直面するように，母語とは異なった言語音声を，正しく円滑に知覚することは容易ではない。知覚のメカニズムは完全には解明されてはおらず，医療や科学技術が解決していかなければならない課題である。
　言語音声の知覚については，脳内で言語音声をどのように分類して（分節化）処理していくのか（categorical perception）が重要なテーマとして扱われてきた。言語音声の音色の違いは，黒色と白色のように明確に区別することができるものから，黄色と黄緑色のように，類似して不明確な場合もある。そして，黄緑色がより黄色に見えるのか，緑に見えるのかについては個人差があるように，音声識別も画一的に処理されるわけではない。
　視覚による色彩の識別能力は，言語による影響を受けず普遍的なものであるが，言語音声の違いを認識する聴覚能力は，生後10ヶ月前後で減退してしまい，母語の音声に限定され普遍的ではない（学習理論 第2章1.1）。
　言語音声を知覚するときには，その音声がどのように発音されるかについて，調音の意識が深く関わっているとする理論がある（the motor theory of

speech perception)。知覚と調音は関連性が高く，互いに影響し合っており，知覚時には無意識的に調音動作を活性化させていると仮定している。聴解時に無意識に音声を繰り返したり，読解時につぶやき読みを行ったりしていることからも分かる。この理論の知見を応用して，外国語学習では，正しい発音練習を行うことによって，正確に聴解ができるようになるともいわれている。

　話し言葉を知覚する際には，自らの脳内に搭載されている音声体系を活性化させて，入力される音声に備える。入力された音声と活性化させた音声規則が一致する場合は発話は理解され，一致しない場合は理解されないで終わる。このように，話し言葉の理解では，入力される音声と聞き手の脳内の音声基盤とを統合・合成しながら，分析を進めて理解していくと仮定されている（analysis by synthesis）。

　また，調音位置（主に唇）は視覚情報で，調音様式は聴覚情報で把握する傾向が強いことも実験で示されている。正しい音声の知覚には，複数の感覚器官が関連している可能性が指摘されている。

1.1.1.4　句や節，文などの連続音声の知覚

　英語を正しく理解するためには，音素レベルの知覚と韻律情報とを同時に解読していくことになる。韻律（prosody; suprasegmentals）とは，強勢やイントネーションなど，個々の単語の音素レベルの発音に限定されない音声特徴である。韻律は，発話の意味やニュアンスにも影響を与える。

【音声の自然さ】

　通常の音声の知覚では，音素が別々に発音されることはなく，ある程度のまとまりを持っている。いくつかの音素が組み合わされて独特の音色を作り，高低や上下などの韻律の変化も加わっていく。音素を1つずつ提示して発音されても，一昔前のロボットの発話のように，抑揚のない平坦で異質な音声であるため，理解することが難しく労力を要する。

　例えば，運転中にカー・ナビゲーションから韻律情報が欠落した音声で1文字ずつ「ひ・だ・り・へ・ま・が・り・ま・す」と，不自然な音声で告げられ咄嗟に判断がつかないことがあった。音素を連結・結合させて，自然な

言語音を作り出すには韻律情報を含めなければならないため、難しい技術である。

【韻律情報】

韻律は、まとまりのある音声を円滑に理解するためには、不可欠である。強勢やイントネーションを正しく把握した上で、個々の音声を知覚する。

例えば、大聖堂のような石の反響構造の中での説法も、英語母語話者は韻律によって正しく知覚して、精神状態まで感じ取ることができる。しかし、日本人英語学習者特有の、韻律情報が乏しい発音を理解することは難しいといわれている。このように、英語では韻律の役割が大変重要である。

【強勢、イントネーション、間の取り方】

強勢（stress）は、発音時の強さ、部分的な声の大きさに基づいている。イントネーション（intonation）は、文中の発音の上がり下がり（高低）、抑揚を指す。韻律の影響は、結果として文中での単語を発音する速度の違い（rate）にも関連してくる。

例えば、名詞や動詞などの内容語は強く長めに、冠詞や助動詞などの機能語は弱く短く発音される。

> She's **dancing** all night long at the **disco**.

また、イントネーションが持つ情報として、at the disco を上昇調で発音すると疑問や感嘆、disco を高低高で発音すると疑念や非難のニュアンスを表す（tone）。これは、「本当」「そうなの」など、日本語でも日常的に見られる。英語母語話者は、個々の単語は強勢に基づいて脳内で整理されており、単語を配列した際の強勢の置き方によって意味が変わることを、規則として備えている。強勢は、当該言語の規則に照合して、きわだった音響的な特質として把握していく。

例えば、a light house keeper では、light, house, keeper のいずれかを強く発音するかによって、意味が異なってくる。

a **light** house keeper（灯台を守る人）
a light **house** keeper（やせた家政婦）
a light house **keeper**（曖昧で両方の意味に取れる）

　さらに強勢位置と連動して，単語間の間の取り方（以下では ＿ の位置）によって，意味の違いが表現される。

a light house ＿ keeper（灯台を守る人）
a light ＿ house keeper（やせた家政婦）
a ＿ light house keeper（日本人英語学習者に多い，曖昧で両方の意味に取れる話し方）

【意味・構造の知識の役割】
　句，節，文などの連続音声の知覚には，意味や構造の知識も関与する。文脈情報を瞬時にとらえることによって，正しい知覚が可能となる。知覚率は，文法的で意味も正しい文，文法的であっても意味は逸脱した文，非文法的な文の順となる。純粋に音声のみから理解をするのではなく，意味と構造の情報をもとにして解釈を行っていく。こうした働きは，脳内で自動修正機能としても働き，相手の発音の誤りを修正して理解する（monitoring）。
　例えば，'the chip of the dang' といわれても，文脈の知識も活用して，'the tip of the tongue' といっているのであろうと解釈する。文の知覚では，音声情報とともに，文脈，意味，構造の知識を結集して，内容理解の正確さを確保している。

1.1.2　文字の解読
　文字は，意味や音声を表記する体系である。英語にはアルファベット１種の文字体系しかない。日本語では，漢字，平仮名，片仮名，ローマ字と，４種の文字体系を併用しており世界的にも珍しく，文字学者を驚嘆させるといわれている。
　文字には，漢字のように単語や形態素を１つの文字で表す表語文字

(logograph)，仮名のように音節単位を1つの文字で表す音節文字 (syllabary)，発音可能な最小の音素を文字で表したアルファベットがある。表語文字は他の文字に比べて，意味の類推が比較的容易であるが，画数が多く記憶の負担が大きい。一方，アルファベットは他の文字に比べて，文字の数が限られているために暗記量は少ないが，音声と密接に結び付いた体系であることに起因する，長所短所併せ持った文字である。このように英語は，日本語の文字体系とは異なっている（学習理論 第3章3）。

1.1.2.1 アルファベットの解読過程

アルファベットを使用する言語の，入力系における文字解読の過程は次のとおりである。

アルファベットを，言語を表記する記号として把握する。

⇩

アルファベットの形を，特定の視覚信号として変換し認識する。

⇩

視覚信号は脳内で概念化されて，活字としてタイプされたものや，様々な癖の手書きも正しく知覚する。

⇩

アルファベットの集合体を1つのまとまり（単語）として認識した上で，意味と結び付ける。

読解中は，読解素材の音声化が無意識的・意識的に行われている。文字列を解読していくときには，音声規則は内語 (inner speech) や，つぶやき読みなど間接的に活性化されて，文章の読み取りを支えていることが実験的に確認されている（詳しくは Tartter 1998: 478）。

文字の解読過程は，視点追跡 (eye movement) によって研究されてきた。文を読んでいるときの眼球の動きを記録することによって，単語認識や構造解析，意味解釈の様子を探ることができる。読解中は，眼球が一定の動きを

する (saccade movement) ことが認められ，通常，平均 10 文字前後を把握しながら，10〜20 ミリ秒の速度で読み進めていく (Topic 1 参照)。

　英語を読解しているときには，眼球は左から右へ動く。動きのうち，成人の英語母語話者でも，10〜15% は逆方向へ戻る動きを見せることが確認されている (regression)。これは，読み間違いや内容の取り違いを起こしたため，再分析する必要が生じたものと解釈されている。また，ある部分で眼球の動きが停止することも認められる (fixation)。停止は約 225 ミリ秒前後にわたり，原因は，内容の難しさ，文構造の複雑さ，未知語，段落間の関係性の理解確認などであり，処理上何らかの疑問点に直面していることを意味していると報告されている。

　どれだけの領域を眼球が一度に把握できるか (perceptual span) は，視覚情報の抽出量を測る上で重要である。ある領域内でどの単語を注視しているのかを測定することによって，純粋に文字だけを把握しているのか，意味処理も活性化させているのかを確認することができる。意味処理を介在させない場合は，7〜12 文字を把握することができるが，意味を理解するために解析を行っている場合は，1〜6 文字程度しか注視することができない。

　眼球が停止して注視している単語を理解するためには，先にある 14〜15 文字の幅を注目して，その単語より前は 3〜4 文字程度の幅しか見ていない。つまり，眼球停止時には，読み進む先の方へ，右方向に視野を確保して注目していることを示している。

　言語獲得過程では，文字列の処理に慣れ，解読技術が向上するに従って，眼球の動きは一定となり，把握できる文字列の量が増し，眼球の停止や逆戻りは少なくなる。

1.1.2.2　文字単独の処理

　文字を一瞬だけ表示する瞬間露出器 (tachistoscope) を用いた測定によると，文字を瞬間的に正確に認識することができる確率は高くなく，見間違いが頻繁に生ずる。

　例えば，形の類似した E と F (EAT/FAT)，P と R (PAT/RAT) などに見られる。単語として文字列を認識する傾向があり，文字列を分解して解析し

ながら1文字ずつ処理をしているわけではない。形式の類似した無意味な文字列（GOQCD や VWUXMN など）は単語として認識することに混乱をきたして記憶・再生することは難しい。

　こうした現象が生じる原因は，新幹線の車窓から通過中の駅名や看板の文字を読み取る，スポーツ選手がボールの動きを静止してとらえることができるなど，動体視力とも関わっている。

　また，正しいつづりの単語か（Wednesday），誤ったつづりの単語か（Wedesday）を判断させ，反応時間と正解率を調査する（lexical decision task）と，単語として全体の形のイメージを記憶していることが分かった。そのイメージと合致する場合は瞬時に反応することができるものの，少しずれると，正しいつづりを想起するための時間を要することが，この実験により報告されている。

1.1.2.3　単語中の文字の認識

　実際に存在する単語の文字列は，存在しない単語よりも判断が容易で，正解率も高くなる（word-superiority effect）。単語であることが文字認識を促進しており，文字列に基づいて1つずつ文字を拾いながら単語を認識しているわけではない。特に使用される頻度の高い語彙（高頻度語彙）は，つづりを構成する1つ1つの文字を見分けているのではなく，つづり全体を1つの単位として処理していることが実験的に確認されている。

　単語にふれる頻度は，無意識に瞬時に把握できる自動化との関わりが大きいといわれている。単語認識の違いは，以下のとおりである。

(1) 文字の濃度や丁寧さなど文字の見やすさ
(2) 繰り返しの量と親密性
(3) 文字数や音節数などの長さ
(4) 単語を構成する文字把握のしやすさ
(5) from と form など単語の形式の類似性
(6) 文脈からの想起する容易性

単語認識については，いくつかの単語認識モデルが提唱されている。また，これらを検証して，多義語や同音異義語の理解モデルも提供されている。

・文字処理に特化した処理機構が，意味処理を連動させながら同時並行的に単語を処理するのか。
・文字処理に特化した処理機構が，順序立てて1つずつ文字を処理して意味理解に到達するのか。
・一般的な空間処理機構が，連携して同時並行的に視覚刺激を処理するのか。
・一般的な空間処理機構が，連携して順序立てて1つずつ視覚刺激を処理するのか。

(Harley 2008: 192-207)

1.2　意味理解に向けた語彙・構造の処理（処理系）

処理系は言語の理解において極めて重要な役割を担っている。技能指導では，「語彙と文法を理解して使用することの重要性」が説かれてはきたが，その内容を明示することなく，一言で簡潔に扱われてきた。

処理系は，以下で概観するとおり複雑で繊細なプロセスである。指導に携わる者は，語彙と文法を理解して使用することの重みを知った上で，学習者の英語処理能力の育成に努めなければならない。ここでは，語彙を心的辞書，文法を項構造と構造処理として詳細に解説する。

音声または文字で入力された言語刺激を，一時的に短期記憶に保持して解読することが完了すると，意味を抽出するための段階に入る。意味抽出に関わる処理は，脳内にある心的辞書の活性化，動詞に基づく意味役割の付与，構造処理である。こうした処理は作業記憶が担当している（p.5, 図1–1参照）。

1.2.1　心的辞書

心的辞書（mental lexicon）とは，脳内に貯蔵（store）されている語彙の集合体を「辞書」に例えたものである。語彙の情報が長期記憶に整然と体制化（organize），貯蔵され，言語処理の際に活性化すると考えられている。実際の辞書と同じような情報に加え，概念・イメージが含まれている。

1.2.1.1 心的辞書の記載内容

心的辞書には，音声，つづり，文法，形態素，意味，使用域，単語間の関係性・結び付きなどの知識が記載されていると仮定されている。

【音声と表記の知識】

単語がどのように発音されて(音節と強勢)，つづられるのかを記憶している。音声・視覚刺激として与えられた言語に反応して，意味に変換する役割を担う。

【文法の知識】

品詞と，使用される構造の特徴を記憶している。

【形態素の知識】

bank や山など単独で意味を持つ自由形態素(free morpheme)と，bank<u>s</u> や<u>お</u>山など自由形態素と結合して機能する拘束・束縛形態素(bound morpheme)がある。拘束・束縛形態素の知識は，過去形語尾や複数形などの屈折(inflection)と，品詞や意味を変換する派生(derivation)が含まれている。派生形態素の知識は，規則的に品詞や意味を変換することによって，語彙記憶の負担を減らしているともいわれている。

例としては，happy – happ<u>iness</u> – <u>un</u>happ<u>iness</u>, clear – clar<u>ify</u> – clar<u>ity</u> – clear<u>ness</u> など，語幹(自由形態素)は保ちながら派生形態素を付加することによって，動詞化や名詞化，反意語化などを規則的に生成することができる。

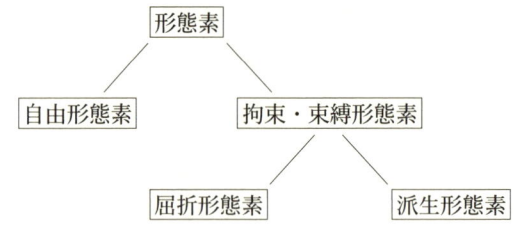

【意味の知識】

意味の知識には，心的辞書に記載されている単語が，現実世界で指し示す

出来事や物体 (reference) の知識と，他の単語との関係性 (sense relation) の知識が含まれる。抽象的な表現や空想的な事物，感情などの表現形式は，言語で表現することが難しい心的な表象を内包している。言語化が困難なこうした脳内の抽象的な概念，イメージ (mental model) も心的辞書には含まれている。

【使用域の知識】

単語を適切に使用するための場面や文脈の知識であり，社会的関係，語用論的知識の制約に従って単語を選択・使用することを可能にする。

具体的には，loo, toilet, washroom, lavatory, bathroom, powder room, etc.

【単語間の関係性】

連語 (collocation)，同義語・類義語 (synonymy)，反意語 (antonym)，包摂関係 (hyponymy) などがある。

・**連語**は，単語間の結び付きの強さや自然さをいう。単語と単語の自然な使用方法 (共起) には，「相性のよさ」が存在する。

例えば，a beige car とはいうが，a blond car とは使わない，逆に，beige hair は不自然であるが，blond hair は自然である。文法規則に単語を無制限に代入したり，日本語を直訳して英語に置き換えたりすると，連語に従わず，不自然あるいは誤った英語を生成する。

連語の1つの例として，形容詞と名詞の共起例を表にまとめる。（○）は自然な連語表現，（？）はあまり共起しない，（×）は共起不可能なことを意味している。

	amount	man	problem	shame
big	○	○	○	×
great	○	○	○	○
large	○	○	？	×
major	？	×	○	×

(McCarthy 1990: 12)

こうした連語表現は無数にあり，辞書で明記されていることも多い。言語表現の「自然さ」は，連語によって保たれている。そのため日本語の対訳に置き換えるだけではなく，文型や用法を含めて辞書の情報に気を配る習慣を付けることが大切である。

・**同義語**とは，同じ意味を持つ単語の対である。

例えば，beer – ale, begin – start, below – beneath – under (neath), depart – leave, difficulty – problem, lavatory – toilet – washroom など様々である。

しかし，同義語が完全に入れ替え可能なことはほとんどなく，文型，文脈，使用域，意味領域などの制約を受ける。

例えば，次の文は不自然である (McCarthy 1990: 17)。

(*アスタリスクは非文法的な文を指す。)

*I could not begin my car.
*Before the world started, only God existed.
*We departed the house at six.

また，extend, increase, expand は「広げる」「増やす」と訳せても，使用する文脈は異なっている。extend は横方向の拡張，increase は縦方向の拡大，expand は全体の増長を意味する。

具体的な例文は次のとおりである (Gairns and Redman 1986: 15)。

We are going to *extend* the kitchen by ten feet this year.
We want to *increase* our sales by ten percent next year.
The metal will *expand* if we heat it.

上記のような使用の違いも，連語と同様に表現形式を学習する上で重要な要素である。自然な英語表現獲得には，語彙の正確な学習が不可欠となる。

・**反意語**は，意味が対立する単語の対である。alive – dead のように，絶対的に反対の意味を持つものと，hot – warm – cool – cold のように段階的に

意味が変わるものがある。また，中立的な意味を表現するものと，強調したニュアンスを意味するものがある。

中立的な尋ね方	強調した尋ね方
How big is your flat? (部屋の大きさを尋ねている。)	How small is your flat? (どれくらい部屋が狭いかを強調して尋ねている。)
How high...? How long...? How wide...? (高さ・長さ・幅を尋ねる。)	How low...? How short...? How narrow...? (低さ・短さ・幅の狭さを強調して尋ねる。)

・**包摂関係**とは，類型的あるいは階層的に単語の上下や包含の関係を持っていることを表す。

例えば，living things – animal – mammal – cat – chinchilla – Sarah のように，下位に進むに従って，特定の限定されたものを指し示す。

1.2.1.2 心的辞書に保存された語彙の関係性と活性化

聴解や読解では，音声や文字の流れから単語を抽出して，心的辞書と照合を行い意味を解釈していく。音声の流れや文字列が，心的辞書の見出しやひな形(template)と合致するかを瞬間的に判断する。その際には，単語全体で認識するか，大文字や飾り文字などのように文字単位で認識するかは場合によって異なるが，その単位(unit)は主に形態素レベルのまとまりである。

心的辞書は，語彙の知識を秩序立てて記憶し，言語処理中に活性化を効率よく行うことができるように，単語間の関係性の知識を中心にして整理されている。

例えば，「<u>動物</u>は動き食べ呼吸する」，「<u>ペット</u>は人間とともにいる」，「<u>猫</u>はじゃれる」など，下位語になるに従ってより個別的な意味を持ち，上位語の特徴を含むとされている。

人間の記憶可能量は無限大ではないため，語彙は心的辞書に能率的に調整されている(cognitive economy)。そのため同じ事柄を何重にもわたって記

憶する必要はなくなる。パソコンなどの機械類では，語の意味が他の語の意味にも含まれることを効率的に処理することは難しく，重複しながらメモリーに保存される。

　単語間の関係性は，包摂関係にあり階層的であるとともに，波及的(spreading activation)であると報告されている。

　例えば，「赤」とイメージをすると，リンゴ，薔薇，火などが活性化して，赤から青・緑・黄色，リンゴからミカンや柿，薔薇からスミレやタンポポ，火から消防車や暖炉，さらに活性化した単語が他の単語を活性化させて波及していく。

　こうした意味の波及を網目のように広げていくと，関係性を持つ語のネットワーク(semantic network)ができる。pet – dog – collie – bark – brown – loyal など，包摂関係にとどまらず，dog に関連させて想起できる語は無数に広がっていく（波及的）。関係する意味の広がりを意味の場(semantic field)とよんでいる。

　しかし，多種多様の表現が過度に活性化することはなく，場面や文脈による制約を受け抑制されている。波及の範囲についての詳細なメカニズムは，解明に向けて諸説が提唱されている。

1.2.1.3　心的辞書に記載された語彙の検索

　言語を理解する時には，心的辞書に記憶されている情報を，円滑に検索する(search)必要性が生ずる。瞬時に正しく心的辞書に含まれている情報を取り出すには，どのような検索方法が働いているのであろうか。

　基本的には，聴覚・視覚刺激の語彙に対して心的辞書が反応し，意味内容を照合していくと考えられている。こうして提供された意味内容の候補を伴って構造処理の段階に入り，意味を確定させて言語を理解していく。視覚面は logogen model，聴覚面は cohort model として研究されている。

【語彙の検索】

　語彙の検索の容易性は，頻度，音声，つづり，構造，形態，文脈などに影響されることが，聞き取りの正解率や視点追跡技術で明らかになっている。

高頻度語彙ほど，より速く正確に処理をすることができるが，低頻度語彙や英語には存在しない文字列（無意味語）の場合には，検索に時間を要するため瞬時に処理を行うことはできない。

語彙の理解では，聴覚刺激として入力された韻律と音声的なまとまりの把握（音声面），視覚刺激の場合はつづりと句の把握（文字面），内容語か機能語か（品詞・構造面），形態素の規則性（形態面）が関係する。

語彙の意味理解については，文脈中で直前に示された語が意味に関連した他の語を活性化することが知られている（semantic priming）。与えられた刺激が後続する刺激に対して果たす起爆剤・呼び水（priming）としての効果は，実験的に盛んに研究されている。この効果は，聴覚や視覚によって日常的にふれる言語使用の頻度と関係がある。

例えば，「犬」と提示されると，猫，忠実，吼える，散歩などが容易に想起されるが，金魚，スイカ，時計などとは思い浮かべない。

【複数の意味からの絞り込み】

英語に頻出する多義語の意味を，正確に１つに絞り込む理解過程については，「曖昧語（lexical ambiguity）の研究」があり，意味処理過程を解明することが追究されている。

例えば letter を「手紙」と理解するか「文字」と解釈するのか，複数の候補を同時に活性化させ，頻度の高い意味や用法から優先的に適合させていくのか，あるいはふさわしい意味をすでに選択しているか，などは議論が分かれている。多義語の前後に使用される語彙と，結果として解釈される可能性の傾向も考慮しながら，多義語の意味抽出が行われる。

【語彙による構造の選択】

語彙の規則（連語）が，構造を決定する場合もあることが確認されている。次のような文法性の分布が見られ，語彙規則と構造規則の関連性が指摘されている。

以下の例では，不定冠詞を伴った an effort，冠詞を伴わない effort，決定詞を伴う some effort の選択を，語彙である動詞（make, put）が規定して連語

を形成する。

Make an effort!   *Put an effort into it!
*Make effort!   Put effort into it!
Make some effort!   Put some effort into it!

1.2.2 文の分析的な処理に基づく意味理解（項構造と構造処理）

　人間は日常的にことばを聞き，読み，無意識に処理して，意味を理解した上で行動する。文を理解する過程で，語彙や文法がどのように活用されて，内容理解に至るかは様々な仮説が存在している（Heine and Narrog eds. 2010）。意識化することができない独自の構造処理システムが，自動的に働いていると考えられている。

　前節では，意味解釈をする上で活性化する心的辞書を概観した。この節では文の項構造と構造処理過程についてまとめる。

1.2.2.1 項構造と意味役割の付与

　項構造（argument structure）は，「誰が・何を・誰に・いつ・どこで・どのように・行ったか」などの意味情報を動詞によって規定したものである。これらは，John ate an apple. という文では，ジョンはリンゴを食べた人，リンゴはジョンが食べたものを意味し，食べる動作は過去に起こったことを表している。項構造を担う意味役割（thematic role）には，動作主，被動作主，主題，受益者，場所，始点，着点，時間，道具などがある。

　項構造は，品詞の知識，主格，目的格などの格の知識とともに，文処理（parsing）において中心的な役割を果たす。自動詞と他動詞の相違も，項構造と文法形式を決定する上で極めて重要である。こうした文法形式と意味の仲介が行われて，文処理が進められていく。特に，語順で厳格に意味を表現する構造言語である英語は，構造・構文が意味理解において重要な働きを担っている。

　一方，膠着言語（agglutinative language）である日本語では，助詞が意味を規定する働きを担い，語順に基づいた構造よりも，助詞を伴うまとまりで意

味の理解が行われる。このように言語によって文処理の方法は異なっている。

従って，英語の指導では，こうした相違点を初級段階から確実に定着させていく。品詞と構成要素(資料1参照)，語順を正確に理解することが，英語処理能力獲得の上で必要不可欠である。

1.2.2.2 　構造処理

構造処理は，語順によって決定される主格，目的格，所有格などの格(格付与)と，句構造規則によって構成されている。文処理は，音声や文字によって入力された言語刺激を，構成要素に基づいて意味のまとまりごとに区分し，把握していく過程である。文理解は，文の骨格・枠組みである構造に従って，句や節を中心として意味役割，語順，格付与によって行われる。

【句構造規則】

英語の処理過程では，次の要領で構造を把握していく。括弧内の要素(構成要素)は省略可能な修飾語であり，文に必要とされる要素ではないため，生成されてはいない場合がある。

文の要素と，句構造規則を次のとおり示す。

〈文の要素〉

文 = S，助動詞 = AUX，名詞句 = NP，動詞句 = VP，前置詞句 = PP
名詞 = N，動詞 = V，形容詞 = Adj，副詞 = Adv，前置詞 = P
決定詞(冠詞や指示語など) = Det
接続詞や関係詞などが導く文 = S'

〈句構造規則〉

S 　→ 　NP 　(AUX) 　VP 　(Adv)
NP 　→ 　(Det) 　(Adj) 　N 　(PP) 　(S')
PP 　→ 　P 　NP
VP 　→ 　V 　(NP) 　(PP) 　(Adv) 　(S')

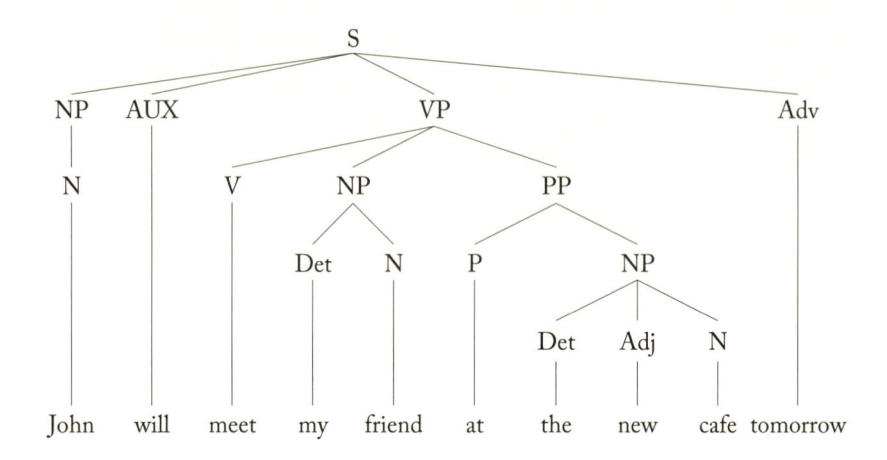

```
                              S
         ┌─────────┬──────────┼──────────────────┐
         NP       AUX         VP                 Adv
         │        │      ┌────┼────┐             │
         N        │      V    NP   PP            │
                  │      │   ┌─┴─┐ ┌┴───┐
                  │      │   Det N P    NP
                  │      │   │   │ │  ┌─┼─┐
                  │      │   │   │ │  Det Adj N
         John    will  meet  my friend at the new cafe tomorrow
```

【文処理の方策】
　文は時間軸にそって増分（increment）していく。増分に従いながら構成要素を把握して構造を理解していく。

John
John bought
John bought some books
John bought some books for his son
John bought some books for his son for his twelfth birthday.

　単純な構造の文では，増分処理によって理解することができるが，次の文の場合は混乱を生ずる。こうした袋小路文構造（garden-path sentence）では，文が完結したはずの部分に動詞が再びあらわれることから，文を理解し直すために再分析を加えることになる。

The bookseller bought some books for his son was very pleased.

　この文では，was very pleased があらわれると，関係代名詞による後置修飾構造として再分析を行うため処理負担が増す。視点追跡によると，英語で

は袋小路文のように再分析を加える構造が多く見られ，眼球が戻る動きを見せる頻度は比較的高い。修飾語から先行詞に戻る動き（右から左への眼球運動）は，日本人英語学習者特有の処理ではなく，英語母語話者にも一般的に確認されている負荷のかかる処理である。

　英文読解では，語彙の意味に基づいて「左から右へ意味を拾っていけば英文は理解できる」と，説明されることがある。しかし，英語の構造を考慮しない方策は学習者に深刻な誤解をもたらす。

John said that Tom had borrowed that book <u>yesterday</u>.

　副詞などの修飾要素については，同じ節中にある動詞を修飾する傾向が強い (late closure strategy; minimal attachment strategy)。この文では，副詞の yesterday は，said ではなく borrow を修飾する。

John lost the book Tom was reading <u>in the library</u>.

　前置詞句の in the library は，lost ではなく read を修飾する解釈が自然である。そのため，英語母語話者の中には，「トムが図書館で読んでいた本を一体どこでなくしたのか」と，疑問を持つ聞き手も多い。「トムが読んでいた本を図書館でなくした」と，解釈する聞き手は少ない。
　同様の例として，The man saw the boy with the binoculars. をあげておく (Topic 1 参照)。
　このように，副詞要素がどの動詞を修飾しているのかについては，複数の可能性が存在する場合があり，指導や試験問題作成において細心の注意が求められる。

1.3　話し手や書き手の意図の的確な把握（解釈）
　心的辞書の活性化と構造処理過程を経た言語刺激は，最終的に解釈の段階に入り，推論 (inference) を含めた語用論的知識と，談話知識 (discourse) が活用される。

これらの知識は，人間共通に備わっている普遍的な概念と，文化的影響を受ける知識が含まれていて，母語習得の過程で獲得している。しかし，外国語を運用する際には，外国語処理の負担が大きいため，語用論的知識や談話知識が活性化されない場合や，母語の知識を活性化することによって，不適切な解釈に至ることが多い。

1.3.1　語用論的知識

　語用論的知識は，文脈や場面に応じて語彙や文法が適切に使用されているかを判断し，意図を読み解く上で言語理解に欠かすことはできない知識である。

　以下の文は，単語の意味を直訳しただけでは，正しく解釈することはできず，話し手や書き手の伝達したいことを推測するための推論能力が必要となってくる。語用論的知識が必要となる文であることを無意識にとらえて行動するか，または意識的に言外の意味を理解（推論）して，気付かなければならない（学習理論 第6章 3.1）。

　例えば，次の例がある。

隠喩表現 (metaphor)	My lawyer is a snake. Some marriages are iceboxes. Jim's head is full of rocks.
熟語・慣用表現 (idiom)	George went through the roof. Amy is under the weather. She's turning over a new leaf with her diet.
換喩 (metonymy)	The ham sandwich wants a Coke. The Pentagon is preparing for war. We need to get some fresh legs in the game.
ことわざ (proverb)	Birds of a feather flock together. When the cat's away mice will play. Don't put all your eggs in one basket.
間接表現 (indirect speech act)	Can you open the window? Can you shut the door? Would you mind lending me five dollars?

(Carroll 2008: 142)

心的辞書を活性化させ構造を正しく処理して，表面的な意味を理解することができても，真意，意向，ニュアンスの解釈には到達してはいないことがある。そのため語用論的知識を援用することになる。こうした用法は文脈や場面への依存性が高い。

1.3.2　談話知識

日常の言語使用では，単文で完結することは少なく，複数段落で構成されたまとまりのある文章から，談話知識に基づいて，内容を記憶する必要性がある。

談話知識は，出来事の時間的な流れ，因果関係，論理関係などの文レベルおよび文と文の関連性（local/micro structure）によって支えられている。文連続の中で単文を超えた（global/macro structure）指示語，修飾，同格などの文法や，新情報と旧情報を表示する音声（強勢）の機能を示す。

英語では，同一の名詞句を繰り返し用いることを避けるため，代名詞や他の表現で言い換える。文章中では，意味を拡張するための修飾や同格が多用されている。状況・場面・文脈を包含して，先行する文が後続する文に与える影響を正確に理解するための知識である。

談話の正確な理解を促すために活性化させる背景知識とは，言語素材の内容理解を促進し，補助する役割を担う長期記憶に保存されている百科事典的知識である。音声の流れや文字列の解読に従いながら，背景知識を適宜拡張・修正していくことによって解釈が行われる。

1.3.2.1　意味内容の整理方法（統御）

文は意味概念を理解する手段であり，意味を理解すると情報内容が記憶され，文形式は記憶から消去される。表出する際には，入力された言語刺激と同じ表現形式を用いることもあるが，多くは自分のことばで表現する。

受信した言語形式をそのまま正確に再生できる確率は，時間経過とともに低下していき，意味内容の記憶保持（retention）へと変化していく。自分のことばで，自身と関連性を持たせることで，記憶に残りやすくなり（self-reference effect）整理されていく。こうした意味内容の整理方法（統御）は，

音声，文字，手話で確認されていて，記憶量を増大させずに効率的に保持していく脳機能であると考えられている。出来事や事象が解釈され，知識が充実し思考の幅や深さに影響を与えるといわれている。

　まとまりのある文章の聴解や読解過程では，入力される外国語から瞬時に意味内容を抽出し，言語形式を消去することを繰り返しながら内容を整理（統御）していくことになる。

1.3.2.2　談話の一貫性

　談話は，一貫性（cohesion）によって貫かれている。一貫性は，代名詞を含む指示語，言い換え（this one, etc.），省略（My sister has a lot more than I do），類義語による置換，因果関係や論理関係の展開などが含まれる。

　特に構造言語である英語は，文構造を整えるために一度使用した名詞は，代名詞や言い換え表現に置換されていく。一貫性の理解は，性・数・格の正しい理解と，置換された表現が指し示す，対象内容の持続的記憶によって支えられる。

1.3.2.3　談話の情報構造

　談話には情報構造（information structure）として，旧情報と新情報が含まれている。旧情報は，話し手と聞き手が共有している特定の背景知識で，代名詞や定冠詞を伴い，強勢を置かずに文の始めの方に用いられる。新情報は，話し手が聞き手にとって新しい事項（未知）であると想定した情報で，不定冠詞を伴い強勢が置かれ文の後方で生成される傾向がある。旧情報が提示された後に，新情報を提供されるほうが円滑に理解することができるためである。

　談話にあらわれた旧情報は，すでに与えられて記憶されている既知の旧情報の内容と比較して，必要に応じて更新される。一方，新情報は，現在の知識に付加してさらに充実した状態に拡張することによって，全体を更新していく。また，未知の新情報は新たに記憶されていく。

　日本人英語学習者が不得意とする冠詞の用法や，主語の選択，まとまりのある文章の発話や作文での論理構成の欠如は，談話の情報構造の制約を理解していないことに起因している。

1.3.2.4 典型的な場面の記憶と談話の構成

情報の記憶方法には，一般的に予見される傾向や共通性，状況 (situation) を決定する意味記憶システムがある (schema)。出来事や状況の典型的な様子を映像的，あるいは抽象的に長期記憶に保持している概念の体系で，解釈の際にこの体系を参照する。意味記憶システムを用いて，正しく予測したり推測して理解することができる。

出来事などの典型的な展開は，決まった場面構成で行われる。店，病院，郵便局，銀行などの場面と，挨拶や提案，依頼，批判，謝罪などの言語機能はパタン化されて繰り返される文脈があり (script)，必要とされる言語表現も反射的に再生され，理解・表出する。

また，過去の出来事，思い出などの概念を語るときには，背景の説明があり登場人物の行動や感情が，時間軸や因果関係で整然と配列され，話が展開して完結する。こうした一定の談話構成を規則化して分析する研究もある。

次のような構成 (story grammar) が提唱されている。

Story → setting + theme + plot + resolution
Setting → characters + location + time
Theme → 〈event〉 + goal
Plot → 〈episode〉
Episode → subgoals + 〈attempt〉 + outcome
(〈　〉はその要素が繰り返しあらわれる可能性を示す。)

典型的な場面を記憶していても，正しく状況や文脈を把握することができなかったり，使用域の概念構造が全く異なったりしたときには，誤った結論に至ることがある。思考の相違，意思疎通の齟齬，誤解は，概念体系の相違に起因している場合もある。

従って母語をもとにした外国語の発話や作文は，母語の概念構造を干渉させる結果となる。コミュニケーション能力育成上，異文化理解を深め，目標言語の語用論的知識と談話知識を指導することによって，概念体系を構築する機会を提供しなければならない。

1.3.2.5　談話を理解するための処理方策

　単文の理解では，語彙と構造の知識が中心的な役割を担う。単文の連続である談話を理解していくためには，ボトムアップ処理とトップダウン処理を行う。これは言語教育として，国語で継続的に教育されることにより学習されていく。外国語でも同様に，まとまりのある文章の聴解・読解指導では，学習者のレディネス（学習段階）に基づいて，談話の処理方策を系統立てて導入していかなければならない。

　文や文章の処理方策をまとめておく。

【ボトムアップ処理】

　文字や単語の解読を行った後に，句や文の構造を処理する。文の構造を正確につかむことが重要となる。細かい要素の理解を積み上げていくことによって，最終的には全体を理解するための処理方法である。

> 音声 → 文字とつづり → 単語の理解 → 句の理解 → 文の理解 →
> 文脈の理解 → 百科事典的知識の拡充 → 語用論的知識の獲得

【トップダウン処理】

　社会文化的知識や百科事典的知識などの背景知識を活性化させて，推論に従って内容の予測・予期・期待をする。言語知識，内容に関する知識，文脈構成の知識を総合的に活用する。概要をつかみ，全体の把握から細部の理解へと進む。

・スキミング

　キーワードや内容上重要な語彙を記憶して，主題，大意，要約，全体の概要など，内容を素早く的確に把握する技術である。

　例えば，この記事は何について書かれているか，タイトルを付ける，合致する絵を探すなどである。

・スキャニング

　特定の情報（日時，名前，名称，数字，場所など）を，談話の中から見つ

け出す技術である。
　例えば，xが起こった年，yという語は何回出たか，zについて書かれたページを探すなどが含まれる。

2　英語の表出過程

　1970年代頃の言語処理理論では，言語表出は言語理解のメカニズムを使用しながら，順序処理過程を経ると考えられていた。現在は，脳機能の分化が解明されるに従って，言語理解と言語表出は異なる独自の処理が行われていくと検証されている。

　言語理解過程は，視点追跡技術や脳波測定などで確認されてきたが，言語表出の研究手法は，伝統的に言い誤り（speech error）の記述，分析，説明が主流である。また，失語症の研究成果を検証して，表出過程を脳機能から精緻化する研究も行われている（Harley 2008: chapter 13）。

　1990年代以降，言語表出については，研究手法を模索しながら断片的な検証を積み重ねることが盛んに行われ，様々な考え方が提唱されてはいるが，研究方法は確立していない。

　話し手を「情報処理」と「会話・対話・発問」の観点から分析して，制御と自動化の状態や，意図を表出するための相互作用や言語選択についての研究が行われている。伝達内容の構成，生成，形式，語彙と構造，音声特徴など，表出に至る一連の流れを検証する試みが成されている。

　言語表出を支える言語知識は以下のとおりである。これらの4要素が結び付いて表出が行われるが，「語が思い出せない状態」では，要素間に亀烈が生じている。

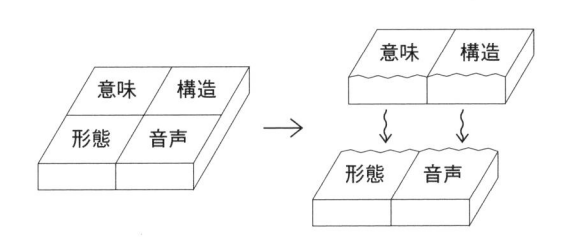

言語表出に至る過程について順序立てて見ていく。このモデルも仮説の段階であり，今後の研究成果によっては，変更や修正の可能性を否定することはできない。

【概念化】伝達内容の形成段階
・「何を伝えたいのか」意図を思い巡らせる。
・意図する内容を生成するために，関連のある情報を収集・整理して準備を行う（背景知識の活性化）。
・言語化されていない抽象的な概念が形成される。

⇩

伝達内容を決定する。

⇩

【形式化】抽象的な概念を言語化する段階
・意図を表現するための適切な語彙を選択する。
・語彙を配列して文を作るための構造を整える。
・音声面を整えて表出の準備をする。
・文を音声化するための強勢やイントネーションなどの音韻論的な調整を行う。

⇩

【音声化・符号化】話す・書く表出段階
・弱形や音声変化などの音声学的規則や制約を反映させる。
・唇，歯，舌，声帯などの調音器官の調整を行う。
・音声化・文字化などの表出を開始する。

⇩

【モニター】
・表出を監視して，言い誤りなどに自己修復を行う。

⇩　　　　　⇩

発話　　　まとまりのある文章の生成

図 1-2　言語表出過程

2.1　伝達内容の準備（概念化）

　概念化（conceptualisation）の段階では，表出したい内容を想起して脳内で整理する。伝えたい意図を思い浮かべて，関連のある情報を百科事典的知識から選択する。脳内では典型的な場面を記憶した意味記憶システムと，現実世界の出来事や事象を重ね合わせて，情報を収集・統合する。通常の言語使用では，理解過程完了時の状態から概念化を開始する。この段階の処理については，脳内の抽象的な心的概念，心的表象を再現することが難しいこともあって，具体的な科学的検証は遅れている。

　概念は，個別言語の影響を受けない普遍的な体系であると考えられてきた。しかし，外国語学習者は，母語を活性化させながら伝達内容を思い巡らせることが経験的にも明らかである。言語表出時に見られる母語概念の干渉は，この段階から生じ始めると仮定されている。言語学理論では，認知言語学の枠組みで「言語間の影響，転移」との関連で研究が進められている。

2.2　語彙と構造の選択（形式化）

　形式化（formalisation）の段階では，語彙を選択して（lexicalisation）文の構造を整える（syntactic planning）。句や節のまとまり（constituent）をどのように配置するのか，動詞の意味役割を正しく反映しているのか，単語選択は適切かを即座に判断していく。また，暗記しているひとまとまりの表現（定型表現）は，1つの単位としてまとめて表出される。

　この段階では，動詞の意味役割をもとにして構造のひな形に語彙を挿入すると考える立場（統語論的初期駆動）と，語彙をもとにして構造が整えられるとする立場（意味論的初期駆動）がある（学習理論 第4章 1.1）。

　脳内では，語彙は意味と音声の中間に位置して文法的に特徴付けられる段階（lemma）と，音声的に確定した段階（lexeme）があるとされている。これは，実験的，脳科学的に検証されている。

　身近な例としては，ある語（単語，人名，地名など）がのどまで出かかっているのに思い出せない状態（tip of the tongue）があげられる。概念から意味までは到達できたが，音声化までには至らない状態である。

　加齢とともに単語を忘却していき，言語を生成することが困難となってく

る。人生での言語表出の変化 (language production across the lifespan) により，思考や精神に影響を与えていらだち，興味・関心の減退や感情の起伏が大きくなるといわれている。

脳科学の研究によると，概念や意味に関わる処理と，文法や構造などの統語に関わる処理は，別個のシステムで関連しながら行われる可能性が高いと報告されている。意味，構造，形態，音声のレベルの関わり合いについては，現在諸説が存在し，実験的研究が活発に行われている。

外国語の言語表出では，形式化の段階が決定的に重要である。語彙と文法を学習する意味は，形式化を行う手段としてのことばの断片を蓄積していくことにある。

2.3　音声・文字による表出（音声化・符号化）

この段階は，口頭または文字で表出する。英語母語話者の心的辞書の活性化過程については，語彙を表す音声が，脳内では音節単位で整理され形態素を結合させていくと考える理論や，単語レベルで保存されていると仮定する理論がある。

英語の文字は，音声を表記する符号のシステムとして機能しており，限られた文字数で，音声のまとまりを表記するための規則が存在する。

例えば，ch は「ク」「シュ」「チ」などと発音する。音声を文字で表す規則を獲得しながら，つづりを正確に書くことができるようになる。中学校の英語文字指導で，一部の学校で取り入れられているフォニックスは，こうした規則を指導していく手法である（学習理論 Topic 2）。

2.4　表出のチェック機能（モニター）

モニターは，自らの表出を絶えず監視して (monitoring)，音声，文字やつづり，語彙，構造，運用面の誤りを自己修復する。意味，形態素，文法などとともに，内容，表現や韻律の適切さも監視している。発音・つづり面の修正が最も頻度が高く，言い誤りや書き間違いの直後に修正が行われる。相手の発話に対しても修正機能が同時に働いているため，言い間違いなどは，相手の言語形式を予測して自動的に修復を行っている。

例えば，英語母語話者は，日本人英語学習者が落としてしまいがちな，3人称単数現在形や規則動詞の過去形の発音については，モニターで自動修復するために誤りとして意識してはいないと報告されている。

2.5　談話としての発話

会話では，相手の発言を理解して意図を汲み取り，瞬時に形式化を行って応答することが求められる。相手または自分が使用した表現や文法形式を再度用いたり (alignment)，類似した言語形式，構文を生成したりする傾向が見られる (syntactic priming)。言語理解の過程でも，使用されている表現や文法形式はその後の理解を促進して会話を続行させていく。

会話は，話し手と聞き手の協同作業 (joint action) であり，相手の理解状況を判断しながら協力して進めていく。聞き手と関連性の低い問いかけや漠然とした疑問文は，概念化の段階で混乱を生じ，形式化に至らず会話は破綻してしまう。このような場合，聞き手は話し手の発話を促すきっかけ (cue) を示したり，話し手も理解可能な表現に言い換えたりしなければならない。子供や友人，年長者に対して，無意識に話し方を変えることは，文法形式や表現形式を相手と適合させているためである (学習理論 第6章1.2)。

英語では，話し手と聞き手が役割を交代する (turn-taking) 際には，発話速度が低下して声の高さや調子が下がり，ジェスチャーや定型表現で合図して会話の文が完結する。

「言いよどみが生ずる傾向」の研究によると，流暢さが低下する原因は，言語の円滑な生成が阻害され，表出が一時的に停止しているとされている。

(1) 語彙が想起できない。
(2) 構造や内容を再構成している。
(3) モニターをとおして言い誤りの修正をしている。
(4) 会話内容を理解することができず，思考が混乱している。

2.6　まとまりのある文章の表出（作文）

文章には，根拠，理由を明らかにして因果関係・論理関係で構成される説

明文(exposition)と，時間軸にそって出来事や行動を展開していく物語文(narrative)がある。文章の執筆は，単文の生成過程を超越した高度な段階であり，心理言語学や言語処理理論の範疇を超えている。まとまりのある文章の表出，生成は，技術や技能としての色彩が強い研究領域となっているため，第6章「作文」で詳しく検討する。

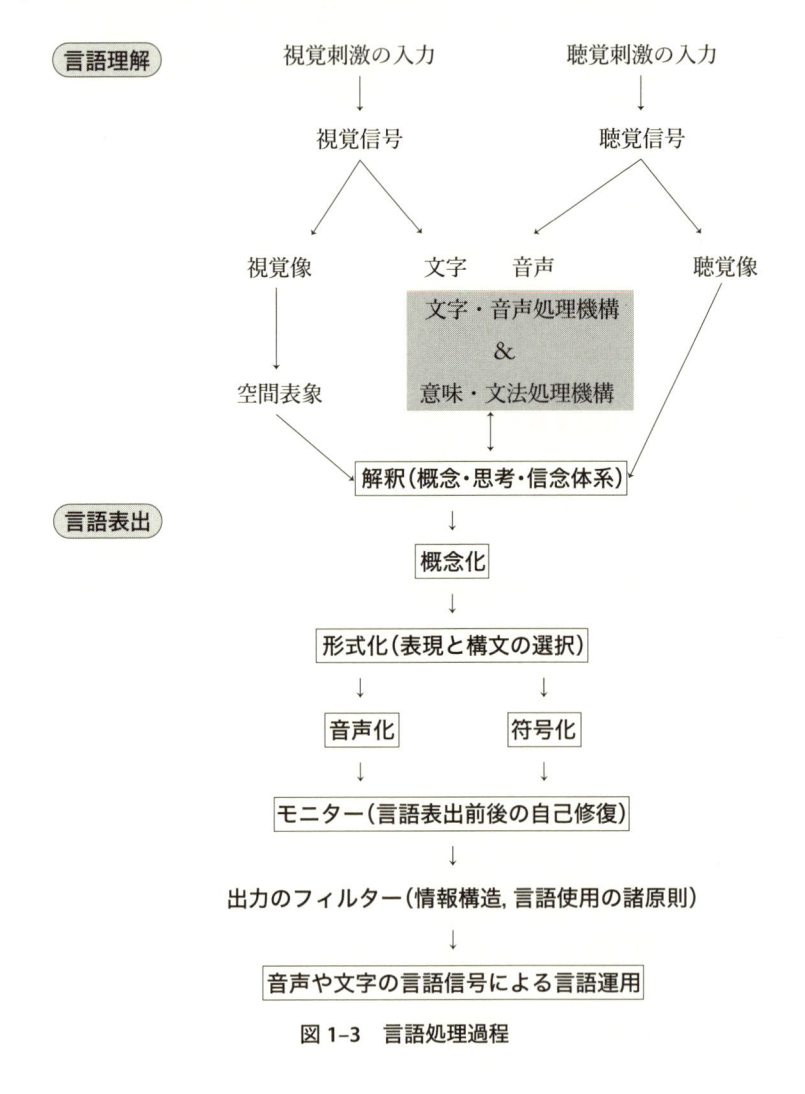

```
言語理解
                視覚刺激の入力           聴覚刺激の入力
                      ↓                       ↓
                   視覚信号                 聴覚信号
                   ↙     ↘               ↙     ↘
              視覚像      文字        音声       聴覚像
                ↓      ┌─────────────────────┐
             空間表象   │ 文字・音声処理機構    │
                       │         &           │
                       │  意味・文法処理機構   │
                       └─────────────────────┘
                              ↕
                    解釈(概念・思考・信念体系)
言語表出              ↓
                   概念化
                      ↓
              形式化(表現と構文の選択)
                   ↓        ↓
                 音声化    符号化
                   ↓        ↓
              モニター(言語表出前後の自己修復)
                      ↓
           出力のフィルター(情報構造，言語使用の諸原則)
                      ↓
              音声や文字の言語信号による言語運用
```

図 1-3　言語処理過程

Topic 1

教育心理学と心理言語学に応用される視点追跡

　動物が視線を合わせることは，求愛，攻撃，注意や関心，コミュニケーションなど，特別な意味があるといわれている。人間は，文化的な制約の中で，視線によって感情や意図を伝達する能力を共有している。
　心理学研究では，ある状況下で人間が何を見つめているのか，視線は他人にどのような影響を与えているか，などに関して様々な興味深い結果が報告されている。また，視点追跡技術は，運転や運動選手などの計測や訓練にも広く利用されている。
　ここでは，英語教育との関わりで，教育心理学で研究されている教師の視線についての観察と，心理言語学で検証されている聴解・読解中の眼球運動についての報告を紹介する。

★教師の視線

　教師は授業中に何を見ているのであろうか。教科書に目を落としたまま教室内を歩き回る教師，黒板に向かい合って，板書した英文法規則とひたすら対話する教師，窓の外に視線を泳がせて生徒や保護者に手を振り，声を掛けながら授業をする教師，生徒のノートをのぞき込んで授業を進める教師，生徒に顔と身体を向けたまま，黒板を指示して腕をひねる教師など，視線の方向は様々である。最も印象に残っている教師の視線は，教卓と天井を交互に向きながら英語を教示しておられた。
　教師の視線の対象は，無意識の行動として移り変わっていくものであるが，生徒にとっては，教師の視線が気になり視線の先を追う傾向がある。戸外を注視すれば生徒も外の様子が気に掛かり，特定の生徒に目を止め注目すると他の生徒も視線を注ぐ。「先生は授業中○○さんばかり見ている」と，思いがけず指摘されることは珍しいことではない。

教育心理学の授業研究では，教師が何をどれくらいの時間見つめているかを測定し，指導への関係性を解明しようとする試みがある。

　例えば，授業中教師が向ける視線を，広範囲，特定の学習者，黒板，授業資料，提示物，その他について注視時間を計測して比率を算出する。熟練教師と初任教師の違いを観察記録して特徴を説明し，指導への示唆を提案するものである。

　視線を研究することの難しさは，注視する対象を時間軸にそって記述した結果を，どのように解釈するかである。教師の注視の傾向をとらえることはできるが，因果関係や「望ましさ」とは安直には結び付かず，測定結果の解釈が非常に困難である。学習者に対して視線の及ぼす心理的影響（安心・不安，動機）などを，十分に考慮した検討が必要となるであろう。

　しかし，注視時間はわずか2秒以内，指摘された多くの教師は無意識に視線を向けているようである。

★聴解中の眼球運動

　視点追跡技術は，修飾関係が曖昧な文処理の計測に利用されている。

　例えば，Put the frog on the napkin in the box. という文を聞いたとき，「箱の中の蛙をナプキンに置く」と解釈する傾向が強く，「ナプキンの上の蛙を箱に置く」と解釈することはあまり行わない。特に言語発達の関係では，5歳児は，常に前者の解釈を行うといわれている。最近の研究では，「箱の中のナプキン」との解釈や，in the box を認知しない行動も報告されている。この調査は，視線を向ける絵を視点追跡技術で調べる方法や，実際に蛙のおもちゃ・ナプキン・箱を操作させて調査する研究がある。

　聴解中の意味処理に関連する文脈知識・背景知識の影響を調べるために，提示文を聞いている被験者の視線の先を測定する。

　例えば，The woman spread the butter... といわれると，パンの絵を見

つめ，The woman will slide the butter... といわれると，男の人の絵を見つめる。

　この調査では，文を聞きながら，動詞の意味役割に基づいて意味を解釈して，直後に発話される可能性のある表現内容を予測しながら，理解を進めていることが確認された。

　母語，および外国語の同音異義語の調査では，提示された語と同じ音の単語も活性化させていることが，同音異義語の意味を図示した複数の絵を用いた調査から確認されている。

　談話中の代名詞の一貫性の理解については，英語母語話者は物語文を聞きながら he/she を確実に理解していくことが実験の結果確認された。登場人物が複雑であっても，男性と女性の絵を区別しながら注視する方向を，追跡することによって検証されている。

　文脈に即して語彙のネットワークを活性化させて，刻々と変化する出来事を先読みする推論能力が，コミュニケーション能力を支えていることが実証研究により明らかになった。

★読解中の眼球運動
　英語の文章を読んでいる際に，眼球がどのように動くかを追跡して，単語認識や，句や節のまとまりの把握状況，構文処理を測定することができると報告されている。眼球の戻る動きや停止を計測することによって，実際の読み進め方を把握することができる。

　例えば，The criminal confessed his sins harmed many people. と The criminal confessed that his sins harmed many people. とでは，前者では，harmed で眼球の停止と戻る動きが見られるが，後者の文では眼球の戻りはなく円滑に理解していることが分かる。文構造を正しく把握するために再分析を行うことが確認されている。

以下に長文読解時の眼球の動きを記録した例をあげる。上段の数字は注視順序，下段は注視時間（ミリ秒）を示している (Harley 2008: 169)。左から右へ一定方向に読む中で，構文の複雑さによって戻る動きが記録されている。また，音節レベルで注視して読み進めていることが分かる。

```
Roadside joggers endure sweat, pain and angry drivers in the name of
         •      •      •      •              •    •    •          •
         1      2      3      4              5    6    7          8
        286    221    246    277            256  233  216        188

fitness. A healthy body may seem reward enough for most people. However,
         •      •    •    •     •      •   •    •              •  •     •
         9     10   11   12    13     14  15   16             17 18    19
        301   177  196  175   244    302 112  177           266 188   199

for all those who question the pay-off, some recent research on physical
         •      •     •      • •                 •      •            •
        21     20    22     23 24                25     26           27

activity and creativity has provided some surprising good news. Regular
  •  •         •   •           •   •          •              •  •
 29 28        30  31          32  33         34  35         36 37
201 66       201 188         203 220        217 288        212 75
```

資料1　意味のまとまり（構成要素）の見つけ方

　構成要素（constituent）は，句や節の文法的なまとまりを形成している。構成要素を見つけ出す（規定する）方法をまとめる。構成要素の特徴を列記したものであり，(1)から(8)の全てを満たす必要はなく，いずれか（複数）でもよい。

　なお，構成要素は，教授者が熟知しておくべき英文法の基礎・基本であり，重要な核となる概念である。学習者の素朴な疑問，「句とは何ですか」「まとまりはどのように見つけるのですか」「主部と述部の切れ目が分からない」などの質問に答えるためには，必ず理解しなければならない必要不可欠な知識である。

　以下の例文は，Neil Smith 教授の許可を得て，PLINS101, Introduction to Generative Grammar, 18.10.94, 25.10.94 の講義資料より借用した。アスタリスク（*）は非文法的な文，疑問符（?）は文法性に疑いがある，感嘆符（!）は文法的であるが意味的に不適切，または意図と異なる解釈に至ることを示している。

(1) 構成要素（以下の例文の下線部）は互いに言い換えが可能である
　　<u>Chomsky</u> invented an interesting theory.
　　<u>An American linguist</u> invented an interesting theory.
　　<u>One of his friends</u> invented an interesting theory.
　　<u>A number of linguists who had been collaborating for the previous thirty years</u> invented an interesting theory.

(2) 構成要素は代形（pro-form）で置き換えが可能である
　　Fred kissed <u>Esme</u> so I kissed <u>her</u> too.
　* Fred kissed the <u>brunette</u> so I kissed the <u>her</u> too.

（代名詞（pronoun）は名詞のみを置換しているのではなく名詞句を置換する。正確には「代・名詞句」(pro-NP) である。）

Einstein was puzzled by <u>the anomaly in the precession of Mercury</u> and Fred is puzzled by <u>it</u> as well.

Esme goes <u>to the cinema</u> in Oxford Street and I go there too.
（there は前置詞句を置換している。）

Many people find Esme <u>very sexy</u> but I don't consider her so.
（so は副詞句を置換している。）

(3) 構成要素は比較的「妨害要素」に影響を受けない

以下の例文では「妨害要素」としての enthusiastically が，生成可能な位置を示す。英語では，副詞要素を動詞と目的語の間に置くことはできない。

<u>Enthusiastically</u> the Nobel committee awarded the prize to Oe.

The Nobel committee awarded the prize to Oe <u>enthusiastically</u>.

The Nobel committee <u>enthusiastically</u> awarded the prize to Oe.

*The <u>enthusiastically</u> Nobel committee awarded the prize to Oe.

*The Nobel <u>enthusiastically</u> committee awarded the prize to Oe.

*The Nobel committee awarded <u>enthusiastically</u> the prize to Oe.

(4) 同種の構成要素は接続 (coordinate, conjoin) 可能である

Fred rang up his mother and his sister.

*Fred rang up his mother and up his sister.
（up は前置詞ではなく句動詞として rang との結合が強い。）

Mary wrote a letter and a postcard.

? Mary wrote a letter and to Esme.

(5) 構成要素はひとまとまりで移動する

Marvin just can't stand <u>these talking doors</u>.

These talking doors Marvin just can't stand.

* Talking doors Marvin can't stand these.
* Doors Marvin can't stand these talking.
* These talking Marvin just can't stand doors.

(6) 構成要素は単独の句として使用される

Where did you go? Up the hill.
Who did you ring (up)? The professor.
! Up the professor.

(7) 構成要素は省略可能である

Schumacher won't put the car in the garage but Hill will.
* Schumacher won't put the car in the garage but Hill will put (the car).

(8) 構成要素は意味のまとまりと対応する

The Commons could not [ratify the treaty]. (= not able to)
The Commons could [not ratify the treaty]. (= able not to)

　構成要素が持つこれらの特徴をもとにして，名詞句や前置詞句のまとまりを把握することができる。名詞句－動詞－名詞句の連続を，［名詞句動詞］－名詞句とせずに，名詞句－［動詞名詞句］と分析して動詞句とする論拠は以下のとおりである。

Smith [accepted the bribe] and [stayed at Ritz].
Smith [accepted the bribe] and [resigned].
Smith [accepted the bribe] and [resigned his post].
Smith [succumbed to greed] and [accepted the bribe].
Smith [was greedy] and [accepted the bribe].
Smith [accepted (the bribe)] [greedily].
* Smith [accepted the bribe] and [greedily].
* Smith [greedily] and [accepted the bribe].

また，do so と代用することが可能かによって調べることもできる。

 Smith [accepted the bribe] and Neil did so too.
*Smith [accepted the bribe] and Neil did so the sweetener.
 Jane [studies medieval falconry] and I do so too.
*Jane [studies medieval falconry] and I do so Bengali literature.
 Major said that Smith resigned and Neil did so too.
 （この文では，did so の指す内容は said と resign の可能性がある。）
 He may [come home early], but then again he may not.
 Esme wants to [kiss a gorilla], but I don't want to.
 [Pass me that avocado], if you can.
 What did she do next? [Took off her shoes].
 What did Deirdre do? [Wrote a novel].
 I undertook to [lecture for six hours] and [lecture for six hours] I will.
 Yeltsin said the queen would [insult the Mancunians] and [insult the Mancunians] she has.

第2章
技能指導の理論的な背景

　英語の言語処理基盤を脳内に構築するための，段階的な方策を提示することが本書で貫かれている立場である。その一過程としてチャンクの機能に注目した理論を提唱している。
　チャンクは，指導方法論ではなく，処理負担を軽減するための言語処理方策であることに留意して，読み進めて欲しい。「チャンクの暗記」「運用はチャンクで万全」と，推奨しているものではない。
　英語を適切に運用する能力を育成するためには，どのような指導理論が求められるのか。

大学3年生の夏，ロンドン大学へ留学が決まった。大志を抱き，希望にあふれ，期待に胸は膨らんでいた。英語力は万全。成田からHeathrowへ飛び立った。
　英国人客室乗務員の機内放送が流れた。「———.」聞き取ることができない。その瞬間，不安に襲われる。わらにもすがる思いで，電光表示の短い指示文をあわてて見る。「———.」意味が分からない。目の前にあるポケットの注意書きを，文法訳読法を駆使して挑む。簡単な単文すら理解をすることが難しい。
　満面の笑みをたたえた乗務員が顔を近づけ，何かをたずねているらしい。質問が繰り返し，繰り返し拷問のように続く。その結果，乗務員は毛布を差し出してくれた。
　地に足がつかない状態で，引き返すこともかなわず，進むしかないことを思い知る。
　それから数年後，飛行機の出発が遅れるたびに，様々な具体的事情説明の放送が流れていることに気付いた。

'Due to computer failure we cannot start the engine. We are now replacing a computer chip.'
'Oxygen control is out of order. In the event of an emergency masks will descend from the ceiling.'
'As soon as the last (or delayed) passenger arrives this plane will prepare for takeoff.'

　このときになって，英語がことばとして機能を始め，言語に表現される発想の違いを理解することができるようになっていた。英国人は理由の説明を尊重するが，日本語の放送では，不安をあおらないように「出発準備をしております」と，簡単な一言。丁寧な物腰でジュースとおしぼりが配られる。
　機内で「石」のように緊張で硬直している男子学生を見かけると，自身を重ね，つい話しかけてしまう。

はじめに

　英語教育の主要な目的は，学習者に対して，英語を理解して表出する能力の基礎を培っておくことである。そのための指導の目標は，英語を学習者のレディネスに基づいて段階的に提供しながら，聞く・話す・読む・書くことを可能にする方法を教授することである。

　この章では，語彙中心の指導法の意義，チャンクについて詳述した上で，4 技能の扱い方，レディネスと学習順序，シラバス・デザインの考え方などについて整理しておく。

1　なぜ語彙中心の指導法か

　言語は，規則的に配列された語彙の集合体である。語彙を使用することによって意思疎通を図ることはできるが，規則体系としての文法だけでは不可能である，といわれることがある。

　日本の英語教育では，文法規則を説明して，規則に単語を代入しながら練習することによって，文法形式を定着させることに指導の重点が置かれてきた。また，英語の語彙を日本語に置換することを中心とした授業設計も主流である。こうした授業では，文法規則の適用能力と和訳能力を培うことはできるが，英語を運用する能力としての 4 技能（聞く・話す・読む・書く）を育成することは目的とされてはこなかった。

　現在，英語授業は技能別ではなく，総合的に提供されることが多い。総合英語クラスでは，4 技能をどのくらいの比率で，どのように取り入れるかについての判断は，教師の裁量に委ねられている。コミュニケーション能力の育成を目指す英語指導が求められてはいるが，検定教科書が文法シラバスを展開しているため，現実的には授業は文法説明，文型練習，和訳に比重が置かれている。

　しかし，文法規則を体得しても，実際の使用場面では活用することができないことに，英語の運用に迫られた人々から不満と批判が高まっている。また，文法規則に挿入するための語彙を暗記しても，和訳以外には役立たない

と問題点を指摘する声もよく聞かれる。このように，文法規則中心のアプローチでは，運用に十分対応することが難しいように思われる。

　母語習得や英語圏での外国語学習では，語彙を使用しながら意思疎通を図り，2語程度のまとまりから，次第に句となり，文へと拡張していく発達順序が確認されている（学習理論 第5章1.2）。このような言語習得過程で，修飾方向や語彙の配列方法などの語順が確立する。様々な動詞の構文も，言語使用の中で別々に獲得され（動詞島仮説）（学習理論 第4章1.1.3），最終的には言語の特徴を文法的に分類できるようになる（meta-language）。こうして獲得された語彙と文法は，新しい文脈の中で，理解と表出時に自由に活用することができるようになる。

　言語の習得と処理を，規則システムによって行っていくのか，記憶システムが担うのか，2つの異なる言語観がある。

　文法訳読法を中心とした指導は，文法規則と単語を別々に学習したものを保持して，使用時に作業記憶で結合させて，規則システムによって文を生成していく。語彙中心の指導法では，意味のまとまりを中心として表現形式を直接記憶システムで学習する。言語処理に費やす操作の負担は少ないと考えられている。語彙中心の指導法での基礎・基本とは，表現形式の定着と構造（型）に従った運用能力の育成である。

2　技能指導の中でチャンクはどのように機能するのか

　ことばの大切な機能は，相手を理解して，自分を理解してもらうことによって，意思疎通を図ることである。語彙中心の指導法では，定型表現や，名詞句，前置詞句などの意味のまとまりを表現する形式を，チャンクとして学習する。チャンク（chunk）とは，記憶の負担を減らすために，1つ1つの単語を別個に記憶するのではなく，これらを1つにまとめ上げるチャンク処理（chunking）を経て，まとめ上げられた集合体を意味している。

　この立場では，チャンク処理が重要であり，単語をまとめ上げたチャンクをそのまま用いたり，文の要素を配置する方法（「型」）に従って使用しながら，理解と表出能力を育成することが目標である（学習理論 第4章3.2.4）。

2.1　外国語の理解と表出におけるチャンク処理

　正確に翻訳することができる能力育成には，文法訳読法で十分対応が可能であるが，聞いたことや話したい内容を絶えず母語を媒介として考える習慣を形成していく。瞬時に理解・表出をするためには，脳内の翻訳機（学習理論 p.213，図 6-4）を介在させることなく円滑に言語を運用するための方策も必要となる。

　思考と言語の関わりでは，思考は基本的には言語に依存していることが多いため，外国語の語彙と文法が不足している段階で，意味を考え単語を並べることは母語を活性化させることになる。脳内の翻訳機に依存した表出方法では，日本語に対応する英単語を探して，学習した文法形式とともに文を生成する。

　例えば，「私の趣味は絵をかくことです」と，表現するときには，文法訳読法では下記の順序で文を作っていく。

概念　→　日本語　→　文法規則＋単語　→　文　→　表出

My hobby is picture writing. （直訳）
My hobby is to draw a picture. （不定詞を学習）
My hobby is drawing a picture. （動名詞を学習）

　語彙中心の指導法では，自分の趣味を話す文脈では，日本語を逐語訳するのではなく，伝達可能な表現形式を心的辞書から検索して文を生成する。上級段階では，語彙の質や文法形式が高度となり，表出がより適確になる場合がある。どのような表現形式を用いるかは，学習者の段階によって変わってくる。

概念　→　チャンク処理　→　英語の表現　→　表出

I like painting.
I often go out for painting.
I am drawing in my spare time.

初学時から，英語による定型表現を直接理解と表出過程で活性化させる処理能力を培っていく。初級段階では，意味と文法形式に注意を向ける指導により，チャンク処理能力を伸長させながら，中級・上級段階での4技能の統合へつなげていく。

英語を聞いて，瞬時に理解して返答することができるようになるためには，無意識に活性化することができる，自動化した語彙と文法が不可欠である。そのためには，次章以降で提案するように，段階的な技能指導をとおして，聴覚と視覚から表現と構造を定着させるための，カリキュラム設計とシラバス・デザインに基づく教育を継続的に丁寧に展開していく。

2.2 音声チャンクと意味チャンク

音声チャンクは，英語母語話者が自然なまとまりとして発音する音声的な連続体である。間の取り方（息継ぎの位置）が，文法的なまとまりとしての意味チャンクとは一致しないことがある。それぞれのチャンクを同一のものとして扱い，混同させて指導することが散見されるため，正しく整理しておきたい。

音声チャンクは，後置修飾語を含まない名詞句の場合には「主部＋動詞」，後置修飾を含む名詞句では，主部全体が1つのまとまりを形成する。意味チャンクでは，主部としての名詞句と，述部としての動詞句に常に区分される（資料1 p.43,（8）参照）。

音読練習を行う際には，自然な音声チャンクは，意味理解を混乱させる場合があるため，注意が必要である。音声チャンクの指導では，強勢とリズム，イントネーション，音声変化や弱形などに留意しながら，自然な発音方法を指導する（学習理論 資料2, 資料3）。

「意味理解を促す発音練習」として，音読が推奨されている。意味チャンクに区切った音読練習は，英語の発音として不自然な場合があり，正しい意味解釈を伴っているかを必ず確認する。聴解や発話では，表現を音声チャンクとして記憶し，読解や作文では，意味のまとまりを意味チャンクとして生かすことを指導する。

現代言語学では，音声チャンクと意味チャンクはそれぞれ独自の体系とし

て分析されている (Jackendoff 2007: 38-43; 2010: chapter 2 section 1.2)。音声チャンクは韻律 (metrical grid)，音節 (syllable structure)，音素 (segmental structure) と階層を形成する。音声チャンクは音韻論，意味チャンクは統語論で専門的に扱われている。単語の配列には音声的な制約と，意味的な制約が別個に作用している。

チャンク単位も次のように異なっている。

【音声チャンク】	【意味チャンク】
[I'm]	[I] [(a) m]
[star's]	[star] [(i) s]
[the [big]][house]	[the [big [house]]]
[John likes] [football].	[John] [likes football].
[A naughty boy lost] [my pencil].	[The naughty boy] [lost my pencil].
[The cat on the desk] [disturbs me].	[The cat] [on the desk] [disturbs me].
[The dog running over there] [is Mary's].	[The dog] [running over there] [is Mary's].
[This is the cat] [that chased the rat] [that ate the cheese].	[This] [is [the cat [that chased [the rat [that ate [the cheese]]]]]].

2.3　会話とチャンク

　会話は，音声化されたチャンクで構成されていることが多く，定型表現の指導が極めて重要である。

　チャンクを取り入れた指導の練習方法は，音声教材および学習目標のチャンクを数回聞き，音声特徴を確認した上で発音練習を行う。定型表現は音声的に一体として記憶させ，トーンの違いとニュアンスもチャンク単位で具体的に示しながら指導する。

　例えば，must've done, should've done, wanna go などの文法，Any chance of a ...? Do you know/see what I mean? Any ideas? などの会話体，Do you mind if ...? Why don't we ...? Sorry about the ... や，丁寧・尊敬表現などの問いかけと応答をチャンクとして指導する。

　TPR (Total Physical Response) を活用した授業も，チャンクを取り入れ

ながら効果的に指導することができる。命令文に対して，行動で応答することを体験する。

　Field は次のようなチャンクを例にあげ，音素や韻律を正確に自然な発音方法で，初級段階から積極的に指導していくことを推奨している。こうしたチャンクは大量にあり，これらは一例に過ぎない。

> Are you all right?　Do you like ...?　got any ...,　half past ...,　How are you?　How much ...?　I don't know.　I'll be ...,　If I were you, ...,　I've already ...,　in a week or two,　just a moment,　Let's see.　more and more,　Never mind.　pair of ...,　There isn't any ...,　this morning,　What do you mean?　Would you like ...?

(Field 2008: 156 – 157)

　本書で紹介する *Innovations* series では，教科書 5 冊分にわたってチャンクが展開されている。使用頻度の高いチャンクから配列され，繰り返しふれていくように螺旋状 (spiral) に工夫されている (Topic 6 参照)。

　初級段階では定型表現，中級から上級段階にかけては，助動詞や仮定法，複文を用いた依頼，謝罪，提案，助言など，語彙と構文が変化して適切な言語使用のためにチャンクを学習する。

2.4　語用論的知識に基づいたチャンクの理解と表出

　概念とチャンクを結びつける，チャンク処理を基軸とした指導により，母語に依存することなく直接意味や意図を理解することを目標とする。会話中は，脳内の翻訳機を用いて，相手の発話を分析的に理解して和訳する過程を経るのではなく，チャンク単位で意味を理解して，チャンクを活用しながら表出する (学習理論 第 6 章 3.2.2)。上級段階で扱うまとまりのある文章でも，意味のまとまりを把握し，1 つ 1 つの意味チャンクを語順・構造に従って配置することで，全体を理解する。

　聴解と読解の，理解過程を示す箱と矢印のモデルでは，以下の順序処理が提案されている。

> 【音声・文字】
> 音声・文字が，聴覚刺激・視覚刺激として入力される。
> ⇓
> 音声を短期記憶に保持して，韻律（トーンやイントネーション）を把握する。
> 文字では，つづりを認識して意味のまとまり（句・節）を認識する。

⇓

> 【構造】
> 語順に従って構造を処理する。語彙の意味を活性化させながら，心的辞書を検索する。

⇓

> 【意味】
> 言語形式にそって意味を理解して，伝達内容の類推を行う。

⇓

> 【語用論的知識】
> 言語形式の意図を解釈して，応答の準備を開始する。意図の理解に基づく行動に移行する。

　言語理解と，意図の解釈に基づく行動は，異なるレベルであるともいわれている。順序処理に従って言語理解を完結しなければ，語用論的知識は活性化されず，意図を理解することはできない。間接的に依頼されたり，皮肉や冗談を言われたりしても，すぐには解釈できずに不適切な応答をすることがあり，外国語では円滑な処理が難しい理解過程である。さらに，音声を保持して脳内の翻訳機を活性化させながら，意味理解を行っていく過程は，正しい解釈に至るまでの処理負担が大きい。

　しかし，日常生活の中で，言語理解が順序立てて行われているかについては立場が分かれている。

　例えば，This room is really hot. と話されると，直接依頼している文ではなく，叙述文であるにも関わらず，聞き手は窓を開けたり，冷房のスイッチを入れることが多い。音声，構造，意味，語用論の処理が順に行われるというよりは，発言と同時に意図の解釈（語用論的知識の処理）が行われている。

つまり，音声で入力されたチャンクが，瞬時に理解されて行動に移っている。

チャンク処理の意義は，こうした言語理解と語用論的側面の理解に至る処理負担を減らして，円滑かつ高速な理解と表出が可能となることである。

2.5　まとまりのある文章理解とチャンク

チャンク処理に習熟すると，意味理解処理への負担が減るため，聴解素材と読解素材としての，まとまりのある文章の内容把握が促進される。まとまりのある文章の理解では，意味チャンクを見つけさせたり，指摘したりしながら文の構成要素（資料1参照）に注意を向ける。句や節のまとまりを見つけ出す練習を継続的に行い，音声や意味のまとまりを確実に理解させる。

文の要素を構造に従って正しく見つけ出すことは，構造言語である英語を処理する上で基本となる能力である。動詞を中心として，名詞句や前置詞句を正確に理解することができるように，初級から上級段階まで，各段階で必要とされるチャンク処理を一貫して指導する。

2.6　聴解と読解指導におけるチャンクの留意点

2000年代に盛んとなった読解の学術研究では，聴解と読解の関連性が指摘されている。読解は聴解を基盤としていて，文字列を解読する際には，頭の中で読み上げながら発音していることからも分かるように，円滑に音声化することができる能力に支えられている。

初級段階では，音声チャンクの確実な定着を図る。まとまりのある文章の読解に入っていく前段階として，音声を的確に把握することができる技術の定着が求められる。

中級段階以降は，聴解と読解をバランスよく扱う。教科書付属のCDを聞かせながら読解素材を目で追わせる，音読練習を続ける，声を出して読んでから訳をさせるなどが一般的に行われている。しかし，読解時に絶えず音声を使用すると，音声に頼りすぎて読解中も意識的・無意識的に口を動かすつぶやき読みなどの読み上げを行って，読解素材を音声化する癖がつくとも指摘されている。

その結果，読解速度が著しく低下し，音声チャンクは把握することができても，意味チャンクを理解することができず，意味解釈を伴わない学習者が

散見される。読み上げを含む活動には細心の注意が求められる。

　読解速度は，文字列を音声化せずに直接文字列から意味に変換することで高まっていく。聴解と読解を別個の技能として交互に行うなど，指導上留意することが必要である。

　本書では，音声と意味のまとまりであるチャンクを指導することを中心に，4技能の獲得について考察していきたい。

3　4技能をどのように扱うか

　日常の言語使用では，聞く・話す・読む・書くは統合的に機能している。
　例えば，ニュースを聞いて話題として話したり（聞く・話す），手紙を読んで返信を書いたり（読む・書く），伝言を聞いてメモを取る（聞く・書く），案内書を読んで電話で予約をする（読む・話す）などと，複数の言語技能を組み合わせて同時に併用している。運用可能な外国語能力を培うためには，技能を単独で扱うのではなく，統合的に指導することが必要となる。

3.1　4技能のプロセス

　4技能は，次のとおり図式化することができる。

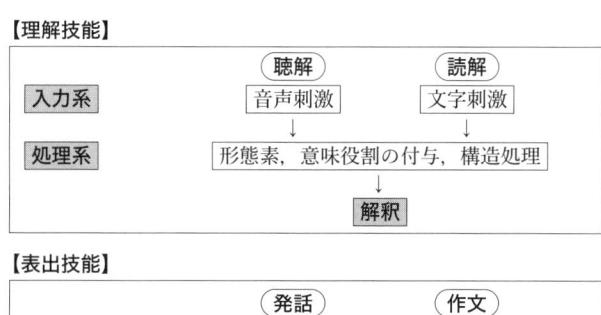

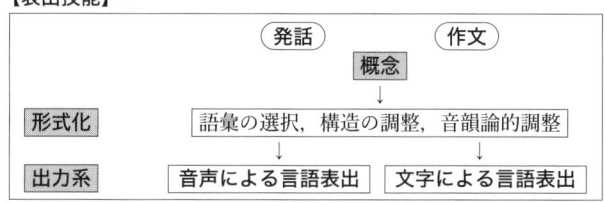

```
【理解技能】
                    聴解         読解
    入力系        音声刺激     文字刺激
                     ↓           ↓
    処理系     形態素，意味役割の付与，構造処理
                          ↓
                         解釈

【表出技能】
                    発話         作文
                          概念
                           ↓
    形式化     語彙の選択，構造の調整，音韻論的調整
                           ↓
    出力系     音声による言語表出   文字による言語表出
```

4技能で核となっている段階は，処理系と形式化であり，理解と表出のための語彙と文法の能力が基盤となる。理解技能（聴解と読解）では，音声や文字の入力刺激の解読を行って，構造と意味の処理を経て解釈に至る。表出技能（発話と作文）では，概念を形式化（言語化）して語彙に変換し，構造を整えて音声や文字に符号化する。全てが円滑で高速に稼働することによって言語運用が可能となる。

各技能のつまずきは，第1章で考察したいずれかの言語処理過程，あるいは言語処理過程間の移行時に発生する（p.36, 図1-3参照）。こうした言語面とともに心理面が関わることもあるが，本書では，主に言語的側面を中心として展開する。

3.2 4技能の相関関係とカリキュラム設計

聞く・話す・読む・書くことは，言語の基本的な技能である。学習者が英語運用能力を獲得するためには，4技能を順序立てて導入して，最終的には「重要度の差」を付けることなく同じ比率で扱うように，カリキュラム設計上配慮することが大切である。

4技能（言語技能）と語彙・文法（言語知識）の関連性は次のとおりである。

聴解技能（listening）　読解技能（reading）

言語理解
音声や文字の解読，記憶と統合，内容理解の能力

言語知識
語彙と文法能力の
段階的・累積的獲得

言語表出
概念の整理と統合，句，節，文の形成と順序立った配置
一貫して適切な表現と音声を生成する能力

発話技能（speaking）　作文技能（writing）

言語知識の量と質は，言語理解・言語表出と相補関係にある。総合英語の授業では，語彙が自然に使われる場面や文脈をとおして，段階的に構造や構文（文法）を指導しながら，表現能力（語彙能力）の育成を図る。英語を学習する目的や指導方法は様々ではあるが，必要不可欠な英語の基礎・基本の定着を図らなければならない。

3.3 技能指導の考え方

技能の指導には，次の2通りの指導観が提案されている。正しく技能が定着しているかを重視する「成果・知識重視の指導観」と，どのように技能を獲得していくかを重視する「過程重視の指導観」がある。

3.3.1 成果・知識重視の指導観

成果・知識重視の指導観は，自律学習をすることができる学習者にとっては意欲が高まり，学習効果を引き出すことができる。背景知識の量で正解を導いたり，積極的に英語母語話者から指導を受けるなどの，知識獲得や結果達成に向けた自主的な努力が学習過程を支えている。

この指導観に基づく結果判断は，選択肢問題などによって内容理解の正答率が注目されたり，発表や作文の正確さや流暢さが重視される傾向がある。正答率や正確さ・流暢さが高ければ，技能が定着したことを意味していると解釈されている。

成果・知識重視の指導観では，高得点をおさめることができた学習者は評価され，学習過程に問題はなかったと推測される。しかし，それ以外の学習者の学習状況を把握してはおらず，成績不振の理由や原因，学習過程の問題の所在が分からず対応することができないため，課題を含む指導観である。

3.3.2 過程重視の指導観

成果・知識重視の指導観が抱える課題に対応するために，過程重視の指導観に基づいた「聴き方」「話し方」「読み方」「書き方」の指導を行うことが推奨されている。初級や中級段階では，どのように聴解・発話・読解・作文を行えば，内容を理解し表出することができるのかを，段階にあわせて丁寧

に指導することが目標となる。

そのためには，学習者の外国語能力獲得過程について，正確に理解しておく必要がある。言語習得や言語処理などの基礎理論の知見を取り入れ，学習者の段階に応じて計画的にカリキュラム設計を行い，シラバス・デザインに反映させた授業を展開することになる。聴解，発話，読解，作文いずれの技能の指導でも，ボトムアップ処理の技術を定着させてからトップダウン処理の技術に移行すると，安定した技能の定着が図られる。

読解や作文は，内容理解問題の正解率や，提出されたエッセイの質などの「成果」に注意が注がれることが多いが，どのように読み書きを行うかについての，「過程」を教育することの重要性が強調されている。これは聴解や発話でも同様である。過程重視の指導により，学習者にきめ細かく対応することができると教育的意義が提唱されている。

しかし，学習者の個人差に対応することによって局所的な教育となり，一斉授業が混乱する場合がある。到達目標を設定したシラバスを作成することが難しくなり，過程重視の指導観の限界も指摘されている。

	成果・知識重視の指導観	過程重視の指導観
目的	言語知識（規則・概念）の定着	言語処理能力の獲得・向上，問題解決能力の育成
目標	正確さと流暢さ	円滑に理解と表出を行う
学習内容	語彙，文法規則，概念，異文化の知識	情報収集，相互交渉（やりとり）の方法
指導方法	教師による説明，練習問題中心，難易度別に配列	活動中心，理解可能なインプットとアウトプットを段階的に増やす

3.4 日本の教育環境にそった技能指導

技能指導の難しさは，英語が日常的に使用されていない環境が持つ宿命といえる。英語圏であれば，英語の発話は生活のために日常的に必須であるが，日本では，教室内での人為的なやりとりの練習に限定されてしまう。英語を意思疎通のためのことばとして教育をするためには，4技能の指導が不

可欠であるが，学習者の動機を喚起することは難しい。これは英語を外国語として教育する環境での障壁となっている。

英米で発展した第2言語習得理論や英語教育理論は，英語母語話者の視点から考案されたものも多い。英語母語話者による授業では，教授言語が英語であるため常に英語にふれている。文字媒体を学ぶ読解や作文の授業であっても，英語の音声を絶えず聞き，質問は英語で発話することになるため，4技能は自然に統合されている。教師は，学習者の理解にあわせて，言い換えながら解説を加えていくため「理解可能なインプット」が十分に提供される。「英語で授業を行う」ことを推奨する根拠は，こうした指導法を日本人教師が再現することを目指している。

第2言語習得理論に基づく授業実践では，英語のコミュニケーション能力を獲得するためには，次の要件を全て満たさなければならないと繰り返し提唱されてきた。

> (1) 学習者には大量の理解可能なインプット (comprehensible input) を与える。
> (2) 学習者には表出 (pushed output) を促さなければならない。
> (3) 英語学習は，学習者と教師，他の学習者との協同作業 (collaboration) で展開することが大切である。
> (4) 学習した英語を，実際に使用する文脈・場面・状況が必須である。

日本の教育現場では，これら要件をどれほど満たしているであろうか。

・授業時間数が少ない上に日本語での解説が多いため，学習者へのインプット量はかなり不足している。
・クラスサイズが大きいため，表出の練習活動は難しい。
・学習者と教師は講義型に慣れているため，英語でのやりとりには消極的となる。学習者は英語を学ぶ目的意識が定まらない中で，協同作業を展開する意味を見いだすことができない。
・設定された活動の中には，学習者の思考の発達段階や興味・関心には不適切なものが含まれる。

英語教育では，唯一無二の絶対的な指導法は存在しない。学習者に4技能を定着させていくことは，外国語獲得過程で直面する課題を克服していく険しい道のりである。1つの指導法に依存して解決することは困難であり，学習者の段階に応じた言語素材を選定し，語彙と文法を累積的に提供しながら，重点的に指導を行う技能を変化させていくことになる。提唱されてきた指導法を，何を目的として，どの段階で活用するのかが指導を行う上で最も重要なことである。

4　いま，なぜ段階性なのか

現在の英語教育では，段階性の考え方が曖昧になり意識が揺らいでおり，学習者のレディネスを逸脱する授業実践が増えている。

レディネス（readiness）とは，新しい学習項目を円滑に獲得することができる発達的・心理的段階に達していて，学習を開始する準備が整っているかを指し示す教育心理学の用語である。

教育学では，レディネスは必ず守らなければならない基本であり，段階を逸脱しないことは常道であると考えられてきた。教育に携わる者は，学習者のレディネスを正しく把握した上で，授業実践に反映させなければならないことが強調されている。

4.1　Communicative Language Teaching の目標

Communicative Language Teaching は，1980年代にヨーロッパで提唱された指導法で，コミュニケーションのための言語能力育成を中心目標に掲げている。

英語の基本的な表現能力と文法能力，適切な言語使用のための社会言語学的能力，談話能力，方略的能力を培うことを目指している。外国語で意思疎通を図るための技術を教授することを中心としており，会話に必要とされる聴解と発話，情報収集のための聴解・読解，意思表明のための発話・作文，などの技能を総合的に指導する。精読や分析的な文法規則の説明を学習目標とはしていない。

4.2 Communicative Language Teaching と第2言語習得理論

Communicative Language Teaching は，1980年代以降，隆盛を誇った第2言語習得理論を根拠として提唱され発達してきた。英語圏の生活環境に適応するための，概念と機能が軸となっており，英語による日常の意思疎通を図る方法の提供が中心となっている。日本では，日常言語としての外国語教育を展開していくためには，外国語にふれる量や機会，さらに英語使用の目的意識はあまりにも乏しい。

第2言語習得理論では，異なる理論的立場や理論背景から様々な段階が提案され，どの段階性の考え方を指導のよりどころにするべきなのかについて，諸説が存在していて確定していない。段階性を設定する上で，以下の根本的な問題を解決しなければならない。

(1) 習得順序と指導順序は一致させるべきか。
(2) 指導されている学校文法全てに対して，習得研究は成されたのか。

この理論を背景として Communicative Language Teaching やタスクを中心としたアプローチが，日本での英語教育の理論的な基盤が築かれないまま導入された。

英米の理論書や啓蒙書には，意味に注目した理解と表出の重要性が必ず説かれている。Communicative Language Teaching は，「理解可能なインプットとアウトプット」「形式よりも意味を理解させる」という漠然とした概念を指針としている。しかし，この概念の「理解可能性」の基準が不明確であり，「形式」や「意味」の明確な定義も示されてはいない。学習者が与えられた言語刺激から，形式に注意を向けることなく，意味内容を理解できることを前提として，指導計画を設定する根拠が見当たらない。

Communicative Language Teaching の指導では，「内容語を拾って理解する」，「単語を並べて表出したりする」ことが英語学習者に推奨されている。これは，概念を直接形式化することのできる母語話者と，上級外国語学習者の発想であろう。意味を考えて理解と表出を行うことは，初級・中級段階の外国語学習者には母語で考えることを前提としている。

この指導法には，言語学的に精緻に検証された段階性が存在しておらず，日本の環境に即した緻密なカリキュラム設計を，具体的に行うことは難題となっている。その結果，レディネスの整っていない学習者は，学習困難に陥って理解不能となり，授業を拒否したり，沈黙したりして答えないなど，授業活動に対する参加意欲を著しく失っていく。教師は指導観点や要点に納得することができず，教育方法論に違和感を覚え始めている。教育現場から頻繁に報告される，指導技術上の問題点は，以下のとおりである。

(1) 表出する準備ができてはいない段階の生徒に表出を「プッシュする」。
(2) 理解が不安定な生徒に要約をすることを促す。
(3) 自由発話や自由作文に「挑戦」させる。
(4) 単語の意味だけで内容を把握させる聴解や読解を行う。

4.3　Communicative Language Teaching に関する教育現場からの報告と課題

　教師は指導法を研究して，少しでも授業を改善することにより，生徒の円滑な英語の学習を助けようと努力を重ねている。

　Communicative Language Teaching を援用した授業研究の後に寄せられる教師たちの報告を紹介する。

(1) 生徒の表現力が高まり，積極性を引き出すことができた。
(2) 生徒が意欲的にコミュニケーション活動に取り組んでいる。
(3) 生きた英語が使えるようになった。
(4) ダイナミックでアクティブな授業が展開できた。

などと，授業運営上の効果を評価する声がある。一方，

(1) 生徒が黙ってうつむいたまま話そうとしない。
(2) 白紙を提出して書こうとしない。
(3) 聴こうとしない。聴くことができない。

(4) 単語の意味を漫然と追い，想像にとどまり正確に読むことをしない。

という授業実践の破綻も報告されている。

　教師は，「悪戦苦闘もむなしく，自分だけが発奮した」と，振り返り授業は「失敗」してしまうことがある。公開授業の前の準備と，授業後の生徒への手当てに費やす苦労は，いかばかりであったことかと推測される。英語教育を考える上で，両極端の授業報告が存在してよいのであろうか。

　教師は，Communicative Language Teaching の魅力といわれる「活気のある授業設計と，活発な生徒の発話」といった華やかさに目を奪われ，1人1人の生徒の顔を見失い，逸脱してはならない一線（レディネス）を越えてしまう。こうした教師が，本来の教育のあり方について気付くきっかけを与えてくれるのは，つまずいて英語に対する興味・関心を喪失している生徒の姿である。

　学習者のレディネスを的確に把握して，学習段階で行うべき指導を実践することにより，Communicative Language Teaching の特長が生かされ，学習者の英語力が定着していく。

4.4　レディネスに基づいた技能指導の必要性

　英語教育では，「発話や作文をとおして英語力が高まる」，「表出活動は，理解活動よりも深い学習につながる」と，表出の重要性が認識されて久しい。英語と接触する量の確保と，使用する機会を保証することが極めて重要であり，多読や多聴，日記や口頭による一日の振り返りなど，継続的に英語を活性化させることが推奨されている。

　こうした活動は，レディネスに基づいて適切な段階で活用しなければ，英語力獲得の効果を期待することは難しい。学習者の自律学習が前提となっているが，表出活動に対しては学習状況を確認しながら必要なフィードバックを与えることが大切である

　英語を運用するためには，受容語彙（聴解・読解で理解することができる語彙）を安定化させた上で，発表語彙（発話・作文で活性化させる語彙）として変換していかなければならない。

表出活動は，語彙と文法の定着には欠かせない指導要素であるが，学習者に表出を促しても，言語運用を可能にする十分な表現形式を獲得していなければ，レディネスは整ってはおらず，会話を中心とした指導の実行は効果が見られない。

4技能の指導は重要ではあるが，教育制度上，授業時間数も限られているため，学習者のレディネスに基づいて，重点的に指導する技能と活動を取捨選択しなければならないことが，カリキュラムを設計する上で考慮するべきこととなる。

4.5　言語習得理論に基づいた技能指導の段階性

言語習得過程では，理解技能が先行して表出技能が遅れて発達し，少しずつ正確さを増していく。周囲からの言語音声を聞くことによって，語彙を蓄積して数語から話し始め，語順を獲得して語彙と構文が多様化していく。音声を表記する手段としての文字認識が可能となり，やがて読む・書くことができるようになる。

本書では，言語習得理論の知見を踏まえて，言語処理能力獲得の観点から技能指導の段階性を考察していく。

初級段階の技能指導では，聞くことを中心として定型表現を表出し，音声が安定してきてから文字指導を開始する。文字認識を円滑に行うことができるようになってから，読む・書く の指導に移行する。特に小学校段階では，音声中心の指導を心掛け，語彙と基本的な文(定型表現)を用いて，文字を素材として扱うことは慎重にする(学習理論 Topic 2)。

初級段階後半から読解を開始して，基礎的な語彙と文法の定着を目的とした制御作文を導入する。音声中心の素材(聞く・話す)から，次第に文字(読む・書く)の比率を増していく。中級・上級段階には，4技能がバランスよく扱われることが大切である。いずれの技能もおろそかにしてはならないが，中心となる技能指導は段階に従って変化させていく。

以下では，各段階の技能の比率を示す。1つの授業時間内の比率ではなく，カリキュラム上の全体的な時間に対する比率である。聴解・読解素材や，発話・作文の方法や分量は，段階に応じて変化を加え移行していく。1つの授

業に複数の技能を取り入れながら統合して，理解技能と表出技能をバランスよく定着させていく。

【カリキュラム上の全体的な時間に対する技能の比率】

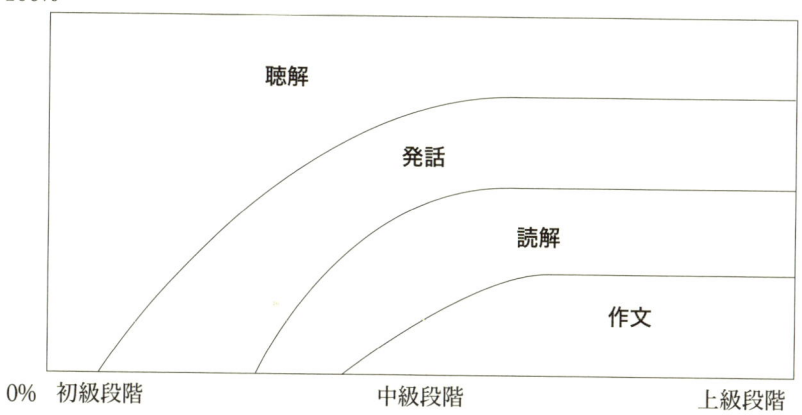

聴解
発話
読解
作文

0%　初級段階　　　　　中級段階　　　　　上級段階

4.6　学習者のためにどのような英語を選択するのか

　コミュニケーション能力を育成するための英語教育では，運用可能な英語能力を培うことが目標とされている。英語教育では，どのような英語を言語素材として導入し，カリキュラム設計とシラバス・デザインに反映させていけばよいのであろうか。

　1990年代初頭には，「言語帝国主義」の観点から，「英米人の英語を規範とすることで劣等感が根付き，日本人としてのアイデンティティーを喪失する危険性がある」と，批判が唱えられた。現在でも，「国際語としての英語は，英米人だけのものではなく，様々な国籍の人々の話す英語に慣れ親しむ必要性」が，主張されている。そのためには，英語母語話者以外の表出する英語を授業で用いると，「相互理解の手段として国際語」が身につき，「異文化理解が促進される」と，提案されている。

　しかし，「国際語としての英語」には，話者の国籍に基づいた発音，語彙，文法，運用など，様々な異なる特徴が存在している。

国際社会からの報告によると，3人称単数現在形，複数形，過去形，自動詞と他動詞，前置詞，冠詞，語順，構文，その他あらゆる文法機能の出現，発音，意味，運用に「国際語」には著しい相違が存在しており，英語使用者や学習者の理解・表出に深刻な影響を及ぼしている。

　学習途上の学習者には，こうした「国際語」は，学校文法や授業，試験に用いられる英語とは一致せず，学習する上で拠り所を定めることができず，正誤判断をつけることは難しい。特に，小学校段階の音声面の指導には，認知発達上細心の注意が求められる。小学生は，音声で入力される英語が深く定着するため，言語素材の影響を強く受ける。

　初学時，初級から中級段階の学習途上では，英語圏を含めて国際的に汎用性が高いGA（General American）またはRP（Received Pronunciation）の素材を用いて，正確な英語の獲得を優先する。「多種多様な英語に幅広く対応」して，自らも理解されるための柔軟性のある英語力は，基礎・基本が安定し，レディネスが整った中級段階後半で扱う（学習理論 第2章3.2, *Chunking and Instruction* 詳述）。

　異文化に対する寛容性を育むことと，基本的な英語力を教育することとは，質的に次元が全く異なっている。限定的な話者にしか通用しない英語は，国際語とは言い難い。

5　語彙中心の指導法と従来からの指導理論との融合

　概念・機能シラバス（Notional Functional syllabus）は，1970年代ヨーロッパで提唱された。このシラバスでは，文法項目を中心とはせず，空間，時間，量，頻度，存在といった言語機能を支える概念と，依頼，謝罪，提案，助言などの言語を用いた機能を指導することを軸に据えている。

　1990年代，一部の中学校でCommunicative Language Teachingに基づいた概念・機能シラバスが採用され，段階性などの統制が加えられていない様々な語彙と文法形式が無秩序に導入された。その結果，学習者と教師に負担を強いることとなり，この指導法を有効に活用することができなかった。英語圏で効果的とされる指導法をそのまま取り入れて，学習者のレディ

ネスを逸脱して実践を行ったため，このような結果をもたらしたことは再考しなければならない。

Communicative Language Teaching に基づいたタスクを活用した指導法 (Task-based syllabus) も，教師が活動の中で話題を発展させて活発に授業を進めようとすると，未習の語彙や文法が多用されて学習者に不安を与えることとなる（教科書にない単語や文法がいっぱい，分からない，テストに出るのだろうか，覚えきれないな，など）。教師は言語素材について，難しい判断が求められる指導法であることを意識しておかなければならない。

このように，日本とは異なる環境で開発された新しい指導法が今後も提唱されるであろう。指導法を導入する場合には，盲信することなく，学習環境と，目標とする英語能力，学習者のレディネスを十分に考慮した上で，採択しなければならない。

5.1　語彙中心の指導法で使用する教材の留意点

1990 年代，英国では，「反文法主義」として語彙中心のアプローチ (Lexical Approach) が推奨された（学習理論 Topic 4）。文法中心の授業では，文法規則の定着が主要な目的とされていたため，語彙が不足し表現能力を十分に培うことができなかった。

語彙を中心として，段階的にどのように指導を進めていけばよいのであろうか。語彙中心の指導法をとる *Innovations* series では，型（構文）と時制については，使用文脈を提示しながら段階的に導入している。5 つの学習者のレベルが想定されているが，より頻度の高い基礎的な語彙と文法から配列され，導入された形式や表現が後続する課で繰り返し螺旋状 (spiral) に何回も盛り込まれる。語彙を中心として，概念・機能を軸とした中に，文法を対応させたシラバスを採用している。

英語圏以外の学習環境では，文法形式を統制した上で授業を展開すると，学習者の運用能力育成に効果が見られると報告されている。英語圏で開発された教材を用いて，語彙中心の指導法を本格的に展開するためには，大量の語彙から構成された言語素材を授業に取り入れることとなる。そのため，中学校段階の基本文法の学習が完了していることが望ましい。

	elementary	pre-intermediate	intermediate	upper-intermediate	advanced
自分や他人の紹介	1	1	1	1	1
出身地の紹介	2	1	1	1	1
仕事・職業の言及	3	8	5, 16	20	2
近い将来の予定	4	12	3	16, 19	13
近い過去の出来事	5	14	会話で随所	9	随所
勉学	6	7	14	—	
過去の出来事	7	1	会話で随所	13	随所
趣味	8	2	2	3	—
現在の予定	9	4	9	10	随所
訪れたことがある場所	10	18	3	随所	3
地図による指示の表現	11	11	—	—	3
現在行っていること	12	17	会話で随所	随所	随所
時間の表現	13	4	会話で随所	随所	随所
援助の要請と応答	14	19	会話で随所	随所	随所
週末の計画	15	15	13	7	—
問題と解決	16	18	会話で随所	5, 6	22
食事	17	9	12	—	5
買い物	18	5	6	—	10
謝罪	19	会話で随所	会話で随所	随所	随所
スポーツに関する表現	20	—	15	—	19
旅行の計画	21	13	3, 11	—	21
人の叙述	22	10	10, 17	2	1
招待	23	—	会話で随所	8	随所
提案	24	19	会話で随所	14	随所
Have you got ...?		3	会話で随所	随所	随所
健康		6, 17	20	—	7, 16
電話のやりとり		16	散発	—	—
金銭に関する表現		19	—	—	12
社会問題		20	18	4, 17	18
許可		7, 13	会話で随所	随所	随所
記述や叙述		14	頻出	15	随所
感情表現			4	12	11
苦情			7	18	随所
住居			8	17	—
法律や社会秩序			19	18	4
話の創作				11	随所
人生設計				19, 20	15, 20
環境問題					6, 9
政治問題					8, 24
平和問題					14
冗談, タブー					17, 23

(*Innovations* series より。数字は「課」を表示する)

英語圏で開発された教材は，生活場面（郵便局，病院，銀行，ホテル，役所，買物，食事，その他）を前面に出し，概念・機能の定着を促す主題が多く，設定された場面や文脈が日本の学習環境とは異なっている。さらに，教室内に様々な国籍の英語学習者が存在していることを前提として編纂されている。

　例えば，*Innovations* series を含む多くの教科書の第1課は，自己紹介が多いが，生徒全員が I'm from Japan. I'm Japanese. であり，習慣なども類似していることから，会話が発展せずに興が冷め授業が進行しない。そのため，英語のニックネームを与え，役割を持たせてロールプレイを行うことが推奨されている。

　しかし，場面を設定した活動では，生徒はクラスの仲間と仮想上のことを英語で話すことに「現実離れしている」と受け止める。実感を持つことができず違和感と抵抗感を覚え，日本語を交える学習者が頻出する。また，上級英語学習者の中には，生活言語としての英語の必要性を見いだすことができないため，学習意欲を低下させてしまうことがある。

　上述で紹介した教材を含め，英語圏で開発された教材や指導方法を，日本の環境で効果的に援用するためには，教科書の中の活動を取捨選択して，学習者のレディネスを十分に考慮した上で，適切な段階で導入する。

　教材の中には，活動や写真をふんだんに取り入れて工夫されているものも多く，学習者の興味・関心を喚起することにより，異文化を体感し理解を図ることができる。

　学習者の目的意識を把握しながら学習環境を考慮した上で，授業を展開することを心掛ける。

5.2　語彙中心の指導法の援用可能性

　英語をことばとして教育するためには，言語を運用する上で，文法規則をどのように活用していくのかを指導して，概念・機能の理解と表出能力を培うことが必須である。

　語彙中心の指導法は，適切に援用することにより，概念・機能シラバスでも，文法シラバスでも両立可能である。概念・機能シラバスで，使用する表

現や言語形式を限定して統制する方法や，文法シラバスで，基本的な構造を文法あるいは型（pattern）として示して，練習を行う方法が開発されてきている。

　初級段階は語彙を中心とした理解と表出，初級後半から中級段階で文法機能の理解，語彙を拡充させつつ構造の知識を安定化させる。中級段階以降は，4技能の統合を図りながら，様々な活動をとおして，文脈・場面に即した表現が自動的に活用できるように指導を継続する。上級段階では，自然な言語使用のための構文選択と語彙使用を指導する。

　中学校や高等学校では，学校文法をとらえ直す動きもある。語彙中心の指導法の知見を取り入れて，文脈・場面にあわせた自然な文法の用法を提供する参考書や教材が開発されてきた（p.269参照）。こうした教材を使用しながら，文法シラバスでも，文法規則の定着にとどまることなく，運用可能な文法使用を目標とした授業が展開可能となってきている。

【日本で展開可能な語彙中心の指導法】

小学校段階	小学生の認知発達段階にあわせた概念・機能に基づく語彙中心の指導法。基礎的な定型表現を場面にあわせて口頭で使用することができるように指導する。
中学校段階	文法形式が自然に用いられる文脈の学習を目的とした語彙中心の指導法。単文のチャンク処理をとおして，言語理解・言語表出のための文法を指導する（第8章3参照）。
高等学校段階	まとまりのある文章を素材とした概念・機能の学習と，文法学習のための語彙中心の指導法。適宜，言語記述・言語分析のための文法を取り入れて，メタ言語能力を培う。
大学段階	正確さ，流暢さ，複雑さ，適切さ，概念・機能の学習を目的とした語彙中心の指導法。理解・表出活動を充実させて，ことばとしての英語を獲得する。

5.3 技能指導の一貫性

　英語母語話者や英語力の高い教師は，様々な表現や文法を用いて，「活発な」授業を展開しようと挑戦をする。しかし，学習者のレディネスに配慮しながら，過度の負担を強いることのないように，学習状況の把握に努めることが何よりも肝要である。

　それぞれの学習段階の指導を託された教師が，責任を持って確実にその役割を担い，次の学習段階の教師へ引き継いでいくことが一貫性を持った英語教育である。それを支えるものは，教師の英語力向上への強固な意志と努力に他ならない。学習者の困難性を予知し，克服を促す指導を展開するためには，教師の英語力が不可欠である。

　学校教育臨床（Topic 3 参照）の見地からも，学習者がどのような英語力を獲得しているのか，何につまずいているのかを理論に基づいて検証した上で授業実践へ還元していくことが求められる。

　以降の各章では，各技能（聴解・発話・読解・作文）について定義を行い，技能の能力とは何かを整理して，段階に応じた指導と留意点について具体的に検討する。段階性の判断については，各章の「2.6　レディネスに基づいた技能指導のためのカリキュラム設計」を参照して，指導目標が達成できているかを確認して欲しい。

　典型的なつまずきを例にあげ，原因と克服策を提案する。技能の伸長方法，何をどのように教えるかについても，語彙中心の指導法を援用しながら考える。技能の能力と育成については，各章で整理して，活動や指導方法を紹介していく。

　なお，本書では技能指導の理論的根拠を考察することを目的としており，カリキュラム開発やシラバス・デザインで必要とされる能力測定方法，テストや評価については，専門的な分析が必要となるため，紙幅の都合上扱ってはいないことをご承知おきいただきたい。

Topic 2

学問としての外国語教育

　外国語教育学は，その萌芽期から一貫して，関連諸科学の知見を取り入れて，言語教育に理論的な裏付けを与え，学問領域として確立させる必要性が説かれてきた (Stern 1983)。

　理論中心主義を説く外国語教育学では，隆盛した構造主義や生得主義などの言語学と，心理学の理論を教育現場へ応用することが盛んに行われた。2000年代に入り学問領域の細分化が進み，外国語教育学としての体系的な考察が希少となってきている。

　実践中心主義の系譜では，指導技術の側面に関する分析・方法を提案する研究が多く，教育現場での実践と経験を共有し，蓄積しながら授業改善を図っていくことが中心的な課題となっている。

　これら2つの立場は，教育観，人間観，ひいては人生観の違いから，融合することなく対峙し続けてきた。外国語を教育する上で，一部の立場や特定の理論に偏ることなく，学習者の立場に立って複眼的視座から教育全体を正視しなければならない。

　外国語教育学の基本的な考え方と分野を整理する。

★外国語教育学の基本的な視点

　外国語教育学は，以下の3点を基軸としなければならない。

1. 外国語教育の目的論

　外国語教育の目的を明確にし，目標とする外国語能力を綿密に定義する。これを土台として，指導過程や指導方法を設定する。

　日本では，学習指導要領がこの重要な役割を果たしてきた。筆者の手元には昭和33年施行分から束ねてあるが，聞く・話す・読む・書く，あるいは

外国語を理解し表現する能力の育成と，外国文化に対する理解が，一貫して目標とされてきた。

　高邁な精神に立脚した教育的視座に立って考案されていて，当時から4技能をバランスよく指導することを掲げ，異文化理解を関連付けてきたことは，特筆すべき事実である。1つの技能に特化して正確に訳読することや，文法知識に傾斜して指導をすることは目標ではなく，学習指導の1つとして位置付けられてきた。

　昭和33年文部省告示　学習指導要領の目標を参照する。

> 1. 外国語の音声に慣れさせ，聞く能力および話す能力の基礎を養う。
> 2. 外国語の基本的な語法に慣れさせ，読む能力および書く能力の基礎を養う。
> 3. 外国語を通して，その外国語を日常使用している国民の日常生活，風俗習慣，ものの見方などについて基礎的な理解を得させる。
>
> 以上の目標の各項目は，相互に密接な関連をもって，全体として外国語科の目標をなすものであるから，指導にあたっては，この点を常に考慮しなければならない。

2. 外国語教育の教育場面

　外国語教育学研究を進めていく上で，教育実践の場面を正しく把握して理解した上で，外国語教育の目的論との整合性を図り，教育現場の実情を反映させた論考を行う。具体的には，学習者の特徴，教材・教具，教室での対面教育，または自律学習を区別して，教育がどのように展開されていくのかを精緻に検証する。

3. 基礎研究・教育諸科学・人間陶冶の連関

　外国語教育学は目的論を明確にし，教育環境や教育現場を視野に入れた上

で，教育実践を支える理論的基盤を強固なものとする。学習者の技能面と人間性を育むために，経験，理論，実践を循環させて，教育を考究していく。

外国語教育学では，以下の各領域を独立させて，専門性を追及するのではなく，融合と調和の上に成立していることを忘れてはならない。

基礎研究	教育諸科学	人間陶冶
音声学・言語学，言語工学，心理学，教育学・教育工学，認知科学，大脳生理学	本質論・目的論，教材論，評価論，教授法，教育史，教育制度，教師・学習者論	異文化国際理解教育，外国文化論・日本文化論（多様な価値観，人間性，人格形成）

★外国語教育学の分野

外国語教育学には，大きく次の分野がある。

【外国語の言語知識に関する分野】

外国語の音声知識，語彙知識，文法知識，語用論的知識を記述して，学習者の母語と対照する。言語学的知見に支えられている。

【外国語による言語技能（行動）】

リスニング，スピーキング，リーディング，ライティングの教示と評価。技能の指導法（教授論），教材・教具を含む。

【外国語学習の心理学的側面と教育学的側面】

教師論，学習者論（年齢，適性，性格，学習ストラテジー，動機，態度），教室・授業論，カリキュラム・シラバス設計，テストと評価，異文化理解，言語政策などが含まれる。

★外国語学習者に焦点を当てた研究

　外国語教育では，言語政策を実行するための制度や教授法などに主眼が置かれがちであるが，学習者の内部や，学習者を取り巻く環境についての理論も加味されなければならない。

　第2言語習得理論は，学習者の認知発達，母語の特徴と外国語との関係性，外国語学習の教育環境，心理を研究対象としている。現在は，学習者が直面する言語的・心理的側面について理論に基づいて原因を解明し，克服策を提供する学校教育臨床の重要性が増している（Topic 3 参照）。

(1) 学習者が獲得していく言語面 (competence)
- 普遍文法 ― 原理とパラメター，生得的装置へのアクセス度
- 母語と外国語の言語距離，言語干渉

(2) 学習者の認知面 (processing)
- 記憶 ― 長期記憶，短期記憶，作業記憶
- 処理 ― 気付き (noticing)，注意 (attention)，意識 (awareness)，制御 (control) と自動化 (automatization)
比較 (comparison)，知識形態 (implicit/explicit knowledge)

(3) 学習者の心理面と個人差 (variance)
- 社会文化的側面 ― majority/minority, identity
- 動機，適性，態度，不安，学習スタイル，性格，性差，年齢

(4) 学習者の言語使用 (performance)
- コミュニケーション理論（語用論・談話）
- 相互作用 (interaction)，方策 (strategy)

★外国語学習理論の関連性の構図

　外国語学習者に関する研究の結果，外国語学習過程を説明する行動主義理論，学習者の脳内基盤を解明することを目指す生得主義理論，外国語処理過程を明確化する情報処理理論が提唱されている。

　学習者と他者との関連性を重視して，相互作用主義が提唱され，教授者や他の学習者との関わりが注目された。コミュニケーションを志向する外国語学習を促進するためには，学習者の心理状態（情意フィルター）が大きく作用することが認識されている。

```
┌─────────────────────────────────────────┐
│       学習者の脳内基盤と行動を説明する理論       │
│ ・行動主義理論                              │
│   外国語の模倣・反応・操作と条件付けによる強化，習慣の形成 │
│ ・生得主義理論                              │
│   脳内での普遍文法の機能や言語生成，生成文法理論    │
│ ・情報処理理論                              │
│   注意・意識・比較・記憶・制御と自動化，コネクショニズム │
└─────────────────────────────────────────┘
                    ⇩  ⇧
┌─────────────────────────────────────────┐
│           学習者の情意フィルター              │
│   心理的要因，年齢要因（認知発達），レディネス      │
└─────────────────────────────────────────┘
                    ⇩  ⇧
┌─────────────────────────────────────────┐
│        教授者の働きかけを説明する理論          │
│ ・教授論                                  │
│   言語素材の提供，技能指導の展開             │
│ ・インプットの操作                          │
│   単純化，訂正などのフィードバック             │
│ ・相互作用主義，コミュニケーション理論          │
│   相互交渉，やりとり                       │
└─────────────────────────────────────────┘
```

第Ⅱ部 レディネスを遵守した英語指導

第3章
聴解

　ひとは生まれながらに，全ての言語に存在している音声を聞き分けることができるが，母語とそれ以外の言語音声を識別する能力は，生後10ヶ月前後で減退する。
　外国語の音声は，それを感受する聴覚器官を研ぎ澄ませることによって認識することができる。潜在能力を呼び起こし，意識的学習により聴解可能な音素を拡張していく。
　聴解 (listening) は，会話中の発話理解と，まとまりのある音声理解の技能である。

> 張りつめた沈黙の中，英語音声が響き渡る。
> 　一瞬で消失してしまう音を，逃さないように記憶させては，消え，もらさないように記憶させては，消え，呼吸することも忘れるほどの緊張の中，脇目もふらずに音をとらえ続ける。
> 　校内放送を利用したリスニングテストが終了すると，開放された生徒たちは決まったように同じ行動をとる。
> 　「あー，疲れた」と，両手をあげて大きなのびをする。リーディングのテストではあまり見られない光景である。
> 　英検，TOEIC®，TOEFL® などの英語技能検定試験のリスニングの後にも，同様の疲労を覚えるに違いない。聴解は，厳しい時間的な制約の中で，音声を高速処理して意味・内容を理解していくため，集中による脳の負担が極めて大きいことが，体験をとおして実感として知られている。

はじめに

　聴解は，教師が教科書の読み上げを行ったり，テープレコーダーを用いて教材付属の音声を流したりすることによって定着すると，一般的には考えられていた。しかし，英語音声に漠然とふれているだけでは，聴解能力が効果的に培われないことは経験的に察しが付く。英語ニュースを視聴する，英会話放送を目覚ましに活用する，睡眠学習の効果を信じる，英語を B.G.M. で流し続ける，聴解能力は高まったであろうか。

　授業の中に，聴解が重要な技能として位置付けられ，技能獲得のための明示的な指導が行われるようになったのは，比較的最近のことである。

　この章では，母語習得のように英語にふれているだけで，無意識に獲得することができると，錯覚されている聴解について概観する。

1　聴解のプロセスと聴解技能の獲得過程

　聴解は，周囲に存在する様々な音声の中から，言語音声を抽出して短期記

憶に保持し，分節化を行って単語を認識して，意味に変換しながら内容を理解していく技能である。聴解の過程では，外部から入力される音声と脳内の心的辞書を照合して，語彙の検索と選択を同時に行う。

1.1 聴解とはなにか

聴解は，聞き手と関連性のある情報の収集・受信活動であり，知識獲得と対話によるコミュニケーションの先行要件である。

聴解過程では，音声の分節化が入力系の重要な処理となる（第1章 1.1.1.3 参照）。英語母語話者の心的辞書の中では，語彙は音節単位で音声的に体制化（organize）されている（第1章 1.2.1 参照）。音節構造に従って形態素を組み合わせて単語を認識し，理解が進められていくと仮定されている。この処理過程は，連続して入力される音声の時間軸にそって継続して行われていく。

日本人英語学習者の代表的な誤りの1つに，聞き間違いがある。洋楽を聞いていて，歌詞を全く違った意味に解釈してしまう経験があるかも知れない。音節把握の誤解から生ずる聞き間違いは，日本人英語学習者に限った誤りではなく，英語母語話者にも日常的に頻繁に見られる現象である。

英語は，音素レベルで単語の意味が異なり，音声変化や音声脱落，弱化が普通に起こるため，聞き間違いが発生しやすいともいわれる。こうした現象について，英語母語話者の次のような聞き間違いが報告されている。

音声刺激	聞き間違い
Coke and a Danish	Coconut Danish
it was illegal	it was an eagle
ten to two	twenty two
disguise	the skies
reverse	your purse
my gorge is rising	my gorgeous
by tonight	butter knife
she'll officially	Sheila Fishley
she's a must to avoid	she's a muscular boy

variability	very ability
in closing	enclosing
effective	effect of
paint your ruler	paint remover

(Altmann ed. 1990: 113)

　聴解過程では，音声を短期記憶に保持しながら作業記憶で意味を処理していく。音節，単語，句，節，文など，どれだけの長さの音声を保持し，意味に変換して内容を記憶にとどめておくことができるかが，聴解技能の中心的な課題である。

　外国語の聴解の基本的な脳内処理過程は次のとおりである。

【入力系】
　　　　外国語の音声刺激（インプット）が聴覚器官に入力される。
　　　　　　　　　　　　　　↓
　短期記憶（処理と理解の前提として音声を短期間保持する。）

【処理系】
　作業記憶（語彙と構造の解析）　←　翻訳機（母語干渉・転移）
　　↑
　長期記憶
　（心的辞書や文法知識の言語知識体系，百科事典的知識を参照する。）

【解釈】
　言語刺激を意味へ変換・抽出し，内容を理解して，語用論的知識を活性化させて意図を解釈する。

1.2　聴解技能はどのように獲得されるのか

　聴解技能は，入力された音声を作業記憶で一度に処理することが可能な容量が，拡大していくことによって発達していく。
　外国語学習の場合，母語に存在しない音素や音節構造を，脳内の心的辞書

に書き込んで内蔵していく作業を行わなければならない。母語とは異なる外国語の音声を参照するための，心的辞書の音声見出しが収録されていなければ，外国語音声を瞬時に正しく解読して，意味を検索することはできない。

例えば，日本語の知覚に基づいて，「ライト」と聞こえても，light, right, write のいずれの単語を指すのかを判断することは難しい。

そのため，音声を介さずに，つづりの正確さだけを追求する単語の暗記学習には限界があり，音声で単語が記憶されていかなければ，聞くことはできない。視覚刺激である文字に特化する指導に傾斜することなく，音声的に単語を学習する機会を充実させる必要がある。

聴解技能は，母語および外国語では段階的に獲得されていくと仮定されている。次の段階性が報告されている。

Hearing
・注意を傾けなくても，耳に音声が入力されて，鼓膜が振動している段階。
・少し進んで，目的があって音声に集中して耳を傾ける段階。
・音声処理メカニズムの構築の初期段階。

Understanding
音素の集合体としてのチャンクや，内容語の意味を意識的に理解しようとする段階（音声として記憶された語彙知識が必要となってくる）。

Remembering
短期記憶―作業記憶―長期記憶の円滑化が形成されてくる段階（注意（attention）と気付き（noticing）の度合いによって理解の結果が異なる）。

Interpreting
百科事典的知識を最大限援用して，主観的・客観的な視点から内容を解釈することができる段階。

Evaluating
感情，態度と価値観，信念が関わって，語用論的知識・談話知識に基づいて事実・真実，意見・見解，類推の区別と的確な判断が可能となる段階。

Responding
発話の前提としての聴解が完成し，円滑な意思疎通を図ることができる段階。

(Brownell 1996)

外国語の聴解技能指導で最も大切な視点は，一貫して母語（脳内の翻訳機）を介在させずに，外国語から直接意味を抽出する能力を段階的に獲得させていくことである。

音声は時間軸にそって流れていき，消滅するものである。脳内の翻訳機を使用していると，母語に翻訳している間にも外国語音声が次々と入力されてくる。脳内の翻訳機に依存した聴解は，入力される外国語の音声刺激を完全に保持しながら，語彙と構造の処理を行っていくため，処理労力が膨大となる。そのため，情報過多で言語処理が停止して聴解は破綻することが多い。

例えばこの点で，同時通訳者の脳への負担は計り知れない。集中力の確保と疲労回復のため，ニュース番組では数分で通訳者が交代している。

人間の音声理解は，文の言語形式から意味を抽出すると，言語形式は消去されて脳内に概念のみが保持される（第1章 1.3.2.1 参照）。従って，複数の文から構成されているまとまりのある文章の聴解では，言語形式から意味を抽出し，概念だけを蓄積していくことになる。こうした統御処理は母語のみならず外国語でも同様である。

単語認識速度は，単語にふれる頻度が増すことによって向上するため，音声には継続的にふれていくことが大切である。文レベルの聴解では，イントネーションに基づいて意味のまとまりを理解して，構造処理を行いながら解釈を進めていく。単文レベル（microstructure）までの指導を十分に行ってから，2文，3文と徐々に聴解素材の長さを増やして，段落レベル（macro-structure）の理解へと拡張していく。

> 内容語 → 句 → 短文 → 単文 → 数文の単文 → 段落の理解

2　一貫性のある聴解技能指導に向けたカリキュラム設計とシラバス・デザイン

1990年代以降，音声知覚に特化した研究と，こうした知見に基づいた教育が考案されてきたが，現在は音声知覚から理解までの過程を包含した理論と実践が，外国語教育学で報告されている。

聴解過程では，言語学の諸分野で研究されるような知識，すなわち，音声学，音韻論，形態論，統語論，意味論，談話，語用論などで分析されている言語知識が，無意識に総動員される。

この節では，聴解能力を整理して，指導目標を踏まえた上で，具体的な聴解技能指導の方法について検討を加える。

2.1 聴解能力の定義

聴解能力とは，発音の個人差（性差，年齢，階級，方言，状況，職業など），言いよどみや間，言い間違い，訂正，周囲の雑音などに柔軟に対応しながら，言語音声の持つリズムを頼りに適切にまとまりを把握して，意味に変換することができる能力である。単語や句の音声を正しく把握して，構造処理をする能力が含まれる。音声を知覚して，知覚した音声に基づいた概念構築と内容理解を行い，応答や反応の前提となる能力である。

聴解能力は，単語，句，単文レベルの把握から，段落レベルの理解へと拡張していく。音声を完全に記憶して保持する処理形態から，言語形式を記憶することなく意味のみを抽出して解釈し，情報を統御する方向へと移行していく。

こうした移行が完了して，意味内容の想起や要約を行うことができるようになる。このことは，理解（解釈）のための聴解技能が確立したことを意味しており，何かの行動を起こす前提となっていく（Kintsch 1998）。

会話のために必要となる聴解能力は，相手の発音方法や発声方法にも柔軟に対応して，話者が自然な速度で発話する内容を，瞬時に理解する能力である。内容を理解しながら同時に，表出のための処理を併行して進める。

【聴解能力を支える知識】

音声知覚	音声識別，トーン，強勢やイントネーションの知識
概念構築	語彙と文法の知識
内容理解	百科事典的知識，談話知識
意図や感情の把握	語用論的知識，社会言語学的知識

【聴解過程での音声情報の処理】
　情報内容の的確な把握は，音素，音節，単語，句，構造の処理能力，記憶力と瞬時の処理力に支えられている。

語彙	聞こえた音声に近い単語を心的辞書から検索する。
意味	文脈に関連のある内容を背景知識として活性化させる。
構造	動詞を中心として，意味チャンクに基づいて自動的に語順を判断し，項構造を処理して意味役割の付与を行う。
ダイクシス（指示関係）	文中に示された物や人，出来事の時間関係(過去，現在，未来)を正確に理解する。
話し手の意図	理由や情報を把握して，相手の真意をつかむ。
百科事典的知識の活性化	社会文化的内容を含め，聴解素材に関連する知識や，話者の特徴を含めた発話状況の確認にも活用する。

　聴解能力は以下のように列挙されている。

【知覚面】(入力系)
・単語や，まとまりのある音声を短期間保持することができる。
・単語の発音を知覚して，識別することができる。
・弱形や音声変化を，正しく知覚することができる。
・単語や句，節の切れ目を，識別することができる。
・強勢やトーン，イントネーションを，正しく知覚することができる。
・様々な話者の発音に，対応することができる。

【理解面】(処理系)
・未知語を類推することができる。
・不十分な情報を推測して，内容を補填していくことができる。
・順序性，因果関係や論理関係を，統御することができる。
・話題の流れに従って，背景知識を活性化させながら理解することができる。
・主題や主張と，論拠や例を正確に区別して把握することができる。
・結果や結末を，予測することができる。

- 話者の意図を把握することができる。
- 話者の感情を，音声的に把握することができる。
- 話者の矛盾点，不足した情報，曖昧な点に気付くことができる。
- 話者の発話の中から，事実と見解を正確に区別して理解することができる。

【表出準備面】
- 情報から必要十分な事項を，抽出することができる。
- 音声刺激から重要事項を，書き取ることができる。
- 主題や主張の不足部分を，指摘することができる。
- まとまりのある音声刺激から，情報を簡潔に統御することができる。
- 話者に適確な反応を示すことができる。

(Rost 1990: 152–153; Buck 2001: 56–59)

2.2　英語教育での聴解技能の位置付け

　聴解は，1990年代までは「受動的な受信活動」として消極的に扱われてきた。現在は，聴解とは「場面や関連する知識，視覚情報などを有効的に活用しながら，発話を理解するための能動的・主体的活動」と，積極的に位置付けられている。

　コミュニケーションを志向する英語教育では，意思疎通を図るために，相手の発言を理解して自らの考えを表出することが，重要な指導目標となっている。

　聴解には，音声処理，構造処理と意味処理，次々に与えられる音声から内容を順々に理解してまとめ上げる統御処理，さらに会話には，意図や感情の語用論的側面の理解が含まれる。こうした複雑な処理を可能にする技能は，少しずつ順序立てて獲得されていく。特に外国語にふれる機会が限られている環境では，自然に聴解技能が獲得されることは難しい。そのため，カリキュラムを設計するに当たっては，レディネスに従って発話技能と連動させた聴解練習を工夫しながら，計画的に系統立てた指導を行うことが大切である。

　また，話者の身振り，手振り，表情などの非言語的な刺激をとらえながら，推論能力を伸長することも推奨されているが，指導法の確立は進んではいない。母語では，これらの処理を瞬間的に無意識に行っているが，外国語での理解過程の中で，円滑に行いながら正しい解釈に至ることは非常に高度な技能である。

具体的には，以下の観点をシラバス・デザインに反映させる。

(1) 音声認識と意味理解
(2) 情報構造や感情を伝達するトーンと，イントネーションの把握
(3) 話題や主題，論理関係，因果関係，時間関係，関連性などの理解
(4) 語用論的知識に基づく意図の解釈

2.3 聴解技能指導の目標

聴解技能は，英語音声に継続してふれていない限り，獲得することはできないため，いずれの段階でも必ず授業で扱う。「聞き取れない」ことは，英語音声への接触量不足と，系統立てた聴解技能指導の欠如に起因している。体系立てて編集された教材を用いて，持続的に音声にふれる量と機会を確保することにより，聴解能力は伸長されていく。

聴解技能指導の目標は大きく次の2点が考えられる。

> ・**話し言葉の理解**
>   会話を成立させるために，発話を理解する方法を指導する。
> ・**まとまりのある文章の理解**
>   読み上げられたまとまりのある文章を，理解する方法を指導する。

話し言葉の理解と，まとまりのある文章を読み上げた聴解では，学習者が情報を処理する方法は全く異なっているため，指導技術は同じではない。

話し言葉は短文が多く，会話のための聴解技能は具体的なやりとりをとおして練習する。会話を取り入れた授業では，発話技能とともに発音指導を関連付けながら練習していくことが，効率的であり効果的でもある。

まとまりのある文章の聴解技能の指導は，初級から中級段階前半では獲得されていない音声処理が必要となり，学習者の処理負担が膨大となることから，レディネスの重要性が増してくる。語彙，構造，意味，さらに内容統御の複数の処理を行うため，脳に負荷がかかり，聴解技能指導の効果は薄れてしまう。

まとまりのある文章を理解する技能は，中級段階以降，段階的に文章の長さや量を増やし，意味理解に向けて「聴き方」を指導していく。

　学習者の聴解技能向上を図るためには，英語音声を日本語に置き換えながら理解する制御状態（control）を早期に克服して，英語から円滑に意味に変換できる自動処理（automatic）に移行していかなければならない。

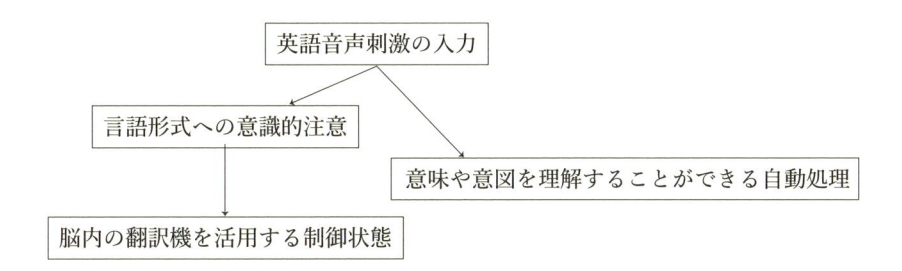

```
                    英語音声刺激の入力
                          ↓
  言語形式への意識的注意
           ↓              意味や意図を理解することができる自動処理
  脳内の翻訳機を活用する制御状態
```

2.4　シラバス・デザインに基づく授業の展開

　聴解能力は，表出の前提となり，他の技能と密接に関わっていることから，複数の技能と関連させながら指導することが言語運用の自然な姿である。

　聴解技能は，技能独自の目的があるとともに，会話を進めていくことをとおして，英語を獲得するための手段でもある。そのため，会話を用いた活動を取り入れながら，技能獲得に向けた指導を行う。

2.4.1　聴解前の指導

　聴解を開始する前には「何について聞くのか」を準備する活動を行い，背景知識を活性化させながら内容の予測をさせる。素材に使用される表現や構文などの言語知識の活性化を行い，これらを音声的に確認しておく。聴解の内容理解が促進されるため，より効果的に語彙と文法が定着していく。

　はじめに学習者個人で聴解素材に関する背景知識と，表現などの言語知識の活性化を行う。素材に関連した写真や絵，記事などの具体物がある場合は，状況・場面，出来事や動作を推測させる。次に，教師はクラス全体から表現を集め，それらを黒板で品詞や意味概念ごとにグループ分けしながら整理をしていく。

【注意点】
　準備のための段階（warm-up）であることに留意する。
(1) 時間を取りすぎない。
(2) 素材の内容を与えすぎない。
(3) 素材の内容に深入りしすぎない。
(4) 聴解を混在させた準備活動を行わない。

2.4.2　聴解中の指導

　聴解中は，主題・概略の把握を行い，次に，特定の情報を抽出したり細部の理解を行う。内容理解問題に対する確認は，指名して発言させるよりも，学習者間で行う。相互に協力して意見を出し合いながら学習するため，負担や緊張は少ないといわれている。

　これは，教育学で提唱されている協同作業による「協同の学習」の効果を踏まえたものである。協同の学習は，動機，意欲，態度などの心理的側面に作用して，外国語学習が効果的に促進されると報告されている。

　中級段階以降で扱う，まとまりのある文章の聞き取りの場合は，段落や内容ごとに区切って聞かせたり，次の段落の内容を予測させながら聞き取る分量を調整する。メモの取り方，情報の整理，段階に応じて単語から句，文の書き取り（dictation）も指導する。

【注意点】
(1) 学習者が到達可能な課題を設定して達成感を保証する。
(2) 学習者のレディネスを踏まえて，理解可能な最適な分量の音声を流す。
(3) 学習者の集中を促すために，音声を流す前に緊張を与える発言を長々と行うことは慎しむ。例えば，「静かにしなさい，前を向きなさい，顔を上げて，これから流しますよ，用意はいいですか」など。
(4) 学習者の理解状況を確認しながら，聞き取る部分を示し，再び音声を流す回数を適度に調整する。
(5) まとまりのある文章の聴解活動では，音声チャンクや論理展開を無視して，句や文の途中で音声を不自然に切ることがないように，止める位置

を確認しておく。
(6) 聴解素材の音声を，不適切な部分で止めながら分割して，解説を加えないように注意する。

2.4.3 聴解後の指導

聴解の後には，聞き取りにくい音声（弱形・音声変化），表現や文法の確認と解説をする。中級段階以降は，素材で述べられた因果関係，論理関係，問題とその解決策などを整理して，内容把握の確認をする。

素材によっては要約したり，内容に口頭あるいは作文でコメントを加え，聞いた内容を自分のことばで表出させる活動を取り入れる。こうした活動は初級段階では日本語，中級段階以降は英語の比率を増やす。

上級段階では，聴解に基づいて討論を行う。疑問点や意見，他の事例をグループまたはクラス全体で集約して検討する。内容把握を誤った場合は，その原因，理由を振り返ることが大切である。音声，語彙，文法，推論など，誤りを明確化することによって，学習が促進されるとともに，学習上の注意点を具体的に確認することができるようになる。

2.5 「聴き方」の指導

母語の聴解は，意味を積み上げて連続的に処理をしていく過程であり（統御），入力された言語形式を全て記憶することはしていない。一方，外国語での聴解は，学習者は全てを隅々まで聞き取ろうとする傾向があるため，情報の取捨選択や補填方法などの「聴き方」を指導する。音声面は，初学時から継続して学習することにより獲得されていくので，一貫して懇切丁寧に扱うことが重要である。

・単語，句，定型表現の把握から，節，単文，複文の理解へと拡張して，聞き取ることができる分量を増やす。
・短期記憶での保持容量を効率化して，音声からの内容理解能力を伸長する。そのためには，音声変化や弱形に注意を払い，チャンク処理を指導する。音声のまとまりとしての音声チャンクを保持することによって，記憶

への負担を軽減することができる。
- 背景知識は，母語に依存している，あるいは母語をとおして活性化することが多い。母語の表現を直訳することなく，外国語でどのように表現するのかを指導することは極めて大切である。
- 音声で与えられる語彙と文法の定着に向けた，聴解前と聴解後の指導は，英語力獲得のために必須である。

2.5.1 「聴き方」を指導するためのシラバス・デザイン

聴解技能指導に向けたシラバス・デザインの重要な観点は，強勢（ストレス）とリズムに基づいたイントネーションの把握，内容語（キーワード）の理解，チャンク処理である。学習者のレディネスに基づいて，以下の順序（ボトムアップ処理）で指導を展開することが，聴解能力の基礎を培う上で効果的であると報告されている。

【指導順序・練習方法】

- 単語レベルの練習
発音学習をとおして音素，音節，さらに文字とつづりの関係（学習理論 Topic 2）を指導する。

⇩

- 句レベルの練習
音声チャンクを中心として熟語，定型表現を指導する。

⇩

- 文レベルの練習
脱落，同化，弱形，結合などの音声変化の理解（学習理論 資料2，資料3），動詞を中心とした構造処理，リズムに注意して音読をすることにより，英語の強弱やイントネーションを体感する。

⇩

- 段落レベルの練習
内容理解，背景知識の活性化。音声チャンクの保持と意味内容の抽出。
十分なインプット量の確保に向けて多聴を行う。

2.5.2 「聴き方」を指導するための練習方法

　音声変化は，調音動作や音声の流れをスムーズにする結果として生じ，方言差はなく，英語圏で使用されているどの英語にも共通して見られる現象である。音声変化を獲得することは，聴解と発話能力向上に必須である。

　聴解の学術研究が進み，その知見を取り入れて，聴解技能を順序立てて指導していくための教材は充実して豊富になってきた。音声学を援用した発音練習，会話練習と関連付けて，CALL を活用した教材も多数開発されてきている。

　注意点として，副教材として使用する場合，こうした教材は一冊で体系立てて編集されているため，部分的に単元だけを取り出した断片的な活用方法では効果が低下する。

　聴解技能指導については，以下の練習方法が提案されている。

・様々な活動例は Nunan and Miller (eds.) (1995); White (1998)
・聴解前・聴解中・聴解後の活動は Wilson (2008)
・「聴き方」の指導例は Field (2008)
・段階別の具体的な指導への提案，書き取りは Davis and Rinvolucri (1998)

　これらの文献を参考資料として整理した上で，いくつかを紹介する。指導に適した段階については，日本人英語学習者に対応させて適宜修正を加えている。

【技能に特化した練習】（初級から上級段階）

　聴解能力の向上を目的として，書き取り (dictation) や文復元 (dictogloss) を行う（第8章4.2参照）。書き取りの注意点として，文字とつづりが定着してから導入しなければならない。つづり，単語，句，節，文へと段階的に書き取る分量を変化させていく。書き取りを効果的に行うためには，レディネスを逸脱しないことが最も大切である。

　書き取り活動用に空所補充問題の教材を作成する場合，文章の長さと空所の数の目安は次のとおりである。

レベル	教材の単語数	空欄の数
初級段階	50 − 65	8 − 12
中級段階	75 − 90	14 − 16
上級段階	100 − 120	18 − 20

(Nunan and Miller 1995: 27)

【選択的聴解】(初級から中級段階)

　学習者が全てを聞き取って記憶しようとする習慣を形成しないために，聞き取るべき情報を限定する。注意を向ける内容やキーワードを示しながら，徐々に聞き取る情報量を増やす。メモを取る技術が含まれる。初級段階後半から中級段階にかけては，こうした練習を丁寧に行いトップダウン処理の基礎を定着させる。

【会話学習】(初級から上級段階)

　学習者どうしの協同作業によって，定型表現や構文を定着させる。音声チャンクの使用をとおして学習する。段階的に単語から句，文，複数の文へと拡張していく。急激に長い文を含む教材を用いて聴解を指導すると，音声処理が停止して，学習意欲が著しく低下するので注意が必要である。英語母語話者や上級段階の英語学習者との会話練習を積み重ねることによって，英語音声に慣れ聴解できる分量が少しずつ増していく。

【聴解による文法学習】(中級段階)

　「既習の文章に，未習の文法項目を入れた素材を何回か聞くことによって，未習の事項に注意が向き，文法が自然に獲得される」と，聴解技能獲得と文法学習を両立させることを目指す手法を，Rod Ellis や Bill VanPatten が推奨している (Noticing; Processing Instruction)。

　この手法の効果について，拙著 *Chunking and Instruction* で検証したが，音声への適応性は向上するものの，内容理解の聴解能力は培われないことが分かった。また，学習者は新出の文法事項に対して，簡単には注意が向かな

いことも確認された。
　教育現場からは，この手法を用いて授業実践を行った結果，受動態や関係代名詞などの文単位の文法も，分詞などの音声的に弱化している部分的な形式変化の文法も，「気付き」よりも「混乱」を引き起こす。その結果，学習者の不安が増し，深刻なつまずきを誘引するなど多数報告されている。
　聴解技能の学習に新出文法を併用することは，学習観点が不明となる恐れがある。この手法は活用方法を誤ると，円滑な授業運営に影を落とすことになるため，慎重さが求められる。

【音声のみによる指示内容の理解】(中級から上級段階)
　日本ではあまりなじみはないが，海外の英語学校でよく使われる方法を紹介する。聴解を正確に行いながら，操作（行動）をする練習方法として，視覚障害者用の取扱説明テープや案内音声に従って，実際に操作したり行動したりする。一般的に用いられている取扱説明書は，絵や図を使用して説明されているため，聴解素材として適してはいない。視覚情報を頼らずに，純粋に聞き取る力を培うための練習方法である。
　中級段階では，読み上げられた説明文を聞きながら作図をしたり，パソコンなどの機械を操作したりする行動をとおして，音声から意味を理解する訓練を積む。
　上級段階では，同様の説明・案内テープをグループごとに作成して，クラス全体で目を閉じて説明文を聞いてみて，必要十分な情報量に基づいた表現方法が使用されているかを確認する。

【メディアの活用】(中級から上級段階)
　ニュース，証券市場，コマーシャル，ドキュメンタリー，ドラマ，演説や議会中継，各種の案内放送，映画，最近ではインターネット動画などの映像を活用した練習では，まず音声のみ，次に映像と音声を示す。音声のみの段階では，音声刺激から内容の概要・概略をつかむことを指導する。学習者どうしで内容理解を深めるために話し合い，再度音声のみを聞く。最後に映像を見て推測した内容を確認する。可能であれば，同じ内容のニュースを複数

のテレビ局がどのように伝えているかを聞き比べる。聴解素材の中に専門用語が使用される場合は，あらかじめ示すか新聞などの読解素材と組み合わせて行う。発展的な学習としては，動画閲覧サイトやインターネットラジオで自由に海外の放送を聞くことができる。

また，学習者の段階にあわせて，洋楽を使った聴解活動も効果的である。

例えば，歌詞を聞きながら，空所補充や書き取りなどを行い，学習者が聴解した歌詞と全く異なるなど，英語音声の特徴に対して興味・関心を喚起することができる。注意点として，自然で正しい英語のリズムに従った強弱から逸脱した素材を用いてはならない（学習理論 第2章4.6）。

【電話】（中級から上級段階）

英語での電話は，音質の悪さ，相手が見えないこと，早口，繰り返しが少なく何度も同じことを話してはもらえない，相手の感情がことばに移入されるなどの諸要因から，極度に緊張する難しい技能である。電話の聴解に特化した実践的な教材を用いて，名前，数字，場所，日付，さらに用件などの情報を正確に聞き取る訓練を行う。音質を低下させる，雑音を加える，間を置かないなどの電話の状況を再現させる。

【スピーチ】（上級段階）

学習者にスピーチをさせ，他の学習者は耳を傾ける。質疑応答や要約に基づく意見表明，討論を展開する。スピーチを録音したものに，コメントを同じテープに吹き込んで返却する。それを聞くことにより，コメントの仕方，語彙と文法，発音方法など，聴解をとおした英語の学習につながる。

2.6 レディネスに基づいた聴解技能指導のためのカリキュラム設計

初級段階では，音素，音節，単語，句，文へと，聞き取る対象を拡張していくボトムアップ処理を重点的に指導する。

中級段階以降の，まとまりのある文章の聴解では，単語や句を理解しながら全体を把握するボトムアップ処理に加え，背景知識を活性化させながらキーワードに注意を払い内容を予測し，細部を理解するトップダウン処理を指

導する。英語の論理構成（第6章2.5参照）に従いながら情報を処理して，まとめあげていく統御能力を育成することが指導の最終目標となる。

2.6.1　初級段階の指導と留意点

　初級段階では，突然聞き取りを開始しても効果は薄いため，聴解活動の前に何について聞くのか，どのような活動を行うのか，どの部分を聞き取るのか，など活動内容についてのヒントを与える。活動の趣旨や焦点をきめ細かく明示することにより，聞くことへの興味，関心を持たせる。

　また，指導の時間比率は，読解や作文の時間よりも，聞き取りと口頭練習の機会を多く提供することによって，基本的な聴解能力を培う。様々な種類の活動を用いたり，他の技能と連動させたりして授業に変化を持たせる（資料3参照）。この段階の活動では，聞き取れることへの達成感を与えることが，何よりも大切であるといわれている。

　会話を用いた活動では，定型表現，基本的な語彙と文法を定着させる。「自由に」聴解と発話を行うことは混乱のもととなるため，あらかじめ用意した表現と「型」（構文）を用いる。相手の発話が理解できなかった場合の援助の求め方や，対処するための表現方法も指導する。教師が指示に用いる英語（教室英語）は，単語，句レベルにとどまらず，短文の指示文（定型表現）を積極的に用いる。

　数文から構成された文章の聞き取りでは，分からない部分であきらめてしまわないように，主題，概要，意図の把握を中心として「聴き方」を指導する。内容については，短文の応答，Yes-No, Agree-Disagree, 複数の選択肢から選ぶ，など，質疑応答を口頭で行う。教師の発問を聞くことも，聴解活動の一環である。

　初級学習者には，身のまわりにある短い文が連続する読み上げを聞くことをとおして，文章の聞き取りに慣れさせていく。会話のための聞き取りを中心に行い，会話文を少しずつ長くしていくことによって，記憶と処理の容量を増していく。こうした基礎・基本を完成させて，まとまりのある文章の聴解へと移行していく。

　初級段階では，文字に頼りすぎない指導を展開し，音声からの語彙と文法

の獲得を促すため,教師は,正確な発音で,冠詞や一致要素に留意して英語を教示することが重要である。

> 【目標】
> ・会話のための聴解能力を培う。
>   短文の理解を中心に,発話の準備段階としての聴解能力を獲得させる。
> ・数文から構成された文章の聞き取りに慣れる。
>
> 【方法】
> ・文字を追いながら聞く。文字を読んでから聞く。
> ・練習問題は,口答や筆答で単語や句の空所補充,後続する文のマッチングなどを用いる。重要な単語,句,短文の書き取り活動を段階にあわせて行う。
> ・会話のための聴解方法
>   ①会話のパタンを確認するために,やりとりを聞く。
>   ②使用された表現や会話の流れを指摘して,解説を加えた後に練習をする。
>   ③ペアで口頭練習を行う。
> ・文章のための聴解方法
>   葉書文や手紙,メールなどの簡潔な短い文章の理解を促す。
> ・中級段階に近づいてから,聴解した内容をもとにして,キーワードや要点を単語レベルで抜き出して図表に整理する。
> ・重要な語や,学習目標の語彙に注意を向けさせるため,黒板に列挙して整理した上で音声を聞かせ,発音練習を行う。

2.6.2 中級段階の指導と留意点

　中級段階の聴解では,既習の語彙や文法を定着させるための手段として,音声を積極的に用いる。

　まとまりのある文章の聴解前には,教師が主題を示しながら,聴解素材中に使用される様々な表現を予測させて列挙する。内容を類推して,関連する表現や構文を練習しながら,背景知識を活性化させてから聴解活動に入る。

　聴解後は,聞き取れた事柄と,聞き取れなかった部分を明確化させ,その理由を一緒に考える。聞き取れなかった原因が音声面か,語彙面や文法面か,などを自己診断できるように助言する。まとまりのある文章で用いられ

た主題文や定義文，言い換え方法などを学習して，自らも使用することができるように活動をとおして練習する。

　文章中の未知語を，前後の文脈から推測する指導が推奨されている。しかし，未知語の類推技術は，前後の表現や文を頼りに推測を行うため，文字として存在している読解技能指導で定着させることが望ましい。

　中級段階以降は，読解の比重が増してくるが，読解素材をCDで聞かせるだけではなく，授業の前半，中盤，後半のいずれかで，聴解に特化した活動を必ず取り入れることが大切である。聞いた内容をもとにして口頭で発表したり，文章を書いたりする活動を併用することによって，4技能の統合化を図っていく。

【目標】
　会話とともに，まとまりのある文章の聞き取りを指導する。

【方法】
・短い話を聴解した上で，キーワードをあげたり出来事順に整理をする。
・読解素材で学習した既習の語彙や文法を用いて，内容理解の練習問題を聴解活動に取り入れる。
・聴解の授業では，読解よりもやさしい語彙レベルの素材を使用することが望ましい。98%の語彙は既習であること。新出の2%の語彙を類推する方法を知っていること。一般的な総合英語のクラスでは，読解素材を音声で提供することが多いため，現実的には素材の調整は難しいといわれるが，聴解用の素材を準備して指導をする。
・書き取る部分を単語から句，文へと拡張させる。
・聴解素材で使われた類義語や反意語を提示する。要約文を空所補充させ，音声素材を再び聞く。語彙指導では発音を必ず確認する。
・学習段階が進むとともに，聴解素材の長さを増していく。
・まとまりのある文章の聞き取りでは，聴解前に予測させた内容や展開と，聴解素材の内容が一致したか，異なっていた場合は，どのように異なっていたのかについて，聴解後に素材を使用しながら簡単な会話を行う。
・中級から上級段階のまとまりのある文章の聴解では，活動前に関連する語彙を多く想起させて，必ず背景知識を活性化しておく。

> ・上級に近づいた段階で，読解した後に読解素材と関連する聴解を行って，発話や作文で表出する。4技能の統合を図るための活動を積極的に取り入れていく。(例えば，記事を読みインタビューを聞き，意見を述べる。)

2.6.3　上級段階の指導と留意点

　上級段階では，まとまりのある音声から，主題と細部を適確に理解することができる能力を培う。日常の事柄，時事問題，学術・文芸など，様々な内容の文章を扱い語彙の拡充を図る。また，複数の放送局のニュースや英米人の会話など，実際に使用されている低頻度語彙を含んだ自然な英語にも積極的にふれる。

　指示を正確に理解した上で操作や行動を行う活動や，文化的側面に関わる問題解決活動，要約して他者に伝える活動など，長い聞き取りを前提として意思表示のできる表出技能を取り入れる。4技能を統合して，英語をことばとして運用することのできる言語能力を育成していく。

　会話を用いた聴解練習では，学習者と同世代以上の英語母語話者が日常的に使用している表現形式を獲得していく。英語教育で提供されてきた高頻度語彙とは全く異なる表現にふれる機会を充実させる。

　まとまりのある文章の聴解は，読解と交互に行う。聴解のみに偏ると読解速度が低下してしまい，逆に読解のみに偏ると，まとまりのある音声理解に支障を生ずるため，授業にバランスよく取り入れた指導を展開する。音声から内容理解を促す聴解指導では，言語形式よりも意味概念の理解に重点を置き，音声素材の逐語訳は行わない。

　こうした努力を積み重ねることにより，「ある日，突然」消えていく英語音声を，無意識的に瞬時にとらえ理解することができるようになる。これは，母語と同様の外国語音声処理メカニズムの完成を意味している。

> 【目標】
> ・会話は，文脈や場面にあわせて自然なやりとりになる。
> ・聴解素材が時事英語，学術英語，ビジネス英語，文芸素材などとなり，語彙が高度化する。低頻度語彙を音声的に学習していくことによって，表現力を豊かにし英語力を向上させる。

> 【方法】
> ・聴解前には，素材について自由で活発な会話を行いながら，知識を活性化させて表現を確認する。
> ・聴解後は，素材についての内容理解問題を解き，内容についての会話や作文を積極的に行う。
> ・まとまりのある文章を聴解して，主題について要約した上で会話や討論，ロールプレイなどの活動に発展させる。
> ・聴解素材と関連する読解も取り入れて，4技能の統合を図る。
> ・講演やセミナーに積極的に参加して，英語を運用する体験を積む。

3 聴解技能獲得の困難性と克服策

　中学校の教師から，「生徒が聞き取れるようにならない」「リスニングの授業をいやがり，聞こうとしない」と，相談をたびたび受ける。しかし，数回の授業で解決できるような特効薬は存在しない。聴解は高度な認知活動であるため，獲得までにかなりの時間を要する技能である。学習者自身が聞く意思を持って，長い時間(英語にふれる量)をかけて，少しずつ聞き取ることができるようになってくる。

　学習者のつまずきの原因は，全ての音声，単語を聞き取ろうとする態度に発端がある。さらに，語彙と文法知識の自動化の遅れと，日本語に置き換えようとする翻訳の習慣が，聴解技能の獲得を阻害している。

　この節で概観する困難性は，課題というよりは，聴解技能獲得の過程で誰もが経験するつまずきであり，通過していく過程である。聴解時に見られる代表的なつまずきを検討しながら，聴解技能獲得のための観点を考察していきたい。

3.1　なぜ聴解は難しいのか

　日常生活の中で音声言語を聞く機会は非常に多い。対面や，電話を含めた相手が存在している会話と，テレビやラジオなどの一方向に流れてくる音声である。これらに対しては，それぞれ異なった聴解技能が用いられる。短文

を中心に処理する技能と，文から意味を汲み取り整理して記憶する技能は，処理方法や記憶量が異なっている。

英語教育で実施されてきた聞き取りは，一方向に流される音声の理解が主流であり，「聞き取れたか」という結果に注目していた。聴解試験では，学習者にとって，はじめて耳にする音声の流れを処理して，理解することが求められる。聴解の方法を十分に指導されていない学習者は，独自に「聴き方」を模索せざるを得ないため，英語の聴解は困難を極める結果となる。

聴解の難しさは，学習者の目的意識，興味や関心，どれだけ正確に聞き取る必要性があるのかに影響される。さらに聴解素材の言語面と内容面に起因することも見られる。

言語面	内容面
・文，文章の長さや複雑な構文 ・音声の速度や音質 ・発音方法や間の取り方 ・話の一貫性，新情報の量などの談話構成	・知識による類推の容易性 　（話題や主題の親密さ） ・論理展開を含む理解のしやすさ ・会話または説明文，論説文，物語文などの素材の種類

3.2 音声に関わる困難性

聴解素材を聞き取ることができない原因の1つに，音声面に関わる問題があげられる。日本語には存在しない，英語に特徴的な音素や音節構造，音声連続を，無意識に区別して認識することができないためである。学習者自身が自動的に区別することが難しいため，積極的に介入しながら明示的に指導する。発音練習と連動させた活動をとおして体得させる。

(1) 母語にはない音素（子音と母音）の識別
(2) 音声の流れと，音声チャンクの把握
(3) 音節構造，音声変化と弱形の理解

これらは，聴解技能の基礎・基本であり，音素レベル，音節レベル，句や

節，文での音声変化へと徐々に聞き取る量を増やしながら，豊富に練習活動を取り入れる。CALL などを用いた音声の視覚化プログラム（学習理論 Topic 1）も効果的である。

3.2.1　カタカナ英語

日常的に外来語として使用している，カタカナ英語を含む素材を利用することで，聴解が容易になると提案されている。初学者には，音声的類似性に親近感を覚え緊張を和らげる効果が期待されている。

しかし，box や computer は，日本語とは異なる子音連続や強勢の違いを含んでいるため，聴解時には聞き取ることができない。教師は，カタカナ英語は音声的には日本語であり，英語ではないことを認識して，実際の英語音声との相違について，具体的に解説を行う。

3.2.2　つづりと発音

読解時には，つづりから意味を理解することができても，同じ文字列を音声で与えられた場合には，聞き取ることができない学習者が見受けられる。

これは，音声を中心とした学習をとおして，音声連続としての語彙にふれる量を確保することによって改善される。特に初級段階では，文字を中心として学習してから音声を学ぶのではなく，音声によって語彙が獲得されてから，文字とつづりを導入する。

3.2.3　聞き間違い

同音異義語や，音声変化の原因による聞き間違いによって，異なった単語や句を想起することがある。

前述のとおり，聞き間違いはつまずきではなく，英語母語話者にも一般的に生じるため，聞き間違えた単語の品詞や使用文脈に注意を向けて，丁寧に確認しながら指導を進める。

3.2.4　トーン

単語や句の発音方法（トーン）に関わる聴解，例えば, Really? や Sorry は,

発音の上がり下がりの位置や方法によってニュアンスが微妙に変化するため，正しい解釈が大変困難な音声の1つである。

会話の授業をとおして，トーンが表す意図の違いを，場面の中で実際に発話する練習をとおして実践的に体得させる。

3.2.5 多様化している英語の発音

英語母語話者の自然な発音や速度，様々な国籍の話者の発音に対応することができない学習者が多い。

初級段階では，音素や音声規則を丁寧に正しく指導して，中級段階以降で，発声・発音方法への適応，上級段階で異国の英語話者や，様々な方言を話す英語母語話者の発音に慣れて，英語の変種への許容度を上げていく。

注意しなければならないことは，外国語として英語を教育する日本では，小学校から中学校にかけては，GA（General American：アメリカ標準英語発音）やRP（Received Pronunciation：イギリス容認発音）などの確実な定着を図ることにより，正確な英語の知覚能力の基盤を培うことが必要である。核（core）となる音声処理システムが完成しなければ，変種を理解する柔軟性を拡張することが難しい。規範となる英語音声を獲得してから，英語の変種に対応することが重要である（学習理論 第2章3.2）。

3.2.6 音節

子音連続や単語末の子音など，日本語とは異なる音節構造は，音声の解読が難しくなる部分である。

例えば，straight は str という子音連続と，子音 t で単語が終わっているため，日本語にはない響きを持ち単語を認識することができない。

聴解は，音節をもとにして処理されていくため，英語の音節構造の獲得は最重要課題の1つである。そのため，音素，音節レベルの細かい部分から次第に拡張していく，ボトムアップの聴解技術から定着させる。なお，音節の区切り位置は，日本人の音節感覚（mora）とは全く異なるため，必ず辞書で確認する習慣を付け，勘に頼ってはいけない。

3.2.7 英語と日本語の語順の違い

　英語と日本語の語順の違いから，出来事の関係性を順序立てて理解することができない学習者が見られる。

　文単位では，英語は項構造規則と構造規則によって処理が行われている。

　例えば，日本語では，「太郎がリンゴを」と言われれば，次に「食べた，むいた，買った」などの動詞を想起する。これは，主語「太郎が」と目的語「リンゴを」に後続し得る動詞を検索する結果である。日本語では，「太郎が，青森に住む，年老いた母から，昨日送られてきた，赤くておいしそうなリンゴを」のように名詞の修飾構造をとることができ，述語動詞や否定・疑問の表現がなかなかあらわれない。

　一方，英語では，John ate と言われれば，後には食品を表す表現を予測する。これは，eat がとり得る名詞を検索する結果である。英語では，主部と動詞が近接しており，文の最初のほうで否定や疑問も明示され，さらに句や節の修飾方向も逆である。その結果，聴解では，長い名詞句や前置詞句，節などが後続した場合，本動詞や文の種類を忘れてしまう。

　つまり，主語に続いて名詞句が生成される日本語と，動詞が生成される英語とでは，文中で先行する情報が異なるため，情報内容を整理していく上で，文レベルで理解の困難性が見られる。こうした構造の違いから，翻訳しながら聞いていく習慣を付けてしまうと，構成要素（資料1参照）の識別が困難となり，内容理解までが混乱をする。

　聴解では，文中で早い段階にあらわれる動詞を，的確に把握して保持しておかなければならない。英語では，動詞を中心とした項構造で意味解釈が行われる。また，イントネーションのまとまりで，1つの意味単位を形成する。動詞の意味を確実に記憶しておき，文理解の中心として処理することにより，英語の語順に従った出来事の理解を目指す。この技術は，中級段階以降の速読でも活用するため指導しておく意義がある。

3.3　まとまりのある音声理解に伴う困難性

　日常会話は滞りなく聞くことができても，講義や講演を聞き取ることができないことがある。まとまりのある文章の聴解技能は，一方向に流れてくる

音声から，語彙と文法の知識を用いて内容を把握し記憶する。内容の理解には，言語知識，百科事典的知識，語用論的知識が必要であり，レディネスに基づいて「聴き方」の指導を行う。

3.3.1　長い会話

　英語教育の聴解練習や試験で多用されている会話の聴解は，予測することのできないはじめて聞く他者の会話を把握していく，非常に難易度の高い上級段階の技能である。

　学習者は，直接会話に加わらない第三者として，会話の展開を理解しなければならないため，内容理解に付いて行けないことも見受けられる。口語固有の表現と，単文の把握を円滑に行うことや，内容の統御処理ができないためである。

　会話のための聴解技能は，音声を知覚して，同時に語彙と文法の知識で意味を認識しながら，トーンやイントネーションを頼りに話し手の意図を解釈することである。必要となる文法能力は機能語や構造の知識であり，単語や句，定型表現を理解する語彙能力である。

　母語であっても，まとまりのある情報量を全て覚え込むことは不可能である。メモを取るなど記憶を補助する方法をとり，順序立てて情報を整理して保持していくための方策の指導が必要である。

3.3.2　文章理解

　聴解素材で長い文が続くと，記憶量の限界に達して情報が錯綜し，言語処理が停止してしまい，音声の流れにそって理解や解釈ができなくなるといった困難性がある。

　まとまりのある文章の聴解は，瞬時に音声から内容を抽出して，整理・統御していく能力に支えられている。文字では理解することができるのに，音声ではできないといった聴解と読解の不均衡は，まとまりのある音声の処理能力が獲得されていないことを示している。

　背景知識を活性化して，内容を類推しながら聴解を行う，トップダウン処理の教示が必須である。

(1) キーワードの把握と，主題の理解のための技術（skimming や scanning）を指導する。
(2) 語彙力の増強，チャンク処理・構文処理を定着させた上で，段階的に指導を進める。
(3) 形式と意味の同時理解は非常に高度であるため，聞き取るべき情報を示しながら，聴解素材の分量と音声を提示する回数を設定する。
(4) 英語の論理構成に従った聴解技術獲得のために，段落構成（主題文，論拠や例，言い換え，結論，話題の転換）の知識を提供しておく。

3.3.3　未知語，類推・推測

　中級段階以降のまとまりのある文章の聴解では，未知語への対応，類推ができないために，聴解素材の細部の内容を理解することができない困難性が指摘されている。また，背景知識を活性化した結果，誤った類推・推測に影響されて内容理解が混乱し，全く異なる解釈をすることがある。

　未知語の類推技術は，中級段階以降の読解で身につけて（第5章2.5.3参照），豊富な語彙を獲得した上級段階の聴解で応用することが望ましい。学術研究によると，聴解素材には未知語を含まない，または極めて少ない素材を活用することが，聴解能力育成のための要件としてあげられている。

　聴解中に入力される音声素材と，類推・推測内容を比較検討しながら取捨選択し，素材の展開にあわせて類推・推測内容を修正していくことは高度な技術である。誤りに対しては，聴解後に音声素材を使用しながら，段落ごとの確認を十分に行う。また，教師自身も背景知識の活性化を促す指示方法を，分かりやすく明快に行うことを心掛ける。

　上級段階では，素材内容の類推・推測を過度には行わず，忠実に話の進行に従って理解を進めることが誤った解釈を抑止する。素材内容が複雑になり，予想したとおりには展開しないことが多く，類推・推測が聴解を阻害するためである（wrong mind set）。

3.3.4　複雑な構文を含む聴解素材

　まとまりのある文章の聴解では，聞き手を想定して作られた聴解素材では

なく，説明文や論説文などのように，読解のために書き下ろされた文章を読み上げている素材が多用されている。学習者は従属節や修飾，同格，倒置などの複雑な構文を処理しながら，論理構成に従って主題，因果関係，論拠や例，出来事の関連性を理解しなければならない。そのため，音声処理負担が肥大して，聴解に混乱が見られる。

　こうした構文は文語体で使用されるべきものであり，読解素材を読み上げている聴解の不自然さに起因している。学習者にとって，文字言語を音声化した素材に対応することは不自然であり難題を伴う。

　聴解技能指導は，音声言語を聞き取る能力を培うことであり，学習者は母語を介在させない読解技術を獲得していなければ，こうした素材に対応することはできない。構文解析技術（第5章2.5.6参照）が完全に定着した段階で，英語母語話者と同様の音声処理能力獲得に向けた実践的練習を充実させる。

　音声言語と文字言語は以下の表のとおり処理方法が全く異なっている。

音声言語（話し言葉）	文字言語（書き言葉）
・話者の発音や語彙選択に癖がある。 ・完全な形式の文は少なく，句や不完全な節が多い。口語体を多用する。 ・言いよどみ，言い誤り，間などが含まれる。 ・トーンなどの理解が必要。 ・つなぎことばを多用する。 ・疑問文，指示文，繰り返しが多い。 ・ダイクシス（指示語や時間副詞など）の一貫した理解が必要。	・長い文が続き構造が整っている。 ・複雑な構文や従属節が多い。 ・高度な文語体，頻度の低い語彙も使われる。 ・名詞化構造と形容詞や副詞の多用。 ・代名詞などの一貫性の理解が必要。 ・読んで理解することを目的とする，まとまりのある長文。

3.4　聴解技能学習に対する学習者の態度面

　聴解技能指導で必ず問題となることは，聞こうとする姿勢や態度と，学習意欲，集中の持続である。学習者は，全てを聞き取ろうとして疲労困憊する

傾向が見られる。

　初級から中級段階にかけては，教科書の会話活動を活用しながら，音声を活性化させておき，突然聴解に特化した指導を始めないように心掛ける。こうしたウォームアップの活動を行った後，時間を決めて「聴き方」の練習を継続的に取り入れる。

　言語処理の個人差に対応するため，発音指導や発話活動も行う（学習理論第2章3.3）。聞くことと，発音することを授業で扱い活動に変化を持たせる。正確に発音することができるようになると，聞き取りも容易になるため相乗効果が期待できる。

　さらに，書き取り（dictation）や文復元の活動（dictogloss）もうまく活用して，音声と文字，概念（内容）と言語の関係の理解を促す。長時間，聴解指導を続けることには無理がある。聴解技能は，音声に集中する活動だけではなく，学習者の五感にうったえる多様な練習を取り入れて，短時間，毎回授業で扱っていくことが，音声処理能力の獲得につながっていく。

3.5　学習する機会の充実

　英語にふれる機会に恵まれない環境では，聴解技能を獲得するために，音声刺激の不足を補わなければならない。聴解を自学自習によって勉強することができるCALL（computer assisted language learning）教材の併用が効果的である。こうした教材はCALLプログラムとして，CD-ROMやネットワーク上で少しずつ充実されてきている。

　一般的には，ニュースなどを聞くことが推奨されてはいるが，理解状況を判断する方法がなく，聞き取れなかった音声の確認も難しい。この点では，漠然とメディアを視聴するのではなく，聴解力向上を目的とした教材を用いたほうが，学習者は安心することができ効果的である。

　こうした教材は，内容理解問題の正答数に満足するのではなく，繰り返し何度も音声を聞くことが大切である。しかし，同一話者が吹き込んだ聴解教材を多用し続けると，話者の声，発音方法や速度に慣れてしまい（tuning），聴解することができる音声の種類や領域が大幅に狭まってしまうことに留意しなければならない。

日常的なニュースなどの視聴は，上級学習者が聴解力維持や，英語力補強のために活用する。その際には，英字新聞や雑誌などを併用することが，低頻度語彙の獲得に効果がある。

【一貫性を持つ聴解技能指導に向けたカリキュラム設計】

	会話のための聴解技能		文章理解のための聴解技能
初級段階		ボトムアップ処理	
		音素	
		音節	
		単語	
	定型表現	句	
	基本的な構文	節	主題把握
		文	出来事の移り変わり
中級段階	話の展開	トップダウン処理	内容の予測
	口語体	背景知識の活性化	概要の把握
		因果関係	
		論理構成	
		（主題文，定義文，言い換え方法）	
上級段階	低頻度語彙を含む		細部の把握
	自然な口語体	未知語の類推技術	要旨，要約
		指示の理解	
		問題解決に向けた聴解	
		構文解析技術の聴解への応用	

Topic 3

学習者のための授業実践に向けた取り組み

　学生時代，教育心理学を学んだ。印象に残る教官の部屋は，足の踏み場もないほど崩れた資料が散乱し，それをかき分けて小さな座る場所を確保した。今思うと，黄ばんで墨のにじんだ膨大な資料は，教師たち1人1人の思いの詰まった授業研究であった。

　研究者として，教官は私を観察していたのであろう。「あなたに教えることは何もありません。まあ，お茶でも飲みますか」と，澄んだ湯飲みを差し出した。

　非言語コミュニケーションの研究をされていた教官は，私の「顔の角度と陰影，表情，視線，ジェスチャー，身なり」を，じっと観察していたと後日談で聞かされた。長きにわたり教えを受けたことはもちろんである。

★授業のなにを研究するのか

　教師の指導技術向上，授業改善が教育政策として掲げられた。授業を内省的に振り返り，改善する意義が強調されている。授業を構成する要素を概観する。

【授業研究の目的と研究対象】

　授業研究とは，授業に参与するあらゆる面を対象として行う研究であり，授業の質を向上させることを意図している。その結果，学習者の変容を促して学習が円滑に進むことにより，学習目標を最大限に達成できることが期待されている。

　授業研究の対象は，学習者，教師，授業に用いる教材や教具，指導方法，シラバスやカリキュラムを含めた授業設計などである。

学習者の研究	・学習に関与する心理的側面や社会文化的側面 ・認知スタイル，発達，学習方策 ・学習上の共通の誤り (common errors)
教師の研究	・授業時の教授行動 　（説明，動きや視線，指名・発問，教材提示・板書） ・最低限身につけておくべき要件 　（英語力，言語知識，指導技術，指導力，教養） ・教員の養成と再教育，人格と人間性
教材・教具の研究	・技能指導用の言語素材や言語活動 (タスク) ・効果的な教材や教具の活用法 ・補助教材の作成と利用 ・音声，文字，語彙，文法，運用で最低限必要とされる学習指導項目 (minimum essentials)
授業過程の研究	授業展開 (挨拶―前時の復習―導入―展開―言語活動・コミュニケーション活動―要点の整理・授業のまとめ)，指導法と評価法，カリキュラム開発，シラバス・デザイン

○カリキュラムとシラバスの定義

　本書では，カリキュラム (curriculum)，シラバス (syllabus)，学習指導案 (teaching plan) を以下のとおり定義する。

　カリキュラムとは，教育目標，学習者観や教育観，教育内容，教授方法や手順，教授時間配当，教材・教具，評価方法などを，概括的に示した教育全般に対する方針である。

　カリキュラム設計とは，上述の要素を含めた学校全体，または特定学年で実施する教育方針を設定することである。

　シラバスとは，カリキュラムを展開するための一定期間に限定した具体的な指導計画である。

シラバス・デザインは，年間，または学期で扱う言語内容，素材の配列，指導方法，評価などをきめ細かく規定することである。

学習指導案は，1時間（1コマ）の授業計画を詳細に示した，最も小さな単位の指導過程案である。

【教師自身の省察に基づく授業の改善】

英語教育では，技能教科の特徴として，言語活動・コミュニケーション活動を取り入れて，学習者の言語技能を育成することが求められている。具体的には，英語によるやりとり，文型練習，口頭練習，対話，ロールプレイ，ゲーム，音読，黙読，速読，聞き取り，書き取り，作文，発話などであり，「授業過程の研究」が主要なテーマとなっている。

授業改善に向けて，1回の授業展開，さらに複数回にわたる授業全体についての検証を行う。アクション・リサーチは，教師自身が綿密に設定した学習指導案にそって，1つの授業展開を考察するとともに，単元の指導目標を見渡したシラバスを総合的に設計し，授業実践過程を記録しながら学習者の変容を検証する。

調査対象に取り上げる授業を構成する要素によって，研究方法と分析方法は異なっている。学習者と教師の発話の量や種類，発話の機能を記述して分析する（相互作用分析），指導方法の改善を図る，教材や教具の有効的な活用方法など，多様な研究が可能である。しかし，教師が独力で実施することができる授業の研究は限定されることは否めない。

★学習者の「つまずき」を解決するための学校教育臨床研究

学校教育臨床研究は，臨床医学，臨床心理学の精神に則って，学習者が直面する学習上の諸課題を研究対象としている。理論に基づいて多面的にその原因を解明し，克服策を提供することを目標としている。

学校教育臨床研究の根源的な姿勢は，学習者1人1人に，ヒューマニティーに根ざしたあたたかい眼差しを向け，学習の困難性を予知して未然に防ぎ，つまずきを発見した場合には，理論的根拠に裏打ちされた対策を講じることである（学習理論 資料5）。

　英語教育学での学校教育臨床研究には，学習者の母語・年齢・環境に即した精緻な実証研究を集積し，その知見を教育現場へ還元することが求められる。理論を取り入れ，綿密な授業設計に基づくアクション・リサーチは，そのための方法論の1つである。

【英語教育の学校教育臨床研究プロセス】
①学習者の困難性の発見
　つまずきの観察と記述，学習者の特徴，つまずきの発生期間や頻度などの明確化。
②困難性の原因の解明
　言語的側面や心理的側面への学術研究の援用。
③困難性の克服を促す指導方法の確立
　①②を踏まえた授業実践，授業研究と指導理論の精緻化。

　学校教育臨床研究は，教育実践を担当する教師と，学際的に研究を積み重ねた研究者との共同によってはじめて具現化することができる。しかし，教師には学術研究の知見を取り入れる機会は極めて限られていて困難である。また，教育現場の諸課題は研究者に届きにくく，学習者と教師に寄り添った提案を示すことが難しい。学校教育現場と研究機関を結び付ける体制は，個人レベルにとどまっており，制度としては確立していない。

　教育現場の諸課題が理論的に解明され，教育実践に還元されたとき，教育の質の向上が図られることになる。

【学校教育臨床研究プロセスの概念図】

```
┌─────────────────────────────────────────────────┐
│ 学習者が困難に直面している。通常，学習者自身では，何につまずいている │
│ のかを，ことばにして表現することはできない。                 │
└─────────────────────────────────────────────────┘
                         ⇩
┌─────────────────────────────────────────────────┐
│ 教師による学習者の困難性の発見，経過観察，困難性の認定は慎重に行う。  │
└─────────────────────────────────────────────────┘
                         ⇩
┌─────────────────────────────────────────────────┐
│ 教師が，研究者や専門家に困難性の詳細を説明して，原因の解明，解決方法  │
│ の診断を求める。                                   │
└─────────────────────────────────────────────────┘
                         ⇩
     ┌───────────────────────────────────────────┐
     │ 教師は，研究者や専門家の意見を取り入れて，授業を実践する。 │
     └───────────────────────────────────────────┘
                         ⇩
┌┄┄┄┄┄┄┄┄┄┄┄┄┄┄┄┄┄┄┄┄┄┄┄┄┄┄┄┄┄┄┄┄┄┄┄┄┄┄┄┄┄┄┄┄┄┄┄┄┄┐
┆ 教師と，研究者や専門家による検証。達成点，課題や修正点を分析の上，原 ┆
┆ 因や解決方法を再検討する。                           ┆
└┄┄┄┄┄┄┄┄┄┄┄┄┄┄┄┄┄┄┄┄┄┄┄┄┄┄┄┄┄┄┄┄┄┄┄┄┄┄┄┄┄┄┄┄┄┄┄┄┄┘
                         ⇩
┌┄┄┄┄┄┄┄┄┄┄┄┄┄┄┄┄┄┄┄┄┄┄┄┄┄┄┄┄┄┄┄┄┄┄┄┄┄┄┄┄┄┄┄┄┄┄┄┄┄┐
┆ 研究者や専門家による，理論に立脚した解決策や指導法の確立。教育現場へ ┆
┆ の還元，授業研究の結果，授業改善が図られる。                 ┆
└┄┄┄┄┄┄┄┄┄┄┄┄┄┄┄┄┄┄┄┄┄┄┄┄┄┄┄┄┄┄┄┄┄┄┄┄┄┄┄┄┄┄┄┄┄┄┄┄┄┘
                         ⇩
       ┌┄┄┄┄┄┄┄┄┄┄┄┄┄┄┄┄┄┄┄┄┄┄┄┄┄┄┄┄┄┄┄┄┄┄┄┄┐
       ┆ 学習者のつまづきの予防と，解決策がもたらされる。 ┆
       └┄┄┄┄┄┄┄┄┄┄┄┄┄┄┄┄┄┄┄┄┄┄┄┄┄┄┄┄┄┄┄┄┄┄┄┄┘
```

第 4 章

発話

　人間は，産声を上げた瞬間に音声を発し，音声信号に変換することによって，共有する約束である意味を付与する。社会の根幹の中で，言語音声は精神活動を司るメカニズムとして存在している。

　発話(speaking)は，思想，意思，知性，感情を音声で伝達するための技能である。

> 　ピアノを弾くことができたらいいな，気持ちを表現することがかなうのに，と思ったことのある人は意外と多い。楽譜の読み方を勉強して，練習を積み，楽しみ程度には弾くことができるようになる。ピアノを自室に据え付ける人もいるであろう。当然のことであるが，ピアノの構造や材質，歴史的背景を真剣に学ぶことによって，ピアノを弾くことができるようには，決してならない。
> 　英語で話すことができるようになりたい，との夢をかなえるために，文法構造と語彙を覚えても，ピアノの形態を知ることと同じで，目的は達成しない。さらに，ピアノ奏者の指先を眺めてその音色に酔っているうちに，自らも同じように演奏することはできはしない。同様に，英語母語話者の発話を聞いているだけでは，話すことが可能にはならない。
> 　自由自在に話すことはできるのだろうか，1人で誰に向かって練習をすればいいのだろう。思うようにことばにならないもどかしさからは，抜け出すことができない。

はじめに

　子供は，ことばにふれているだけで話すことができるようになるといわれている。間違えて恥ずかしい思いもしながら，発達段階で可能な限り，自分なりに懸命に話す努力を惜しまない。つまり，話すことができるようになるためには，相互作用(interaction)の中で，自発的に話す訓練を積み重ねなければならない。

　教育をとおして他者から技能について学ぶことと，学習者自身が技能を体得して使う努力をすることとは，全く次元が異なっている。技能を受動的に学ぶだけではなく，能動的・主体的に使う訓練をとおして，発話技能は獲得される。

　最近まで，4技能の呼称は「読む・書く・聞く・話す」であり，重要度，難易度ともに発話は最後に位置付けられていた。

　この章では，日本人英語学習者にとって，かなえたいけれども大変難しい発話について考えていきたい。

1 発話のプロセスと発話技能の獲得過程

1.1 発話とはなにか

　発話とは，社会的文脈や発言が期待される状況で，内容や自らの意思を口頭で伝える手段であり，伝達目的があって行われる。会話では，聴解と発話の関連性が高く，相手との関係や文化的制約の中で，発言を理解して応答をする。会話文の1つ1つを分析すると，単語や句，短文が多く，会話全体で意味を成す目的を持った談話である（第1章1.3.2参照）。

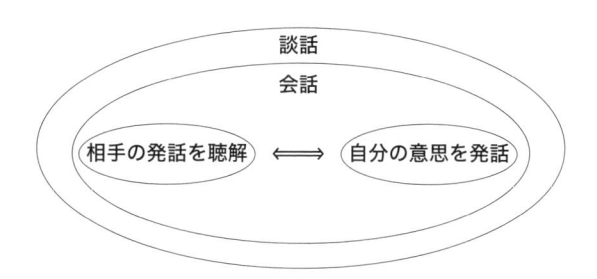

```
            談話
            会話
   相手の発話を聴解 ⟷ 自分の意思を発話
```

　発話には，日常会話のように，やりとりの中で返答を求められる場合と，スピーチや講演など，ある程度準備をしてからまとまりのある分量を一方向に話す形態とがある。

　発話の目的は，事実の伝達，感想や意見の表明，様子や状況，内容や事柄の説明，判断の理由，決定までの過程を含めた時間軸や論理軸にそった陳述など様々である。日常的な場面や社会的な状況で，こうしたことばの使用が外国語でも可能になることが，コミュニケーションを志向する外国語教育の最終的な到達目標である。

1.2 発話技能はどのように獲得されるのか

　母語習得の過程では，乳児は一定期間にわたり無意味音の生成と，問いかけに対する無言の状態が続き，次第に身振りや手振り，喃語（赤ちゃんことば），うなり，叫び，手足の激しい動きで反応し，要求を伝え始める。やがて，成長に従って単語を発し，定型表現を用いて句や文を話すことができるようになる。子供は音声言語の理解に基づいて，語用論的知識を獲得しなが

ら応対の能力が発達していく（学習理論 第2章1）。

母語の発話は，次のプロセスで行われていると仮定されている。

【概念化】意図や意思の想起。文脈や関連性に従った伝達内容の生成。

⇩

【形式化】語用論的制約を反映させた語彙と文法の選択，文の生成。

⇩

【音声化】音素やトーン，イントネーションなどの言語知識を活性化させて，発音方法の選択と決定を行う。

⇩

【モニター】音声・文法・意味など発話の言語的側面の監視と修正。

母語の言語表出過程では，伝達内容を概念化して，場面や状況にあわせて心的辞書に記載された表現を活性化させる。語彙や文法の選択では，語用論的な適切さの制約を受け，選択された語彙と文法は自動的に無意識に整えられて形式化される。

表現形式の発音方法の違いは，格式や社会的立場を表し，トーンやイントネーションの違いによって，意図する感情やニュアンスが異なっている。発音方法は音声化の段階での重要な言語知識である。母語では，こうした処理能力は周囲から与えられる音声の中で時間をかけて獲得され，日常生活での発話処理は，無意識に行われている。

短時間で場面にふさわしい語彙を選択して，構造を組み立て，状況に適した発音で，まとまりのある表出を行うことは高度な技術となってくる。母語では，概念化と形式化の訓練は教育によって育成されていくものである。

外国語の発話では，母語の介在が障壁となり，脳内の翻訳機が参与する複雑な言語処理過程を経ていくため，大変な負担となる。脳内で概念化と形式化を円滑に処理することができないため，理解と表出には困難を伴う。外国語で概念から直接形式化を行うためには，継続的な練習が必要である。

2 一貫性のある発話技能指導に向けたカリキュラム設計とシラバス・デザイン

2.1 発話能力の定義

　発話能力は，ことばを生成して表出を持続させる能力である。音声・語彙・文法の正確さ，複雑さ，流暢さ，適切さ，やりとりの適確さが含まれる。即答する必要性が生じる日常的な発話と，時間をかけて準備を行い，思考しながら練り上げた，書き言葉に基づく社会的場面での発言がある。これらは，処理過程と処理負担が全く異なっていて，必要とされる発話能力は同じではない。発話能力の特徴を以下にまとめる。

	会話	発言(読み上げ)
発話場面	日常生活	社会的場面
話題・内容 (複雑さ，適切さ)	個人的，今，ここでの話題 (here and now)	主題に基づく内容
言語形式 (語彙，文法の選択)	口語体	高度で抽象的な表現，文語体も使用
発音・発声方法 (流暢さ)	形式ばらない，打ち解けた	正式，格調，格式
目的	相手との関係を保つ	概念の提供，思考内容の表明
聞き手	少人数の聞き手	伝達対象の聴衆

【会話の促進と修正】

　発話能力に欠かせない技能の1つとして，会話の促進と修正，会話持続の技術(communication strategies)が必要となる。代表的な会話技術を列挙する。

- ・単語や句，定型表現による返答
- ・文法構造と論理構成の単純化や省略
- ・いいよどみの補正や間の取り方
- ・分からないときの質問や援助要請
- ・丁重な語りかけ方と丁寧な提案
- ・あいづち
- ・相手の意向の確認
- ・賛成や反対の立場表明
- ・論理や因果関係の確認
- ・不足した情報の提供

・自分のことばによる要約や言い換え
・先読みによる言い誤りの確認や訂正
・相手の誤解に対する必要に応じた修正
・理解することができなかった内容を，相手に伝える方法

2.2 英語教育での発話技能の位置付け

　日本人が，根深く持ち続けてきた英語に対する拒絶感は，一夜にして払拭されたわけではない。異文化をその国のことばをとおして紹介し，理解と浸透に心を砕いた多くの英語教師たちの努力があったからである。発話に対する学習者の拒絶感が薄らいでいることは，英語教育にとって前進を遂げたことに他ならない。

2.2.1 日本の現状

　英語で外国人と話してみたい，という日本人の漠然とした思いは，「平和な島国特有の感情」と，論評されたことがある。異国と国境を接していて緊張状態にある国や，多民族が共存する社会では，母語以外の言語の存在は全く珍しいことではない。世界には，母語と外国語が対峙して葛藤する環境が増え続けている。

　日本では外国語会話の番組が選り取り見取り放送され，教材や書籍も書店に大量に扱われて，「外国語」が１つの産業を形成している。日本語以外のことばは興味関心の対象であり，趣味や娯楽，教養と位置付けられる傾向が見られる。

　英語によるコミュニケーションの重要性を頻繁に耳にするが，日本の現状を考えると，パソコンや携帯電話を持たなくても日常生活を送ることができるように，英語と関わりなく生活していくことはできる。「英語学習は自分たちには他人事であり，必要に迫られた時に必要な人が始めればよい」と，関心は薄いともいわれる。英語を「国際語の獲得」「生存のための生き残りの手段」との表現で鼓舞されても，実感が全くわからない現実もある。

　インターネットでの取引，ビジネスや外交の最前線では，外国語，特に公用語としての英語が必要不可欠となっている。英米人以外の，例えば，アジ

ア，ヨーロッパ，アフリカ，中東などの人々と，英語を用いた交渉や，メールや電話でのやりとりは，日常業務となってきている。そのため，英語教育には，国や企業から様々な注文がつけられている。

2.2.2　教育現場の実情

1990年代に，談話や会話の理論的分析を取り入れた発話指導が推奨されて久しい。この提案に対して，「他人が生み出したやりとりの分析記録をもとに，何を，どのようにして指導するのであろうか」と，教師からの素朴な質問を受ける。

談話分析や会話分析は言語学の手法であり，分析対象の談話や会話をそのまま指導に活用することは難しい。分析を経て抽出された基礎素材としての語彙や文法，表現形式に基づいた教材を採用することにより，英語母語話者が使用している自然な会話の授業を提供することができるとCommunicative Language Teachingでは提案されている。

他者の会話の軌跡には，表現方法，あいづち，間の取り方，文法などの情報が含まれている。また，日常生活では，買物，銀行でのやりとりや病院での会話など，同じような場面が繰り返される傾向がある（第1章1.3.2.4参照）。談話や会話の分析に基づいた教材を採用しながら，学習者の段階に応じたタスクをとおして疑似体験を積み重ね，頻出する語彙と文法，定型表現を学ぶことは，発話技能獲得に有意義である。

日本での発話指導の難しさは，英語を使用しなければならない日常的場面もなく，社会的必要性を実感することができないことにある。目的が漠然としている状況で教育を行うことは，大きな困難を伴う。教師は，ことばを運用する場面を設定して，会話の状況を再現しながら指導を行う努力を惜しまないが，学習者の活動への参加意欲はなかなか高まらない。学習者どうしで英語のやりとりの活動を行ったり，一瞬緊張して英語母語話者教師と話したりしても，日本人と日本語は絶えず教室内に存在している。

2.2.3　学習者を取り巻く環境

発話技能獲得のために最も大切なことは，学習者自身がことばを生み出し

て，相手と会話を継続させるための努力をすることである。会話教材を使用して，場面に応じた発話を学習しながら，自らも表出する修練を積むことによって，発話技能に進歩が期待できる。

　音読や，文脈から切り離された会話文の暗記・模倣・再生だけでは，自由に運用することができる発話能力を培うことはできない。英会話番組で，他人のやりとりを第三者として視聴していれば，話すことができるようになるとの考えは幻想であり，その錯覚を改めるべきである。

　学校教育課程での6年間，発話技能獲得のための機会が乏しく，読むための語彙と文法を中心に学習してきた場合は，話すことは不得手となる。骨格や筋肉運動の理論を学習して，泳法のビデオを見ただけでは，ほとんど泳ぐことができないことと同じである。

　日本から英語圏の大学へ派遣された，学生やエリート社会人が，「難関大学入試英語」を突破していながら，大学ではなく附属英語学校の，最下位のクラスに配属されて，自尊心を深く傷つけられる光景を多く目にする。単語や文法の暗記量や，複雑な文の翻訳能力が高くても，実際の場面では理解も表出することもできないことを身をもって体験する。「記号体系」を暗記する課目としての英語から，「ことば」としての英語へ再学習を余儀なくされた結果である。

　流暢に発話することができることと，外国語能力，知性と教養は必ずしも同一ではないが，英語圏の大学では，4技能の統合が図られていなければ，英語力は低く専門教育に適応することはできないと，判断されてしまうことも多い。

　国際会議や国際学会で，あらかじめ準備した書き言葉の原稿を読み上げることが可能であっても，質疑応答や会議終了後の集まりでの会話が成立しなければ，人間としての信頼関係を構築することができず，存在は認められない。このことは，言語の基本的な機能を運用しているとは言い難い。

　発話は話者の心を表すための技能である。話者とともに成長した語彙や文法を用いて話す手段である。心を伝えるためには，機会をとらえて，ただ，ただ話す努力を積み重ねなければならない。教師もまた，学習者を支えるために日々研鑽に励むことを怠らない。

2.3　発話技能指導の目標

発話技能指導の目標は，次のとおりである。

> ・場面に応じた適切な表現形式を選択することができる。
> ・場面に適したふさわしい発音方法で，発話することができる。
> ・聞き手に負担をかけない流暢さで，発話することができる。

発話の指導では，音声，語彙，文法の段階的な教示（言語知識の定着）と，意味を表出するためのことばの力の伸長（運用能力の育成）を図る。

具体的には，以下の言語行為を英語で実行するための技術を定着させる。

・事物や出来事の，記述や叙述
・方法，操作や行動の指示
・具体的な物事，様々な立場の対比や比較
・事象の説明と意見の表明
・利点と欠点，原因と結果を論拠とともに表明
・予測や意思決定までの過程を踏まえた提案
・価値観や信条の表明

2.4　シラバス・デザインに基づく授業の展開

中学校や高等学校では，1つの授業時間内に15分程度，言語活動，タスクの時間を設定する。

発話技能獲得に向けての活動としては，学習者の段階に応じて，なぞなぞやパズル，クイズ，ゲーム，ロールプレイ，インタビューなどの質問に対する返答，自ら質問する方法，問題解決，討論，ディベート，物語，報告，口頭発表（oral presentation）などを用いる。

2.4.1　発話活動前の指導

教科書で使用される語彙，文法，発音の指導を必ず行う。これらの言語形式を用いて発話活動を始める。

中級段階以降で，聴解や読解と統合した簡単なウォームアップとして活用する会話活動では，素材に関する表現を日本語または英語で想起させた上で自由に発言させる。留意点として，この活動は短時間（5分程度），教師，学習者間で行う。

2.4.2 発話活動中の指導

学習者と教師のやりとりの場面では，学習者が返答に困った場合には，誘導をしながら別の発問を行い，やりとりを継続させる。間違えたり，不完全な返答は，教師が正しい文で言い換えてフィードバックを与える（recast）。誤りの部分は，発音，語彙，文法など多岐にわたることがある。

音声，語彙，文法，構成などの観点別フィードバックは，「それぞれの要素について個別的に判断することができるので，学習者と教師には注意を払うべき観点が明確に示される」と，推奨されている。

しかし，教師には，複数の観点を一度に判断して応対することは，認知処理の上で不可能に近い。また，学習者にも，これらの観点を同時に満たす発話を求めることになる。学習者の段階と学習目標に応じて，フィードバックを与える観点を絞り込むことが大切である。

学習者への注意喚起では，適切な英語を候補として複数あげ，直接誤りを明示的に訂正することは最低限とする。即答を求め，正確さを強調するあまり，Hurry up! You are wrong. You made a mistake (again). You say it again. など，学習者を萎縮させて発話意欲を低下させる発言を慎むことはもちろんであり，訂正方法には配慮した表現が求められる。学習者の発話が，不完全で間違えを含むことは当然であり，発話の指導では，教師には豊富で自然な表現方法の知識と，寛容な包容力が求められる。

2.4.3 発話活動後の指導

語彙と文法を例示しながら，活動で使用された言語形式を，文脈の中で再確認をする。また，イントネーションとトーンの練習をクラス全体で繰り返す。発話技能を高めると同時に，新しい表現形式を学びながら，発表語彙を増やすことを意図した教示が大切である。

○具体例として，観光地で経験することの多い道案内の課を2つ紹介する。*Innovations* series では，初級と中級段階で扱っている。道案内を尋ねられても理解することができないため，曖昧な返答と指示をして，一目散に逃走する光景を目にすることが多いため，シラバス・デザインの参考資料としてぜひ活用して欲しい。

【初級段階後半】

Elementary Unit 11: Is there one near here?

Ⅰ．場所を表す前置詞を確認する

絵を用いて，Is there a bank near here? に対する答え方を練習する。

1. Yes, there's one opposite the station.
2. Yes, there's one next to the station.
3. Yes, there's one round the corner from the station.
4. Yes, there's one on the corner.
5. Yes, there's one up the road, on the left.
6. Yes, there's one up the road, on the right.

これらを用いて，ペア練習を行う。

A：Is there a bookshop near here?
B：Yes, there's one next to the supermarket.
A：Is there a chemist's near here?
B：Sorry, I'm not sure. I don't know this area.

Ⅱ．方向の指示に用いる形式を文完成問題で練習する

1. Go up ___ .　2. Turn left ___ .　3. It's the second ___ .
4. It's just round ___ .　5. Go up this road until ___ .

a. you come to the end.　b. turning on the left.　c. at the traffic lights.
d. this road here.　e. the corner from there.

Answers 1. d　2. c　3. b　4. e　5. a

III. ⅠとⅡの表現形式を含む地図を用いた内容理解の聴解問題（省略）

IV. 問題Ⅲのスクリプトの空所補充問題（省略）

V. ⅠからⅣまでの表現を用いながら付属資料の地図を使った会話活動を行う（省略）

VI. 相手への尋ね方を空所補充問題で確認する

> draw, help, open, post, show, write down

1. Could you ___ the name of the street, please?
2. Could you ___ a map, please?
3. Could you ___ me how to get there on this map, please?
4. Could you ___ the window, please?
5. Could you ___ this letter for me, please?
6. Could you ___ me move this table, please?

これらを用いた会話練習

A：Could you open the window, please?
B：Yes, of course.
A：Great. Thank you.

次のセクションでは，これらを用いた会話の聴解と，迷子になった経験を綴った文章を読解する練習が続く。

Answers 1. write down 2. draw 3. show 4. open 5. post 6. help

【中級段階】

Pre-intermediate Unit 11: Getting around

I. 必要となる表現と写真の結び付けを導入する

a big monument	a bridge	a church	a crossing	a crossroads
a mosque	a park	a roundabout	a sign	a sports stadium
a subway	traffic lights

II. 観光客が道や方角を尋ねている会話を聞く

次の表現を注意して聞く。

1. Excuse me, could you help me?
2. I'm looking for a gallery called The Gagosian.
3. Do you know if this is the way to The Gagosian?
4. I'm sorry. I'm not from round here myself.
5. I don't really know the area.
6. Ask this lady here.
7. It's down there somewhere.
8. It's just past the bridge on the right.
9. Follow the signs to the city centre.
10. Just keep going straight on down this road until you get to some traffic lights. Then turn right.
11. It's along that road on your left. You can't miss it.
12. Ask someone else when you get there.

III. 問いかけと応答のイントネーションの学習（省略）

IV. IからIIIの表現形式を活用しながら地図を用いた会話練習（省略）

　次のセクションでは，交通問題（車での移動）に関する読解，続いて交通問題（鉄道の諸課題）の聴解を行う。いずれも素材に入る前には，会話活動を行い，表現の確認，内容理解と，語彙や文法の問題が続く。

2.5 「話し方」の指導

「話し方」には，音声面と語彙・文法面が大きく関わってくる。個々の発音の正確さに加えて，イントネーションの適切さ，語彙や構文選択の適確さが必要となる。これは発話技能の大きな目標であり，授業構成の中で必ず活動の時間を設定して，指導を展開していくことが大切である。

・具体的活動例は Klippel (1984), Bailey and Savage (eds.) (1994)
・定型表現がリスト化されて整理されている Klippel (1984) の Appendix
・発音学習は Bailey and Savage (eds.) (1994)
・会話の指導例は Nolasco and Arthur (1987)

2.5.1 発音の指導

発話の指導では，語彙や文法とともに発音の練習も重要である。音素，音節，単語，句，文へと積み重ねるように発音を練習して，英語の長さを徐々に増やしていく。子音や母音が正しく発音することができるように丁寧に指導して，その上で弱化を含めた音声変化を導入する。音素レベルの発音が定着していない段階で，音声変化やイントネーションの指導を開始すると，個々の発音が曖昧で雑となり，不自然な発音となってしまう。

音声特徴を学習して，発音の練習を行うことは聴解にも効果があるといわれている。音声面を敏感に知覚して，自らもそれに近い発音をしようと努力することによって，強勢，抑揚，弱形などの音声特徴を理解することができて表出の能力が培われる。

しかし，聞こえ方と自分の発音は一致しないことが多く，自分の発音が正確か否かは，なかなか判断することができず分かりにくい。正しく発音しているつもりであっても，他者には不自然に響くことがある。

効果的な発音練習は，以下のとおりである。

・口の構えや舌の動かし方を画像で示す書籍や映像を利用した独学
・英語母語話者の助けを借りた学習
・音声認識技術を援用したパソコンソフトでの学習（学習理論 Topic 1）

日本語の発音と比較しながら，英語の発音を学習するための書籍や教材は多数出版されている。また，音声学理論に基づいて，具体的な活動をとおして練習するには，GA は Celce-Murcia, Brinton and Goodwin (1996)，RP は Underhill (2005) が懇切丁寧に，体系的な発音向上のための解説を提供している。音声学理論と実践（聴覚訓練と発音訓練）は，例えば University College London の音声学研究科では夏期講習や，インターネットを経由した遠隔授業を行っている。

2.5.2　自由発話とはなにか
　自分の考えを限られた時間内に述べる自由発話は，会話とは全く異なり，発話の中で最も難易度が高い技術である。自由な言語運用のためには，十分な語彙と文法が獲得されていることが前提として必要となるため，中級段階後半から上級段階の技能である。

2.5.2.1　自由発話に求められる発話能力
・意見を論拠とともに整然と述べる。
・適度に詳細説明を加えながら内容を展開する。
・英語の論理構成に従って，一貫性を持って主張を行う。
・明快かつ流暢に話すことにより，聞き手に負担をかけない。

2.5.2.2　自由発話に必要とされる方略
・発話までの準備時間がある場合は，注意深く課題を読み，何を話すべきかを整理する。
・全体の構成を立てて，明快で整然と伝える方法を考える。
・例や論拠を最低でも 2 つは用意する。
・文構造は，あまり複雑化させない。
・発話の第一文（主題文）で，自分の立場，趣向や見解を明言する。
・主題文を展開するための全体的概略を示す。
・英語は強弱の言語であることを意識して，リズムに従って早すぎず遅すぎず自然な速度で話す。

- 重要な内容語は，発話時には注意深くはっきりと明確に発音する。留意点として，内容語に強勢を置いて強く発音することと，強調するために，ゆっくり長く大声で発音することとは異なっている。
- 展開を表示するつなぎことば (first, second, next, finally, most importantly, etc.) を適度に使用する。
- 主部と動詞の間にポーズをとらない。長い間や，*um, uh* といった不要な音声を多用しない。
- 制限時間内で必要な情報を過不足なく述べて，時間配分を守る。

【二者択一 (賛成・反対) 型の自由発話】
　命題や立場に対して，賛成または反対を明言して，自分の支持する考え方を説得力を持って発話する課題。
- 発話の第一文 (主題文) で自分の立場を明言する。
- 主題文を展開していくための概略を示す。
- 賛同しない立場を例と論拠とともに取り上げてもよい。自分の主張を明確に展開するためには however や but などで明示して，支持しない論拠を提示することにより，自分の立場を強固なものとする。
- 最低でも2つ以上の論拠や例を示す。

〈自由発話で使用される定型表現〉
Give examples: for example, one example, another example, also, such as, in addition
Give reasons: because, one reason, another reason, first, second, third, finally, so (that)
My favourite ___ is ___ because___ . I prefer ___ to ___.
Although some people ___, I prefer ___ because ___.
Although there are many good reasons why ___, I favour ___ because ___.
Although a good argument can be made for ___, my preference is ___ because ___.

2.5.3 聴解・読解素材を要約する発話

　まとまりのある文章を聴解・読解した上で，素材内容を自分のことばで要約して聞き手に伝える活動は，英語を運用するための重要な技能である。言い換えのための同義語や構文変換技術が必要なため，中級段階後半から上級段階の技能である。

2.5.3.1　要約に求められる発話能力
・素材から関連する情報を過不足なく抽出する。
・適度な詳細説明を加えながら展開する。
・自分のことばで言い換えを行う。
・情報を上手に統合しながら，一貫性を持って客観的に提示する。
・明快かつ流暢に話すことにより，聞き手に負担をかけない。

2.5.3.2　要約に必要とされる方略
・読解素材を要約する発話では，主題と必要とされる基本的な情報のみをおさえ (scanning)，全ての細部を記憶しようとしてはいけない。
・聴解素材を要約する発話では，主要な観点のみに焦点を当てて聞き取り，話し手が強調して繰り返すキーワードや，基本概念を把握する。
・主要なポイント，例，理由，話者の立場や見解など，重要な観点のみメモを取り，聞いたことを全て書き取ることはしない。
・メモを取る作業に注意を奪われて，聴解の妨げとならないように注意する。
・発話までの準備時間がある場合は，注意深く課題を読み，何を話すべきか整理する。質問されたそれぞれの観点について端的に答える。
・応答を文字に起こして，読み上げを目的とした作文をしてはいけない。
・メモを見て何を話すかを整理して，2～3点について論拠とともに明快に発話する。
・主題の定義や簡潔な説明，解説を明示する。
・要約内容をサポートする中心的な考えや，関連のある情報を，主題を支える論点 (例，詳細，理由など) とともに整理して明確に示す。
・重要な内容語は注意深くはっきりと発音する。

- 早すぎず遅すぎず通常の速度で話し，文構造は複雑化させない。
- つなぎことばを適度に使用する。
- 使い慣れた表現を用いる。要約の発話であることを意識して，直接引用する必要がある場合以外は言い換える。
- 必要な情報を話しきるための，時間配分に注意を払う。時間が残った場合は，重要な観点のまとめや結論を話すことが推奨されているが，部分的な繰り返しとなるため，本文中に内容を充実させておく。

〈要約のための基礎技術〉
- メモの取り方（Note taking）
- 引用の仕方（Citing）
- 情報統合の技術（Synthesising）
- 言い換えの方法（Paraphrasing）
- まとめる手法（Summarising）

【提示・検討型の要約】
　掲示や記事など，読解素材の中で提示された考え方や，情報に対する会話を聴解し，会話者の主張を要約する課題。
- 読解素材で提示された内容と，主要なポイントの要約を述べる。
- 聴解素材中の会話者の意見や見解をまとめる。
- 読解素材に対する会話者の，見解の根拠（論拠や理由）を明確に整理する。

【論説型の要約】
　読解素材や聴解素材を用いて論説された内容を，要約する課題。
- 素材の全体的な主題を簡潔におさえる。
- 全体の論理構成を理解して，内容展開に従って分類をした上でまとめる。
- 論説文の中で，中心的に検討されている特化された問題を示す。
- 全体の中でその問題がどのような位置を占めるのか，関係性を明示する。

【問題解決型の要約】
　読解素材や聴解素材の中で問題としている内容を抜き出し要約する課題。
- 問題の概略を簡潔に要約する。

・素材の中で提案された解決策を要約した上で，それに対する登場人物の反応を示す。
・別の登場人物の解決策の利点・欠点を簡潔に要約する。
・自分の提案とその理由を表出する。

> 〈要約で使用される定型表現〉
> The speaker supports/opposes ___ because ___.
> According to the reading passage/lecture, ___.
> ___ is an example of ___.
> The problem is that ___.
> According to ___, one solution is to ___ . Another possibility is to ___.
> I think that the best solution is to ___ because ___.
> It seems to me that ___ is the best solution because ___.
> According to the lecturer, a ___ is ___ / a ___ has (three) characteristics.
> (Two) types of ___ were discussed in the lecture.
> The lecturer compared/contrasted ___ with ___.
> The lecturer explains why ___.
> The lecturer presents several solutions for the problem of ___.

2.6　レディネスに基づいた発話技能指導のためのカリキュラム設計

　発話技能は，聴解と密接に関わっていて，会話では相手の発話を聞きながら理解して自らも発話を行う。また，聴解や読解した素材に基づいて発言をすることもある。挨拶，日常的なやりとり，問題についての意見表明，発表した内容についての質疑応答など，発話の場面は様々である。つまり，発話技能単独では成立しないため，学習者と教師，学習者間の相互作用をとおして指導することになる。

　発話の授業では，やりとりが最も重要となり，発話しやすい環境が求められる。大クラスでは発話の授業は成立しないため，最低限の条件として，15名以下のクラスサイズは確保されなければならない。この要件は作文でも同様である。聴解と読解は比較的大きなクラスで，発話と作文は少人数制で展開することが望ましい。

発話技能指導では，特定の場面や状況で使用する表現を体得することによって，正確さ，複雑さ，流暢さ，適切さを獲得することを目的としている。

(1) 具体的な場面や言語機能を設定して，使用される典型的な表現を豊富に集めて練習を行う。
(2) 会話，聴解，読解で使用された既習の表現形式を積極的に活用する。
(3) 英語による発問と応答を徐々に増やして，インプットとアウトプットの量を確保する。

発話能力は，段階的に発達していくため各段階の特徴を明確化して，指導に反映させる考え方も提案されている。この段階性は，やりとりの会話文の長さと複雑さの変化，自由に使いこなすことができる語彙と文法の獲得量に基づいている。

学習者の表出の発達
① 休止が多く断片的で一貫性を欠く。やり直しや言い直しが多い。
② ためらいながら話して完結しない。文が不完全で短い。
③ 接続表現などを用いて，長さとスピードを保つ努力が見受けられる。
④ 長さや複雑さが好ましい水準となる。

学習者が表出する表現
① Yes/No などの単純な応答，単語での返答。
② 定型表現の使用。単純な疑問文による問いかけ。
③ 理由や例などの補足説明を行う。
④ 丁寧な表現方法を身につけ，場面や相手に応じた発話を使い分ける。

(Luoma 2004: 87-90)

○銀行での会話を観察記述に基づいて，段階的に具体例を示す。客(A)の語彙と文法が変化していくことに応じて，銀行員(B)の使用する表現形式が異なり，応対方法も丁重になっていく。語用論的側面が反映されている。

> **Elementary**
> A：Hi! I wanna open an account.
> B：Please sit down, sir.
> A：Thanks.

> **Intermediate**
> A：Hello. I want to open an account.
> B：Please have a seat, sir. What sort of account would you like?
> A：Normal one, please.
> B：Okay. Hold on a minute, sir.
> A：Thank you.

> **Advanced**
> A：I would like to open an account. Could you please help me?
> B：Of course, sir. What kind of account would you like to have? Ordinary, savings, or fixed?
> A：An ordinary account, please.
> B：I would be grateful if you would fill in this form. We offer some investments. Are you interested in them?
> A：Yes, could you explain them a little bit, please?
> （Conversation continues.）

2.6.1 初級段階の指導と留意点

　初級学習者は，聴解をとおして理解のための受容語彙の獲得と，文法の学習を開始したばかりである。表出可能な表現（発表語彙）が乏しいため，単語や句が応答の中心である。受容語彙が十分獲得されてから，発表語彙に変換されていくため，運用可能な語彙数がかなり限定されている。発話を試みても，「えー」「うー」などと日本語を用いて間が長く，繰り返しが多く何度も言い直す。単語や句で何とか答えることはできても，文を作ることには困難を伴う。

こうした状況であるため，指導の中心は音声に慣れることと，達成感を持たせながら，使用可能な定型表現を増やすことである。活動では，雰囲気作りに配慮をして不安感を取り除き，話そうとする姿勢を引き出すことが大切である。

　学習者が正確な発音を希望する場合には，積極的に指導を行うが，異質な発音をすることを恥ずかしがったり，ためらったりしている場合は，知識を提供して努力を促し強制はしない。ただし，正しく発音することができるようになると，聞き取りの正確さが向上するとの研究もあることから，音声面の指導は重要である。

　発音学習の詳しい活動例は，Hewings (2004) や Laroy (1995) が詳しい。

・挨拶程度の場面を提供して発話を促し，簡単な発表語彙を体得させ，日常会話を行うための基礎を培う。
・具体物を用いて基本的な表現と文構造を示し，活動前の準備時間を十分に確保しながら，少しずつペアやグループで会話をする。
・何をするのかを明確に示した上で時間を区切り，話し相手を色々と変えながら，あらかじめ準備された言語素材（型・構文，定型表現）に従ってやりとりを行う。
・単語，句，短文と拡張していくことにより，脳内の翻訳機を介在させずに返答する習慣を形成し，翻訳の癖を付けない。
・相手の発話に対しての返答方法や，質問方法を工夫するなどの会話を進めていく方策を指導する。
・語彙と文構造を定着させるために，活動前と活動後には必ず補足説明や解説，例示を行う。
・語彙と文法が不足しているため，話題を発展させることを意図した，制御のない自由度の高い発話は行わない。

【目標】
短いやりとりを中心として，基本的な語彙と文法の定着を目指す。

【方法】
・簡単な会話を聴解した上で，聞いたモデルをもとに定型表現を用いながら会話を練習する。
・音声面では，音素レベル，単語レベル，強勢の指導を確実に行う。
・中級段階に近づいてから，ロールプレイを取り入れる。
・主題や内容に関連する語彙を集めて図にまとめる。
・聴解や読解の素材に基づいて，自分の立場や考えを，賛成・反対，同意・提案など簡潔に表明させる。
・空所補充問題を用意して，いくつかの表現や文法を選択肢として設定し，学習者に自由に選ばせて会話を進める。段階的に選択の幅を広げていく。
・TPR（Total Physical Response），インフォメーションギャップ，ドラマやロールプレイ，インタビュー，絵や写真を用いた簡単なやりとりなどの言語活動を取り入れる。
・定型表現の定着を目的とした制御発話であり，自由発話は行わない。

2.6.2　中級段階の指導と留意点

　中級段階では，意思疎通を図り，身のまわりのことについて会話を継続することができる。その過程で，簡単な質疑応答が可能となり，情報の確認や提供，援助の要請を行うことができるようになる。基本語彙の発音も正確さを増していく。活動は，初級段階のものを発展させて，語彙と文法を豊富に提供していく。

・授業の導入を会話で行い，学習目標の語彙や文法を練習する。
・聴解・読解の前後の活動として，発話を必ず取り入れる。
・準備された，あるいは暗記した定型表現を単純に再生するだけではなく，状況にあわせて言い換えなどの操作を加えて，意図を伝える。
・会話・聴解・読解で学習した受容語彙を，積極的に用いて発表語彙を増強する。
・話題を軸として，意味内容のやりとりを発展的に継続させることを身につける。
・個人的なおしゃべりとともに，社会的発言の発話方法を学ぶ。

・内向的な性格の学習者には不安感を与えないように工夫する。
・ロールプレイでは，役割を演ずるだけではなく，モデル文の表現を適宜入れ替えて自分の気持ちや実体験を織り込む。ただし，家族，身体的なこと，外見や風貌など，個人的な話題は，学習者が拒絶する場合が多く見られるため，「内容」には十分配慮する。
・ロールプレイでは，助動詞や時制の使用法に基づく応答や，丁寧な対応方法を含めながら語用論的側面を指導する。

【目標】
既習の語彙と構文を組み合わせることによって，自分の意思を表現する発話を行うことができる。

【方法】
・発話の助けとなる語彙や文法は，あらかじめ教師が整理しておき，それを使いながら制限を加えた発話活動をする。
・母語からの直訳を減らし言い換えや定義文を柔軟に探る。例えば，つまようじ (toothpick) が分からなくても，a thin, sharp, piece of wood for cleaning teeth や something used like this と言い換える。こうした方策は，英語学習用の英英辞書を使わせるなど日頃から指導する。
・単語や句での応答から，単文，従属節を伴った表現，複数の文へと表出する文の長さを伸ばす。
・Yes/No や，単語だけで応答を終了させるのではなく，返答内容を拡張するために，理由を付加して述べること，過不足なく状況を説明できることを定着させる。
・利点や欠点，問題点や改善点などを発話することができるように，必要となる表現を示しながら練習する。
・音声面では，弱形やイントネーションなど，句や文レベルの音声指導と，トーンによるニュアンスの表示を具体的に体得させる。
・中級段階後半では，要約した内容を自分のことばで述べる。

2.6.3 上級段階の指導と留意点

　上級段階の特徴は，日常生活で活用することのできる発話能力を獲得して

いて，状況に応じて臨機応変に応対ができる。また，事実と見解を明確に区別して，説明や叙述を行い，聞き手に負担を与えることなく理解容易な発話が可能となる。

　この段階では，自由発話や発表，ディベートや討論の活動が入ってくるが，思考や積極性，創造性，独創性，明快性，論理性，説得性などは，母語の言語運用能力や習慣，性格が関係してくる。母語で公に理路整然と話す経験を重ねることによって，外国語での運用に生かすことができる。

　性格によって活発に発言する学習者と，極力発言を避けようとする学習者が見られるので，発話の機会を等しく調整する。多弁と論理性は一致しない場合があり，口数の少ない学習者には，ゆとりを与えながら発話を引き出す配慮が必要である。

・正確さと流暢さを両立させる。
・聴解や読解素材を使用しながら，話題や問題を検討して結論を導く活動を取り入れる。
・仮定法などの高度な表現形式を用いることによって，依頼，謝罪，助言，提案，勧誘，批判など語用論的な適切さも指導する。
・知識獲得，情報収集，交渉など，目的を持った発話技術，社会的な場面で発言する技術の指導。
・学習者自身で獲得できていない部分に気付き，自学自習を促す。例えば，学習者の発話を録音させて，発音，語彙，文法，表現などの誤りや不足している部分を発見させる。
・低頻度語彙を用いて，政治，経済，社会，文化，文芸などの知的な内容を含めた会話を展開する。
・素材内容に興味・関心・態度が影響されるため，様々な話題を提供する。

【目標】
上級段階では，語彙と文法を継続的に学び，表現能力を高め，主に討論・議論が可能となる能力を育成する。様々な主題を扱い，異なる考え方の立場を尊重しながら，例や論拠とともに自らの立場を明快に発言することができる。

> 【方法】
> ・素材に絵画や風刺画，報道写真などを用いて，物語を作ったり解釈を加えたり，心境を表現させることも効果的であると提案されている。
> ・新聞や雑誌の記事を読んだり，ニュースやドキュメンタリーを視聴したりして，内容とともに表現を確認し学習者の意見を表明しあう。
> ・単文で無味乾燥な発言にならないように，例や論拠の表現方法を確認しながら，考えを整理させる。こうした活動は作文の下地ともなるため，十分に指導を行う。
> ・主題に関する様々な語彙を学習し，テーマについての因果関係，論理展開，利点・欠点，善・悪，賛成・反対，信念，信条などを指摘させ，その理由を述べさせる。
> ・debate, discussion, oral presentation などを活用して，様々な立場からの検討を加え，解決策などを話し合う自由発話活動へと発展させる。

3 発話技能獲得の困難性と克服策

英語教育の目的が，正確な翻訳能力の育成であった時代は，聴解，発話，作文は指導の周辺に位置付けられていたが，コミュニケーションを志向する英語教育では，「聞く」「話す」は指導の中心に据えられた。発話を行うためには，相手の発言内容を理解して応答することを求められるため，時間的制約が存在する。

発話技能は，時間をかけて獲得される。発話の能力としては，語彙と構造処理の自動化，高速化，円滑化が必要となり，発話技能と，語彙と文法の定着は相互に深い相補関係にある。

3.1 なぜ発話は難しいのか

多くのつまずきには，発話技能指導全体の展開方法に関わってくるものが含まれている。指導を難しくしている原因の1つは，教育制度上の不備があげられる。大勢の日本人学習者を対象として指導を行う場合，意欲を高める授業を展開していくためには，クラスサイズが大きい，授業時間数の不足，受験，カリキュラム開発の遅れ，教員養成などの教育制度上の諸問題がある。

教育政策の目的論を展開するためには，発話技能指導の環境整備，制度上の諸課題の解決，教師の英語運用能力の向上，日本の現状に即した指導理論の構築と，教材開発が必要となる。

　英語教育で提供されている語彙と文法は，言語学者が，自然に生成された言語を規則的に分析して，定式化した「結果」である。教科書や文法書の中に整然とリスト化されて提示され，文脈や場面から切り離された記号と規則の集合体となっている。それに基づいて教材の素材を作成しているため，語彙と文法の統制が自然な発話を阻害する原因の1つとなっている。

　学習過程でふれてきた語彙と文法が，どのように運用能力に変換されていくのかは，母語と外国語の言語表出過程についての基礎研究がかなり遅れていて，理論的に解明されていない。

　発話には，言語能力，社会言語学的能力，談話能力，方略能力が関わっている。尊敬，丁寧表現，依頼，謝罪，提案，苦情などに適切に対応することができる発話行為を行うためには，語用論，コミュニケーション理論の知見に基づく教材開発と，体系的な指導法の確立が求められる（学習理論 第6章 2.1, 3.1.2）。

3.2　音声面に関わる困難性

　音声指導は，英語母語話者教師からの具体的な教示も必要となるため，英語圏以外の環境ではティーム・ティーチングなどの機会を活用する。

　音声面は，母音(bit-beat-bet, began-begun)，音素・音節の発音，強勢，抑揚の難しさがあげられる。音声学を援用した発音練習，会話活動の機会を提供することによって解決することができる。発話は音声を媒介としているため，丁寧な発音練習が大切である。

　初級段階の会話では，相手の発言を理解していなければならないため，トーンによるニュアンスや意図の相違について，場面にあわせて雰囲気を聴解をとおして学習する。中級から上級段階にかけて正確なトーンの使い分けを場面に応じて具体的に指導していく。

3.3　語彙・文法に関わる困難性

　母語にはない表現形式や，英語での表現手段の獲得は，発話学習を含めて

英語学習の目的そのものである。つまずきの原因は，基本的な語彙と文法が不安定で，自動化していないために生ずるものである。

口頭練習やコミュニケーション活動などをとおして語彙と文法の獲得に向けた指導を進める（資料3，資料4参照）。

3.3.1 一致要素

一致要素の誤りについては，絶えずモニター（第1章2.4参照）を働かせていないと脱落させてしまう要素である。時制などを含めて発話に誤りが多いことは，モニター力が獲得されていない，または，モニターをする時間的・心理的ゆとりがないためである。脳科学的に避けられない誤りであることから，意識的にモニターして瞬時に修正する習慣を付ける以外の方法はない。教師には自身の発話に対して，円滑に修正機能を働かせる技術を備えていることが求められる。

3.3.2 否定形の疑問文

ツナサンドは好きではないよね。 　はい，嫌いです。 　いいえ，好きですよ。 私のこと，好きではないのね。 　いいや，そんなことないよ。 　そうです，きらい。	You don't like tuna sandwiches, do you? No, I don't. (The person means, 　'I don't like tuna sandwiches.') Yes, I do. (I like tuna sandwiches.) You don't love me anymore, do you? Yes, I do. (I do love you still.) No, I don't. (I do not love you anymore.)

Won't you come with me? You don't like me, do you? などの否定形の疑問文への返答は，短文であるため，Yes/No で返答することが多い。英語は事実，日本語では相手の発言に対して肯定，否定で返答する。英語と日本語とは逆の使用法をすることから，応答方法の練習によって慣れることが近道である。完全に体得するまでは，平叙文を伴った返答を心掛ける。こうした疑問文は頻度が高く，誤解やトラブルのもとになるため，中級段階で継続的に練習の機会を提供することが大切である。

3.3.3　日本人英語学習者が発話で注意すべき項目
(1) 性・数・格の一致（名詞，代名詞と動詞）
(2) 可算名詞と不可算名詞（冠詞などの決定詞）
(3) 動詞の選択制限（自動詞と他動詞）
(4) 時制の適切さ
(5) 品詞（動詞形や名詞形，形容詞と副詞）
(6) 後置修飾（過去分詞か現在分詞か），副詞の位置
(7) 間接疑問文の語順
(8) 条件節と仮定節の区別
(9) つなぎことば
(10) 同じ表現や文型の多用
(11) 適確な表現の選択と文法の使用

3.4　語彙と文法の運用面

　相手や場面に即した話し方，適切な表現や文法の選択と使用については，つまずきではなく発話学習の途上と位置付けることができる。

　会話中に，理解過程との整合性がかみ合わず，十分に理解することができていない状態で返答を求められ，逐語訳的な表出を行ってしまうことがある。直訳の習慣から母語で思考して，母語の単語に相当する英語を検索するため，対訳が見つからない場合には困惑したり，不自然な発話をしたりする。考え込んで応答に時間がかかり，聞き手の感情を害したり，不愉快な思いを与えたりすることもある。

　場面に応じた話し言葉の指導が成されていないため，書き言葉で話したり，会話固有の表現を適切に使うことができない。初級段階で定型表現を用いた会話活動を充実させ，本格的な作文指導が始まる中級段階で，作文の時間に話し言葉・書き言葉を例示しながら相違点を積極的に指導する。

　円滑なことばのやりとり（turn-taking），間の取り方とつなぎことばの使用，伝えるための方策，ニュアンスの伝え方や表現方法については，具体的な場面を設定して，実践的な学習を行うことが効果的である。口頭発表を取り入れた活動での瞬時の応答は，かなり高度な技術であるため，中級段階以

降に練習の機会を提供することにより，発話技能が獲得されていく。学習者の目的意識と必要性を考慮する。

　残念なことではあるが，教室での発話の疑似体験が，実際に異なった状況で臨機応変に運用することができるのかは検証されていない。「教室での活動」という設定された枠に依存してしまい，応用されないままその場限りの練習として消滅してしまうことは否定できない。海外などで「追い込まれた状態で，使用する場数を踏む」との会話教育定番の助言は，的を射ているのかも知れない。学習した記憶が無意識の彼方から再び呼び起こされ，活性化されることを期待したい。

3.5　発話技能学習に対する学習者の心理面

　外国語で話すことへの抵抗や拒否感，羞恥心，極度の緊張と萎縮，不安，たどたどしさ，話が続かない，ついていけない，といった心理的側面は発話の学習では避けることができない。

　学習者の誤りには，自然にさりげなく言い直して訂正を加えるなどの方策を講じる。精神を落ち着かせることを目的として，カウンセリングの手法を応用したり，バロック音楽を流した発話授業も提案されている (Humanistic Approach; Suggestopedia)。

　Communicative Language Teaching による授業実践では，指導技術を改善して解決することができるつまずきもあるが，中学生，高校生特有の心理状態（青年心理）が大きく影響している。本格的な発話技能指導を効果的に展開するためには，心理的障壁（情意フィルター）の下がった学習段階が望ましい。

　少人数制授業，親和的なクラスの雰囲気作りなどは，教育経営や授業運営の範疇となるため，心理学や教育学の知見を取り入れていくことが重要である。

【一貫性を持つ発話技能指導に向けたカリキュラム設計】

	会話のための発話技能		文章表出のための発話技能
初級段階		ボトムアップ処理	
		音素	
		音節	
		単語	
		句	
	定型表現	節	主題の明確な提示
	基本的な構文の定着	文	出来事の移り変わり
中級段階		背景知識の活性化と話題の充実	
		因果関係の明確な提示	
		論理構成（主題文，定義文，言い換え方法）	
上級段階	低頻度語彙を含む		細部（論拠や例）の提示
	自然な口語体		要旨，要約の発話
		適確な指示	
		問題解決を図る発話	
		創造的発話	

Topic 4

構音障害と英語聴解・発話との関連性

「チヒくん，そうギチのでんチいれて」構音障害を持つ生徒が，岸くんに頼んでいる。岸くんは，掃除機のコードをコンセントに入れてあげる。

構音障害は，軽度のものを含めると，視力が悪いことと同じように一般的に見られる現象である。「赤ちゃんことば」として保護者が見落としてしまうため，矯正の機会を失ってしまうこともある。多感な時期の学習者には，受け入れることは重く，なすすべのない現実である。

英語教師は，構音障害が日本語の発話だけではなく，英語の聴解や発話に影響を及ぼす可能性があることを，知っておかなければならない。教師の認識不足が原因で，この症状を持つ学習者に計り知れない深刻な苦悩を与え，学習活動上の障壁になり得ることを述べたい。

ここでは，普通学級で経験した事例を扱う。

★構音障害とはなにか

英語では articulation，音声学では調音と訳され，言語障害の分野では構音と訳されている。第1章「英語はどのようにして理解・表出されるのか」で概観した，調音に関する分野である。

構音障害の原因は，調音器官の動作が異常をきたしているために，聞き取った音声を正しく発音することができない，聴覚に原因があるため聞き取りが誤っていて，健常者とは異なる音声を発する，などである。構音障害では，原因によって発音することができない音素は多数存在している。分類のいくつかを概観する。

(1) 省略・脱落

音素，または音節を，落として発音する。例えば，ウサギを「うあぎ」，イ

チゴを「ちご」，ボールを「ボォッ」，飛行機を「いこーき」などと発音する。

(2) 置換

　ある音素や音節を，他の音素や音節で発音する。例えば，ウサギを「うたぎ」，ライオンを「だいおん」，魚を「ちゃかな」，金魚を「ちんじょ」と発音する。また，s 音を th 音で発音する現象もある。/t/ で終わるべき単語を「ツ」と発音するため，3 人称単数現在形，複数形，省略形を聞き手は区別することができない (greats, its, pits, etc.)。

(3) 付加

　余分な音を付け加えて発音する。スリッパを「すりつぱん」，クリスマスを「くりすくます」と発音する。

(4) 歪み

　明確に平仮名で表記することができるほど変化していないが，若干不自然に聞こえる。例えば，机を「ちゅくえ」あるいは「ひゅくえ」などと発音する。また，さ→しゃ，す→しゅ，せ→しぇ，そ→しょ，つ→ちゅ，タ行とカ行や，ダ行とガ行の錯綜，ヒとシ，キとチ，ギとジなどの混乱，その他様々な現象が見られる。これらの音声的な「歪み」は母語の発音時に生ずるため，教師は容易に気が付く現象である。

★英語指導上の留意点

　学習者が，he と she を頻繁に聞き間違えたり，誤って発音することが多い，kitchen を chicken と混乱したり，jet を get と発音したりする場合には，正しく聞き取れているのか，または構音障害に起因しているのかを考慮する。

音声識別が困難な場合は，識別対象の音に繰り返しふれて体得させる，音声的差異を音声分析ソフトで画像化・視覚化する，口と舌の構えを意識的に教示する，などが提唱されている。しかし，聴覚障害，難聴を伴っている場合は，家庭との連携や，専門家の判断が必要であり指導への注意点を仰がなければならない。

　構音障害が疑われる場合は，発音をするときにうまく音を作り出すことができない状態が大半である。教師が誤りを指摘して訂正したり，努力を促したりしても，調音器官や調音動作に問題を抱える場合には，学習者は練習と努力のみでは克服することが難しい。うまく発音することができないことに気が付いていても，原因が分からずに解決策が見つからず途方に暮れている状態の学習者も多く見かける。

　人前で話すことは極度な苦痛を伴うため，音読などで指名して発音させることには最大限の配慮が求められる。学習者や保護者からの相談がある場合は正しい診断が求められるため，根拠のない返答は慎み，専門家の判断を仰ぐことを勧める。

　近年，学習遅滞（LD）や多動（ADHD）の学習者への配慮が，教育現場の課題となっている。「英語授業は簡単な会話を行うため，学習遅滞の影響はあまり深刻ではない」，「英語は活動を取り入れることで，動き回ることができるため，多動の学習者にも適応可能な科目である」といった，理論的・臨床的根拠の定まらない言説が流布している。こうした素人の思い付きが，構音障害を含め，障害を持つ学習者の介助になるのか，教育現場に障害児教育や医学からの専門的知見の還元が急がれる。

　拙著『学びのための英語学習理論』では，「文字とつづり」の章で鏡文字への対応の重要性を論じ，失読症との関連を考察した。言語学習に伴って影響を及ぼす様々なつまずきには，軽度な症例の中に，見過ごしてはならない障害が存在していることを意識して，指導に当たらなければならない。

第5章

読解

　読解能力は，読むことをとおして獲得される。読む方法を知識として学習することは，英語習得の一過程に過ぎない。言語知識を駆使して翻訳することができることと，英語から直接概念化して読むことは質が異なっている。

　英語母語話者のように読み進め，正確に意味内容を理解することができたときに，読解技能が完成する。その根底には，「意味チャンク」の正しい理解が存在している。

　英語の文章は，どのような過程を経て理解されていくのか。読解 (reading) の指導は，文法訳読法で十分か。

> セピア色のクラシックな装丁，ページを開くと異国の香り。黄ばんだ紙質につぶれてかすれた文字，文学は朱色の背表紙，概論書は青，ペンギンのペーパーバックが，最初に手にした洋書であった。
>
> *Good-bye, Mr Chips*，辞書を片手に1文ずつ訳読をしながら，途方もない時間をかけて読み進めた。
>
> 生徒の日課の中に，和訳の予習は必ず含まれている。「また今夜も教科書の予習をしなくちゃ。単語を調べて訳しておこう」。準備をして授業に備えるが，指名されても正確に訳すことができない。教師は即座に模範訳に言い換えて，次の生徒が起立する。なぜ直されたのかは自力では分からない。

はじめに

　読解は，日本人英語学習者が得意とする技能であると考えられてきた。しかし，母語読解時と同様の速さでまとまりのある文章を読み，内容を整理して正確に理解することができない学習者は多い。

　その大きな原因の1つは，読解の最終目標を正しい翻訳としていること，また Communicative Language Teaching による単文中心の会話体に傾斜した指導の弊害と，長文を用いないメール文の氾濫によるものと考えられる。

　この章では，読解とはなにかを定義して，読解能力を整理した上で，まとまりのある文章理解のための具体的な指導を考察する。

1　読解のプロセスと読解技能の獲得過程

　母語習得の過程では，音声言語をもとにした聴解や発話は，自然な言語環境の中で無意識に獲得されていくが，文字言語を基盤とする読解や作文は，学校などの人為的な環境で，教育を受けなければ獲得することはできない。

　教育は，読解素材を使用しながら展開されるため，文字を認識して文字列を読み取り，理解することができる能力が前提となっている。読解は，社会生活を円滑に営む上で重要な位置を占めている（学習理論 第3章）。

1.1 読解とはなにか

　日常生活の中で読解は，単独で完結しているのではなく，読解をもとにして意思決定を行う，内容を口頭または筆記で正しく要約する，素材に基づいて行動するなどと，他の活動と密接に関連している。

　読解の目的は情報収集・検索，娯楽，知識獲得などと様々であり，目的に対応した多種多様な読み方が存在する。大きく次のような読解があるといわれている。

- ・特定の情報を検索する　　・全体の概略を把握する
- ・世界の情勢や動向を知る　・知識を獲得する
- ・指示や方法を理解する　　・思索や思考の対象

　読解過程では，語彙と構造の知識が円滑で自動的に活性化されることにより，意味処理が行われる。つづりのまとまりを瞬時に把握（単語認識）して，脳内の心的辞書と語彙の照合を行い，構造に従って意味解釈を進める。単語にふれる頻度が増すことによって，認識速度は高まっていく。語幹，形態素，単語レベル，句レベル，まとまり（チャンク）を組み上げて文理解が進められていく（第1章1.2参照）。

　英語の文理解過程では，主部に続いて動詞があらわれることから，動詞の意味役割に基づく処理が行われる。構造言語の英語では，語順と項構造の役割が大きい。

　まとまりのある文章の内容理解では，素材に関連する百科事典的知識を活性化させて，情報構造，段落構成に従って文章の展開を整理しながら内容を順序立てて理解していく（統御）。単文レベル（microstructure）から，段落レベル（macrostructure）の理解へと，意味変換処理と意味内容保持を同時に行うための作業記憶の容量を拡大する。抽出された意味概念は，長期記憶に保存される。

　読解の全体的な流れは次のとおりである。

【入力系】
視覚器官に言語刺激が文字情報として入力される。
↓
文字列の解読(文字とつづり,単語,句,文の認識)。

⇩

【処理系】
語彙を心的辞書と参照,項構造規則の適用(語順,動詞の意味役割の付与)。

⇩

【理解】
意味理解と情報の統合(百科事典的知識の活性化,内容と意図の把握)。

⇩

【統御】
連続する文を理解して意味内容を抽出し,まとまりのある文章を解釈する。

1.2 読解技能はどのように獲得されるのか

　読解技能は,音声理解が安定化した上で獲得されていく。視覚的に文字や文字列を,単語として認識することができるかが前提となっている。

　読解中はつぶやき読みや読み上げを無意識,または意識的に行い音声に変換している。音声を表記する手段が文字とつづりであり,音声規則と交信することにより,音声を媒介として文字が処理されていく。読解を円滑に進めるためには,文字とつづりを把握して,音声と正しく結び付けることが重要な課題となる。

　単語とチャンクの処理方法が定着し,動詞を中心とした構造処理,文単位の構文処理を行い,まとまりのある文章の内容理解へと発達していく。

　まとまりのある文章を,短時間で読解していくためには,言語から直接概念化することができなければならない。読解に基づく思考の前段階では,次々に入力される新情報を,文章の流れや展開に従って内容を整理して記憶し,統御する技能も必要である。こうした処理過程では,意味を抽出して概念として記憶し,自分のことばで内容を呼び起こしたり要約を行ったりす

る。母語では，自動的に概念化されていくが，外国語の場合は母語に翻訳してから，意味を読み解く方法が一般的である。

【母語読解サイクル】

文字列（言語形式）を見る → 語彙と構文の処理
↑   ↓
意味内容の記憶 ← 言語形式の消去 ← 内容理解

【訳読サイクル】

文字列（言語形式）を見る → 訳読による語彙と構文の母語への変換
                                               ↓
母語による意味内容の記憶 ← 母語による内容理解と整理

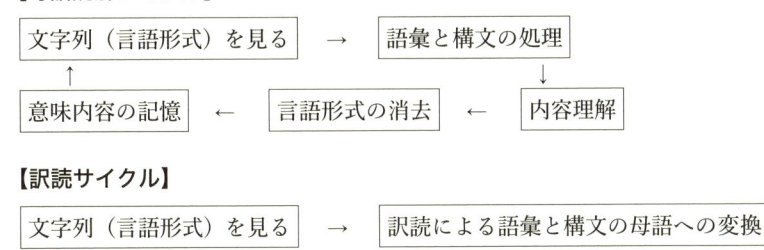

2　一貫性のある読解技能指導に向けたカリキュラム設計とシラバス・デザイン

　読解技能は，単語認識速度の高速化と構造処理の円滑化によって向上する。そのためには，文字，単語，句，文の解読と，文単位の理解を目的としたボトムアップ処理による読解技術と，まとまりのある文章を不自由なく解釈するトップダウン処理による読解技術を段階に応じて指導する。
　読解技能指導については，文法訳読法を基本として様々な指導法や実践研究が行われている。

2.1　読解能力の定義

　読解は，文字とつづりの解読から内容の解釈まで，多岐にわたる複雑な過程である。近年の研究で，母語と外国語の文字体系の相違が注目されている (Koda 2005, 2007; Koda and Zehler 2008)。
　英語学習の入門期では，言語処理過程の入力段階である文字解読で，表記システムの違いから困難に直面することが多い。アルファベットと音声の関係が獲得されなければ，読解を開始すること自体が不可能である。初学者には深刻な問題であるが，教育現場では自学自習の領域として，文字指導の重

要性はあまり認識されてはいない(第1章1.1.2参照)。

　まとまりのある文章の理解は，単文を超えた談話レベルの(第1章1.3.2参照)処理である。文と文の関係性を踏まえて，談話の一貫性に従って順序立てて内容を整理して統御していく。文章理解は，因果関係や論理性に基づいて内容の関連性を組み立てていく能力によって支えられている。単文レベルでは単語の意味を拾って，日本語で何とか理解することができても，まとまりのある文章は理解することができない場合は，統御の段階に問題が生じている。

　読解能力は次のとおりである。

・単語認識能力(文字列の解読能力)
・語彙と構造の言語知識の自動化
・内容の記憶と統御能力に支えられた，円滑かつ瞬時の理解
・背景知識の活性化，未知語の類推能力
・意見・見解と事実を区別して，論理構成に従って客観的にまとめていく力

2.2　英語教育での読解技能の位置付け

　英語圏で生活をしている場合は英語を読む機会は多いが，日本では英語にふれる絶対量はあまりにも少ない。

　英語教育で指導される文法訳読法(grammar translation method)は，伝統文法などの多種多様な文法規則に基づいて，書き言葉に対応するための独自の技術として，大きな貢献を遂げてきた。英語から日本語に逐語訳をして理解する方法を指導の中心に位置付け，日常生活で必要とされる生活言語としての読解技能育成は，目的とされてはこなかった。

　2000年代以降，英語教育では，文法訳読法に依存せず，英語から直接概念化して，意味解釈を行うことができるように，読解技能指導を転換している。しかし，こうした指導は初級段階の基本文法の定着が前提となる。さらに，目的に応じて弾力的で柔軟な読解を可能にする方法として，中級段階後半から上級段階にかけて，学習者の進路に応じて構文解析技術を指導することが必要となる(後述)。

日本の英語教育で使用される読解素材の特徴は，以下のとおりである。

・学習教材

　読解技能の定着を目的（語彙，文法，構文，構成など）としての読解素材。教育の機会均等を保証する課目として導入されているため，学習者の段階にあわせて語彙と文法が制御されている。英語母語話者が使用する英語とは，表現面と構造面が異なっている。

・学術論文

　学術論文は，読み手の推測・疑問の余地を残さずに，全ての関連する内容と，持っている知識を過不足なく語り尽くす特徴を持つ，まとまりのある文章である。論理構成や因果関係に従って緻密な構成をとる。低頻度語彙や複雑な構文が多用される。

・文学作品

　隠喩，熟語・慣用表現，換喩，ことわざ，間接表現などの語用論的知識を活用しながら，行間に隠された言外の意味（心理・感情，思想社会文化，歴史背景など）を読み取る。

2.3　読解技能指導の目標

　読解技能指導の目標は以下のとおりである。

> ・語彙と文法の定着を図る。単文を正確に読むことができる。
> ・文と文を関係付けて内容を理解することができる。
> ・まとまりのある文章の，主題と細部を把握することができる。
> ・複雑な構文を解析し，分析的に理解をして解釈することができる。

　読解とは，文字列から意味を読み取ることであり，読解指導はその過程にそった読解方法を丁寧に教示していくことである。到達目標を確認するために，読解素材の和訳文を暗記して正解できる試験問題には，出題の工夫が求

められる。最終的には，英語を新しい知識獲得の手段として，活用することができることを目標とする。

2.4 シラバス・デザインに基づく授業の展開

　従来の指導では，単語の意味を調べ上げ，文を和訳するための予習に基づいて授業が構成されていた。文法訳読一辺倒の授業方法は，母語で素材を理解する習慣を刷り込んでいくため，制限時間内ではじめて読む読解素材に対応することができない。この翻訳を中心とする方法では，正確に訳すことが目標であり，主題，特定の情報，論理展開などに意識や注意が向かず，読解能力はあまり高まらなかった。

　この限界を克服するために，文法訳読法に過度に依存しないトップダウン処理による読解技能指導が提唱された。学習者には，予習よりも復習に時間を割くことを求める。授業では，学習者は文章を黙読して，主題や細部に関する練習問題を解くことになるが，こうした作業に積極的に取り組まない限り教師の講義型になってしまう。学習者の英語能力や達成目標が一様ではない中で，理解状況を把握しながら1人1人に適切な指導を展開していくことが課題となっている。

　留意点として，この指導法を導入する場合は，ボトムアップ処理による読解技術が完成して，レディネスが整った学習者を対象とする。

2.4.1　読解活動前の指導

　読解素材に取り組む前の準備活動を充実させる目的で，背景知識を活性化させる。例えば，簡単な会話を用いて授業を開始して，内容を予測させる。中級段階では，読み取る情報を限定して，何に注意を向けて読むのかを明示する。読解に必要となる語彙や文法などの言語知識を確認する。

2.4.2　読解活動中の指導

　読解中は，次節で述べる読解速度向上に向けた活動を取り入れる。授業展開に変化を持たせて主題や概略の把握，特定の情報理解，主題と例・論拠の区別など，時間を制限して指導を行う。言語面に集中して，一文ずつ読んで

訳しているだけでは応用可能性を持つ読解能力は育ちにくい。上級段階では，知識獲得の手段として，読解をしながら背景知識を活性化させて語彙に着目しながら内容面に集中する。

2.4.3 読解活動後の指導

読解後は，音声，表現面と構文について丁寧かつ詳細に確認を行う。また，内容理解の問題を解く。内容理解を確認する目的で，各種疑問文を用いる。段階に応じて学習者に解答させる内容や分量を調整する。上級段階では素材をもとにした発話や作文の活動を取り入れる。

```
・Yes/No 疑問文    ・A or B の選択疑問文
・Wh 疑問文        ・Why/How の疑問文
```

2.5 「読み方」の指導

初級から中級段階の外国語処理では，脳内の翻訳機が自動的に活性化される。母語・外国語の読解では，内容統御の過程で母語に変換されて意味内容が記憶されていく。

母語を排除した読解の授業には，学習者，教師ともに不安材料が多い。訳読の援用は，どの段階でどのように用いれば効果的なのであろうか。読解素材の言語形式よりも，内容面に焦点を当てた指導法との併用を検討したい。

2.5.1 読解速度をどのように向上させるのか

読解速度向上には，次の点が重要となってくる。

```
・内容語の意味を，日本語に置き換えることによって推測する曖昧な読み方から，動詞を中心として句や節ごとの把握へと，段階的に移行する。
・構造，主部・述部，修飾句，前置詞句などのチャンク処理。
・柔軟に読解速度をコントロールした読み方（注意・注目＋流し読み）。
```

〈参考〉読解速度（W.P.M; word per minute：1 分間に読んだ総単語数）の算

出方法は，次のとおりである。{総単語数÷(かかった秒数×0.1)}×6で求める。例えば，250語の文章を80秒で読み終わった場合のw.p.m.は，(250÷8)×6＝187である。

読解速度は，学習者が1分間に読み取ることのできる単語数を示している。一般的には，音声の速度は130〜150w.p.m.，理解速度は70〜80％が目標となっている。内容理解を伴っているのか，w.p.m.値が高いほど正確に読解していると結論付けられるのか，各段階に応じたw.p.m.値の変化と目標とするw.p.m.値など，明確に定めることは難しい。

2.5.1.1　読解処理の方法にあわせた読み方

単語，句，構造をどれだけ早く視覚的に把握することができるかは，英語への接触量，習熟度，練習量に影響される。指で文字列を追っていくなぞり読みの方法は，日本文の読解には文字体系上あまり支障はないが，英語では意味チャンクの境界を見落とすことになる。日本語を読むときの習慣や特性を英語に持ち込むこと(干渉，転移)には注意が必要である。

正確かつ滑らかに読解素材を理解するためには，チャンク処理を行い，意味チャンクを素早くつかむことが大切である。句，構造(言語知識)と百科事典的知識の効率的な活性化が必要となる。

そのためには，意味チャンクを見つける方法を具体的に教示して，学習者自身で気付くことができるように指導する。動詞を発見させ，動詞の前の名詞句，動詞の後の名詞句や前置詞句，副詞の位置，接続詞の機能を明確に指導する。初級段階から一貫してチャンク処理の指導を継続することにより，構造処理を確実に獲得させて，ボトムアップ処理の読解技術を完成することが，まとまりのある文章の読解につながる。

2.5.1.2　読解速度向上のための方策
【w.p.m.を上げる方法】

次の2通りの方法が推奨されている。

留意点は，内容理解を伴っているのか，一定時間内に読み終えることは何を意味しているのか，教育的効果を慎重に見極めた上で訓練をする。

(1) 時間を決めて同じ素材を3回読む。例えば，300語程度の文章を60秒で読ませ，もう一度同じ文章を60秒で読ませ，さらにもう一度同じ文章を60秒で読ませる。初回は半分程度，2回目は8割程度，最後は全部読み終えることができるようになる。
(2) 2分間で150語程度の文章を，何度も繰り返して読む。同じ文章を限られた時間内に何度も読むことで，読解速度と内容理解が向上する。

【音声とともに読み進めることによって，解読速度を向上させる手法】
　初級から中級段階の学習者が，読解速度が遅い理由は，語彙力が未発達なため解読と理解に時間を要するためである。この手法は，文字解読が不安定で，読解中もすぐに立ち止まってしまう段階の学習者に適している。

①読解素材を読み上げているCDを聞く（文の発音方法の特徴を把握）。
②CDを聞きながら文字を追う（音声速度と文字解読速度の一致）。
③CDとともに音読する（音声速度で読解する基礎を作る）。
④慣れてきた段階で，簡単な内容理解問題を取り入れる。

【黙読】
　中級段階以降で黙読を指導する。黙読は音読に比べて倍の速度で理解が進められると報告されている。項構造規則と構造規則が自動化して，瞬時に理解し文字列を円滑に処理していくためには，音声を介在させない黙読が重要な技能となる。
　留意点として，黙読中は，調音器官を稼働させた音読・つぶやき読みをしない。また，指でのなぞり読みを行わない。
　上級段階では，語彙と文法が自動化して，流暢に読み進めることができるようになるため，黙読による速読即解を指導する。

2.5.2　どのように音読を活用するのか
　読解は聴解とは異なり文字として存在しているため，言語処理の過程で対

象となる言語が消滅してしまうことはなく，記憶保持の負担は少ない。しかし，読解は音声で入力される速度と同等，またはそれ以上の処理速度が必要である。読解と音読を併用する留意点を述べたい。

2.5.2.1　音読指導の目的

　文字列を音声化する練習として，音読（read aloud）は英語授業で広く用いられる方法である。

　音読は，複雑な構文を含まない簡単な素材を用いて，イントネーションや発音などの音声面を指導することであり，内容理解のための聴解・読解技術指導を目的とはしていない。

　初級から中級段階では，音読と内容理解問題を同時に課すことは避けるべきである。音読を行っているときには，解読処理と音声化，調音器官の稼働とモニターを同時に活性化させて，文字列を音声化することに集中しているため，内容を理解することは大変困難である。また，音読中に内容理解を促すと，音読の声は必然的に小さくなる。音読を活用する場合は，イントネーションや発音などの音声面だけに焦点を当てて指導する。

　音読は，文字を解読するための技術であり，語彙や構造処理を伴わないボトムアップ技術の1つである。「英語を話す機会の提供」として推奨されているが，中級段階以降で，書き言葉を素材として編纂された教科書を音読させることは，話し言葉の学習とは全く異なり，学習者に混乱をもたらす。書き言葉の読み上げはナレーションの技術であり，独自の訓練が必要となってくる。

2.5.2.2　音読指導の留意点

　音読が有効な素材は，学習者が全く困難を覚えずに黙読することができることが前提である。獲得していない語彙や，文法形態素，新出単語，複雑な構文，複文などを含んでいて，黙読をすることが難しい素材を音読させることは，本来提唱された音読の効果的な活用方法ではない。

　特に，複雑な構造の文や長い節は，音声チャンクに基づいた適切な区切り位置を指導しなければ，息継ぎ部分の根拠を理解することができずに，不自

然な読み上げとなり発音指導の効果は低下する。息継ぎが必要となる読解素材を音読させることは，本来の目的からは逸脱している。

　主部・述部や，名詞句，動詞句といった文法上のまとまりは，意味のまとまり（意味チャンク）とほぼ一致するが，自然な読み方のまとまり（音声チャンク）は，これらと完全には一致しないことがある。英語母語話者は，主部と動詞までを一息に発音する傾向が強く，主部と動詞の間に間をとることは不自然となる。中級段階の音読では，こうした意味チャンクと音声チャンクの混同が，つまずきを誘因する結果となる（第2章2.2参照）。

　初級段階では，一斉練習の音読によって，英語を発音・発話するきっかけを与え，文字解読の速度が向上することが確認されている。しかし，指名しての音読は，学習者への処理負担と心理的負荷が過大にかかり，緊張を極度に高め萎縮させることから，最低限にとどめるべきである。

　中級段階以降は，音読や，教材付属のCDを用いた復唱の指導を絶えず行うと，黙読をせずにつぶやき読みや，なぞり読み，文字列を脳内で音声化して読む癖を付けてしまい読解速度は低下する。音読は発話の速度であり，黙読速度とは全く異なっている。

　「読解能力が，音読によって向上する」との提案に対して，精緻な検証は成されてはいない。文構造の理解に混乱をきたし，読解速度は低下するため内容理解を目的とした読解能力育成に，音読活動の常用は，どのような効果を期待することができるのであろうか。

　限られた貴重な授業時間は，有効に活用することが得策である。はじめて学習した語彙や文法を含む素材の場合は，黙読の上で解説を加える活動を充実させた方が効率的である。

　教師は，音読・読解・聴解で指導するチャンク処理の相違を十分に理解した上で，根拠のある音読の指導を行わなければならない。一斉練習として音読を取り入れる場合は，教育効果を常に意識した上で活用する。

2.5.3　未知語の類推

　読解で，未知語の類推技術を指導する重要性が認識されている。未知語の類推とは，まとまりのある文章中に未習の語彙が使用されている場合，周囲

の文脈や構文を頼りに意味の推測を行うことである。

　未知語の類推に関する研究によると，類推技術は，中級から上級段階で，構造・構文の知識が定着し，2000〜3000語の基本語彙を確実に獲得した学習者に指導する技術である。

　例えば，未知語の 'firefly' を文章中に散在する断片的なキーワードから意味を推測する (biologist, blinking on and off, darkness, flashing, humidity, insect, light, etc.)。

　未知語の類推は，初級段階の学習者には適さないといわれている。具体物による名詞などの連想や，簡単な名詞を使った動詞の意味の推量は，未知語の類推とは全く質の異なる認知活動である。

【未知語の類推技術】
(1) 未知語の品詞を予測
(2) 名詞句，前置詞句などのチャンク処理と，構造・構文，文法範疇による類推
(3) 品詞や意味情報の把握（単数複数，動詞の名詞化，時制）
(4) 文脈から類推するための，百科事典的知識の活性化
(5) 句読点（カンマ，同格や関係詞などの挿入句，ダッシュ）に注意
(6) 言い換え (or, that is, i.e., in other words, etc.)
(7) 例示 (such as, for example/instance, e.g., etc.)
(8) 接頭辞，接尾辞（品詞や意味を推測），形態素の持つ情報の活用
(9) 文脈や前後の文から内容を把握
(10) 英語の段落構成の知識を生かす
(11) 多義語，同義語，反意語，類義語，構文変化に注意
(12) 類推した未知語は，用法や意味を辞書で確認しておく

2.5.4　スキミングとスキャニングの指導観点

　まとまりのある文章の読解では，大意把握と，部分的な情報の抽出のためには，スキミングとスキャニングの技術が重要である（第1章1.3.2.5参照）。

・読解中は各段落の主題文に着目し，展開を推測しながら読み進め細部をおさえる。
・内容理解問題を用意して，正しい推測を行ったかを確認する。本文中で書かれていることと，書かれていないことを指摘させる。
・筆者の意図と立場，主張を適切に抽出させる。
・本文中に書かれた事実と，事実に対する見解や解釈を明確に区別させる。
・文構造に注意を向け，指示語，同義の表現，時制を確認する。
・段落や文章全体を見渡して，因果関係，経過や過程，事象の変化，行動と結果，出来事の推移，物事の関連性などを論理的に理解させる。適宜，スキャニングにより細部を把握させる。

2.5.5 多読とはなにか

　読解技能指導では，容易に解釈することができる物語文や説明文を用いて，背景知識に頼りながら，まとまりのある文章を短時間にトップダウンで読みこなしていく多読と，語彙と文法に注意を払いながら，ボトムアップで読み方を指導する精読がある。

　多読は，英語圏で読書習慣の形成を目的に掲げて提唱された。読書の大切さを説く理想論であり，具体的な教育方法論ではない。英語教育で多読の効果を期待する場合，母語での読書経験が豊富な学習者は，抵抗感なく英語でも多読を行うことができるが，読書習慣が乏しい学習者は，興味を示さない傾向が見られると報告されている。

　多読の効能は次のとおりであるといわれている。

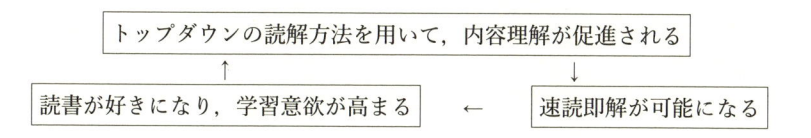

```
        トップダウンの読解方法を用いて，内容理解が促進される
                ↑                               ↓
   読書が好きになり，学習意欲が高まる  ←   速読即解が可能になる
```

　読解方法の観点からは，母語の読書では話の展開や登場人物の関係性，感情などに注目して，素材の意図する内容を理解していくことができる。読書過程で表現方法や文法形式には意識的な注意は払わず，無意識のうちに獲得

されていくことが確認されている。

こうした偶発的習得は、統計学的な接触頻度と文脈効果(contextual effect)が高く、処理負担(processing effort)が低い場合に促進される(学習理論 第4章 3.2.2)。多読を用いた読解では、外国語でも全く同様の読解方法をとることによって語彙力が高まることが期待されている。

多読は、ある程度の分量の平易な文章を、速く読み進める力を育成することに適しており、英語教育でも推奨されてきた。トップダウン技術による読解法は、基本的な語彙と文法を学習して定着した、中級段階以降で自習用に取り入れることができる。

しかし、多読の素材を用いて、学習者や教師が語彙や文法に注目しすぎて、訳読をしてしまう問題が見られる。また、レディネスを逸脱した素材を用いて多読を奨励すると、学習者の負担が増大して、本来の目的である多読の効果は消滅してしまう。

教室で扱う教材だけでは、目的にあった弾力的で柔軟な読み方を指導する機会は限られている。読むことは聞くことに比べると自習が可能であり、多読は時間的な不足を補い、英語にふれる量を確保するためのよい方法であるといわれている。学習者自身に興味関心のある素材を選択させて、読み通した達成感と意欲を維持することが多読の大前提であり、評価の対象にはしないことが望ましい。

・多読と精読(読解前の練習、予測、内容理解、主題、構成、スキミングとスキャニング、読解速度、文学や学術素材の利用、語彙、辞書、談話の一貫性、ゲームその他)、音読の具体的な活動と方法論は、Day (ed.) (1993)
・多読についての詳細は、Day and Bamford (1998), Bamford and Day (eds.) (2004)

2.5.6 精読と英文和訳の位置付け

初級段階では文法項目は1つの単元で完結している。中級段階以降で指導する精読は、別個に学習してきた複数の文法項目が入り組んだ構文を、解きほぐして解釈をする方法である。語彙と文法に注意を払いながら、丁寧に

文を分析的に読むボトムアップ法が中心である。

教育現場では，精読の指導方法として，英文和訳を取り入れた文法訳読法，構文解析技術がよく知られている。しかし，厳密には両者は指導目的，依拠する文法，学習段階が以下のように異なっている。

	文法訳読法	構文解析技術
目的	翻訳による文の分析的理解	解析技術の体得による，文章の速読即解
指導根拠	言語記述・言語分析のための文法	言語理解・言語表出のための文法
段階	中級段階	中級段階後半から上級段階

2.5.6.1 構文解析技術の必要性

外国語教育の目的は，美しい日本語への正確な翻訳と，書き言葉に多用される複雑な構文を解析的に読み下すことをとおして「知性を磨き教養を高め精神を鍛錬する」ことが，最終的な上級技術であると伝統的に考えられてきた。しかし，こうした文法訳読法の精神に対しては，実益主義の立場から強烈に非難がなされた。その多くは，英文解釈は「無意味で役に立たない」「時間の空費である」「速読即解ができない」さらに，「大学入学試験で，選別を行うための手段となっている」といった批判である。

構文解析技術が必要となる読解素材は，英語圏の新聞・雑誌，文芸・学術書，時事論文，学術論文や公文書といった，非常に難易度の高い文章である。学術や政治，経済，科学，文化の最先端で英語をことばとして運用するためには，数行続く複雑な構文を短時間で正確に理解して，自らも同様の文章を作成するための，高度な言語能力が求められる。

こうした領域では，類推に基づいて誤った解釈を行って重大な問題を起こしたり，稚拙な文章を執筆したりしては，国際的に全く評価されず，孤立してしまう懸念がある。

このような観点から，先学が構築した日本人英語学習者のための構文解析技術は，学習者の進路や職業選択にあわせて指導される必要性を，否定することはできない。

2.5.6.2　構文解析技術の意義と指導

　構造を理解することなく読解を続けることは，語彙を漫然と追って，推測をもとにあやふやに理解をしているに過ぎず，英語学習の誤解を積み重ねていく可能性もある。

　構文解析技術の学習過程では，英語の形式面に注目して，内容面は付随的になるが，実践的に多くの英文にふれていく中で，形式に対する注意は次第に意識しなくなっていく。基本的な構造処理を無意識に自動的に行いながら，内容を理解して読み進めていき，形式的に難解な文に遭遇した場合に限って，構文解析技術を適用する。様々な構文解析技術を学び，練習を積み重ねて英語の型に慣れ，意識的に解析を施さなくても即座に解釈をすることができるようになったとき，英語母語話者の読み方に近づいたことになる。

　文法訳読法は，母語と外国語の言語知識を絶えず行き来することによって，内容理解に負担と時間がかかる。翻訳を主要目的としているため，外国語を母語に置き換えてから理解することになる。つまり，訳読をすることと，構文解析技術を適用することとは言語処理方法が全く異なっている。

　中級段階後半から上級段階の橋渡しとして，構造理解を伴った精読を行うことは大切である。構文解析技術の理解を確認する目的から，意訳ではなく構文を正確に反映させた和訳を行うことも，読解技術を獲得するための1つの可能性である。

【構文解析技術】

　ここでは最低限の構文を取り上げるにとどめる。詳しくは，伊藤和夫著『英文解釈教室』を参照されたい。

(1) 動詞を探す（動詞を核として構造をつかむ）
(2) 修飾語の位置
(3) 関係節，類似関係節（分詞），後置修飾の把握
(4) that 節，what 節の把握
(5) 同格，挿入句の処理
(6) 不定詞の機能の理解

(7) 比較級の構文を含む構造
(8) 並列構造の把握
(9) 従属節のまとまりの把握
(10) 倒置形

　上級段階では，以下のような構文を速読即解することが求められており，構文解析技術による確実な解釈は必須である。文芸作品，学術英語や時事英語などでは，こうした難度の高い複雑な構文が頻繁に使用されることが多い。
　例えば，TOEFL®（Test of English as a Foreign Language）で出題されている文の言い換え問題をあげる。
（*Longman Preparation Course for the TOEFL® Test: iBT* by Deborah Phillips より）

　　Research has shown that aggressive behavior can be learned through a combination of modelling and positive reinforcement of the aggressive behavior and that children are influenced by the combined forces of observing aggressive behavior in parents, peers, or fictional role models and of noting either positive reinforcement for the aggressive behavior or minimally, a lack of negative reinforcement for the behavior. 〈Pre-test〉
　☞　学術論文では一般的な，無生物主語構文
　☞　that ... and that ..., of –ing ... and of –ing ... の並列構造
　☞　並列構造に基づいて正しく構造を把握することができないと，意味チャンクが分からずに解釈を誤る。

　Were Earth to be juxtaposed with the Great Red Spot, our planet would be dwarfed in comparison, with a diameter less than half that of the Great Red Spot. 〈Reading skill 3 Example 1〉
　☞　倒置形，仮定法の構文
　☞　比較級構文中の that の内容理解

However, this idea was also rejected because the fastest pulsar known at the time pulsed around thirty times per second and a white dwarf, which is the smallest known type of star, would not hold together if it were to spin that fast. 〈Reading review exercise skills 1-4〉
☞　関係詞の挿入句
☞　仮定法構文と，指示語の適切な理解

This theory demonstrates how organizational structures and routines such as standard operating procedures tend to limit the decision-making process in a variety of ways, perhaps by restricting the information available to the decision unit, by restricting the breadth of options among which the decision unit may choose, or by inhibiting the ability of the organization to implement the decision quickly and effectively once it has been taken. 〈Reading review exercise skills 1-10〉
☞　学術論文では一般的な，無生物主語構文
☞　例示の挿入句
☞　by –ing ..., by –ing ..., or by –ing... の並列構造
☞　並列構造を逸脱せず，前置詞句内に埋め込まれた文構造を理解
☞　指示語の正しい理解

2.5.6.3　構文解析技術と英語教育

　基本的な英語力養成を目的とする場合は，基礎的な文構造に従った内容理解を目指すことになる。構文解析技術を几帳面に神経を使って指導するよりも，4技能の指導に時間を配分して，可能であれば4技能の統合を図り，基礎的な運用能力を培う。

　大学では，求める学生像を明示して必要とされる英語力を設定し，入学試験に反映させている。国際社会や，学術で活躍する人材の育成を目指す教育機関では，中級段階後半から上級段階にかけて，構文解析技術を指導する。しかし，他の技能や読解方法の指導をおろそかにするのではなく，読解指導の一環に含めることが肝要である。

2.6　レディネスに基づいた読解技能指導のためのカリキュラム設計
2.6.1　初級段階の指導と留意点

　初級段階前半では，音声を表記するための文字とつづり，音声連続としての句，節，文の表記を丁寧に指導する。文字列を確実に解読することができなければ後の学習に深刻な影響を及ぼす。

　初級段階の指導では，日常的に使われる情報源から，特定の事項を入手するための読解を扱う。基本的な語彙と文法の指導が中心となってくる。

　初級段階後半以降の指導では，3段落程度の分量の読解を行う。この段階からは，黙読と音声による提示は別個に扱い，音読から少しずつ心の中の読み上げを消していき，黙読による読解速度向上のための指導を行う。内容理解の問題を取り入れて，Yes/NoからWh疑問文へ，さらには素材に対して短いコメントを求めたり，素材内容の展開を予測させたりして発話技能との拡張性を高める。

・文字やつづりと，発音の結び付けを促す。
・素材の中から身近な名前，単語，定型表現を見つけ出して，短く簡単な表現形式にふれる。
・葉書文などの短文に慣れる。
・絵や図，具体物，その他の視覚情報を手掛りにして，簡単な記述や指示文を理解する。
・背景知識を活性化して，内容を予測する基礎的な練習を導入する。
・主題の把握ができるようにする（スキミング）。
・特定の情報を早く確実に見つけ出す（スキャニング）。
・高頻度語彙に繰り返しふれながら，確実に定着させる。
・語順と意味チャンクの把握を丁寧に扱う。

【目標】
文，さらに，簡単な文章の内容を理解するための基礎を培う。

【方法】
・読解前には，授業で中心的に扱う語彙と文法を音声で提示する。

> - 授業で目標となる表現や文法を用いた会話練習と，空所補充問題を解くことにより注意を喚起する (consciousness raising)。
> - 会話で導入された (oral introduction) 語彙を含めた5文～10文程度の文章を読む。音声連続と文字連続を明示的に対応させる。
> - 類義語や反意語などにより，目標以外の表現は既習の語彙と置き換えて，読解素材の語彙を調整しておく。
> - 目標語彙を含め，脚注（日本語）を設けて理解を促す。
> - 読解後は，活性化させた語彙と文法を文脈の中で確認する。
> - キーワードや連語表現を指摘させて，目標の語彙を示し色付けさせる。
> - 説明や活動を行いながら，語彙と文法の理解促進を図る。
> - 読解素材の内容を表現した絵や写真を選ぶ。
> - 読解素材で使用されていた語彙や文法の確認問題を解き，目標となる語彙や文法を用いた簡単な会話 (task) を行う。

2.6.2 中級段階の指導と留意点

　背景知識を活性化させてから，読解素材を読み進めるトップダウン法も用いながら，言語理解とともに内容理解を図る。ボトムアップ法との折衷的な方法が広く取り入れられている。

　内容理解問題は，要約の基礎技術となるため，正解の確認だけではなく，選択肢に使用された文の表現形式に注意を向け，これらを参考にしながら，口頭または筆頭で要約を行う。

　中級段階では，内容理解のための聴解技術と読解技術は，別個の時間で扱って定着させる。素材の文章が5段落程度と長くなる読解素材を，音声で流して聴解の代用としたり，スクリプトを読ませて読解を行ったりすると，まとまりのある文章を音声や文字で理解する能力が，中途半端な状態で停滞するため注意が必要である。読解速度向上のために素材を目で追いながら聞かせる方法は，解読技術を獲得した学習者には多用しない。

　中級段階後半では，読解前後の活動を発話中心で行う。True/False の質疑応答を行い，読解素材を言い換えながら端的に整理して，選択肢の質問文にも十分注意を払う。可能であれば，False の訂正をさせて内容理解を確実なものとする。

・背景知識を活用して読解可能な説明文を使用する。
・比較的まとまりのある文章から，主要なポイントを指摘したり，論の展開に基づいて大意把握をする（スキミング）。
・少し長めの文章から必要な情報を抽出する（スキャニング）。
・素材中の出来事や感情の記述，主張や結論を理解する。
・時事問題に関する文章を読み，様々な立場や見解を大まかに理解する。
・独力で読み進めることができるように，未知語の類推技術を指導する。類推内容を確認するために，文法書や辞書を参照する。
・高頻度語彙を中心とした素材を扱う。
・読解速度の向上と，内容理解のバランスを確保する。
・単語の品詞変化や単語間の関係性（ネットワーク）を整理する。
・語彙力を増強するために，類似した文脈で語彙を使用する練習を行う。
・文構造や文法機能に注意を払う（性・数・格，時制，受動態，助動詞，接続詞，不定詞，分詞，動名詞など）。文法用語を示すだけではなく，機能，意味，用法に着目する。
・読解後の確認，整理，まとめを充実させる。
・語彙と文法は，自然に使用される文中で獲得を促して，作文や発話をとおして使用する。

【目標】
説明文などのまとまりのある文章の内容把握と，長い文の正しい解釈ができるようになることを目標とする。

【方法】
・ボトムアップとトップダウンの読解方法をバランスよく指導する。
・読解前は，まとまりのある文章の理解を促すことを目的として，素材内容に関する会話を用いて，背景知識を活性化させる。
・素材の主題を示したり，関連する質疑応答を行って，内容を予測させたりする。
・読解を始める前に発音，表現の形式，意味，使用について解説し，語彙に注意を喚起する。読解素材に使用される新出語彙や文法項目，注意する構文を解説する。

- 新出語彙や目標外の語彙の脚注は，英英辞書で調べた定義文を示す。英語の類義表現や構文，言い換え方法にふれさせる。
- 直接語彙指導を行うときには次のような問いかけを用いる。
    Have you seen this word before?
    What do you think this word means?
    What other words in the sentence connect with this word?
    Does this word occur anywhere else in the text?
- 読解中は，10～20文程度（最終的には5段落程度）の素材を読解する。
- 予測した内容と読解素材とが重なるか，読解前の活動で導入された語彙が用いられているか，などにも注意を払う。
- 制限時間内に能動的・主体的に読み進める。
- 読解後は，内容理解問題や，目標の語彙や文法については練習問題で十分確認する。日本語，あるいは英語で用例を含めて解説する。
- 長い文や複雑な文の解説を行う。
- 辞書の使い方，注意を傾けるべき情報などを指導する。日本語訳だけではなく，連語表現や使用域も確認する。
- キーワードや関連語を含む質問を行う。段階に応じて要約文の空所補充，要約の作成，重要な論点・論拠・例の指摘，出来事の順序性，因果関係，学習者の考えなどをまとめさせる。
- 同じ主題について書かれた複数の素材を用いることにより，語彙が充実し定着が図られる。
- 英語で内容に関連させた簡単な会話を行う。

2.6.3 上級段階の指導と留意点

　上級段階では，社会問題などの内容が増えるため，低頻度語彙が頻出して構文が複雑になる。素材内容の抽象性，論理構成や文体の複雑さに対応するための読解技術の指導をする。

- 中級段階後半で学んだ構文解析技術を確認しながら速読即解を行う。
- ポイントを正しくおさえながら必要な情報を抽出してまとめ，論の展開を正確に理解する。
- 4技能を統合した活動の中に読解を位置付け，教材にとどまることなく

様々な分野の英語母語話者が使用する，低頻度語彙を含む読解素材に積極的に接する。
・思考や思索の前提としての読解技術を完成させる。

> 【目標】
> 低頻度語彙や複雑な構文に対応し，正確に英語を解釈することのできる安定した能力を培う。
>
> 【方法】
> ・素材内容の展開を，項目ごとにまとめて図や表に整理する。
> ・読解素材で活性化された語彙と文法を使用しながら，理解と表出を円滑に行うための発話や作文の練習を行う。

3 読解技能獲得の困難性と克服策

　読解は，情報や知識の獲得が目的であり，適切な速度で，正確に内容を理解することが重要である。読解素材をとおして思考し，自らの考えを構築していくことができる。

　読解の困難性は，語彙知識不足と構文処理方法の内在化の途上によるものが多い。キーワードや主題文を拾いながら全体の大意・概要を把握したり(スキミング)，まとまりのある文章中から特定の情報を見つけ出す探し読み(スキャニング)，重要な部分を抽出しながら読んだりと，読み方の使い分けができることが必要とされる。

3.1　なぜ読解は難しいのか

　読解の難しさは，和訳の難しさ，つまり構文の複雑さから判断されることが多い。しかし，内容に関する百科事典的知識，言語知識(語彙，構文・文法の知識)，関連性に基づく知識の活性化の度合い(知識によって内容をどの程度カバーすることができるか)，また，動機要因(興味関心，娯楽性，必要性)にも影響を受ける。読解技能と訳読の関係性についての学術研究は

本格的には成されていない。

　指導方法に起因する困難性の多くは，文法訳読法の多用により，文中の単語を日本語に置き換えて，解釈しようとする習慣が形成されていることである。言語形式に注意が向くため，文単位や数文では解釈することができても，段落や文章全体で内容を把握することができない。英文を全て訳さなければ不安となり，分からない単語は辞書を引き一文ずつ翻訳して単文レベルの理解に終始する。

　意味のまとまりごとに印を付けて分析的に読む習慣も根強く，この手法を用いることのできない上級段階での多読や，ネットワーク上の電子化された文章素材に混乱をきたす。また，まとまりのある文章になると，処理負担が大きすぎて読解速度が非常に遅い問題が生じている。

　このような現象からも，教育現場には根強い訳読主義が読解技能指導を支えていることも事実である。

　難易度の高い構文解析技術を学習しておく意味は，上級段階で頻出する複雑な構造の文章を正確に速読して理解する能力を獲得するためである。自学自習で構造を理解することができる点では有意義である。

3.2　文字列を解読する困難性

　初級段階では，音声基盤が確立する前に読解素材を多用するため，アルファベットを読み取ることができない，指名されても音読することができないといった現象が見られる。その結果，学習者自身でローマ字読みを頼りに日本語に基づいた独自の音声規則を作り上げ，読解を支えようとする。

　例えば，He came to our party last night. を「ヘキャメトオウラパーティーラストニグト」と読み上げる。その結果，強勢位置や同一発音を指摘させる音声問題は，理解が不能となり，極端に苦手とする。

　文字自体を解読できないため，文字素材を多用する授業では内容理解以前である。授業時間が限られているため，文字・つづりの指導は積極的に行われていない。文字使用を開始するための，学習者のレディネスについての認識があまりにも不足している。

　中級段階以降は，音読の多用から絶えず音声化して読む（つぶやき読み）

ため，読解速度が遅く，意味チャンクも把握することができない。

読解時には音声能力が背後で解読処理を支えているため，外国語の音声基盤が形成されていない場合は，円滑な読解に支障をきたすことが報告されている (Birch 2007)。

初学時は，音声指導を充実させ，基本的な語彙と文法を音声で定着させてから文字指導，読解技能指導へと移行する。初級段階では，発音とつづりや文字列を結び付ける練習（フォニックスなど）を継続して行うことによって，読解の基礎を培う。中級段階以降は，読解素材に応じて背景知識を活性化させ，黙読による読解を充実させる。

3.3　語彙や表現面に起因する困難性

初学時より，英文から直接意味を理解する指導方法により，内容語に注目をして，文法機能語を軽視する会話の方策を読解に転移させた結果，曖昧な解釈をする。

未知語の類推ができず，あるいは行わず，辞書への過度の依存が見受けられる。多義語や連語表現については，文脈を理解せず辞書からの選択を誤ることが多い。

語彙の拡充は読解技術および英語力の向上に必須である。初級段階では，高頻度語彙を中心として確実な定着を促す。中級段階以降は，文脈から乖離させた単語の暗記だけではなく，文中で覚えて使用できるようにする。教科書の素材に関連する記事や，小説などを用いた活動をとおして読む習慣を形成する。諺，隠喩や比喩，文学や聖書の一節の解釈は難しい要素であるため，前もって用法を提示しておき，語彙の拡充を図る。

なお，語彙は，名詞，動詞，形容詞，副詞，前置詞などの内容語に注意が向けられるが，助動詞，接続詞，冠詞などの機能語の理解，さらに，句動詞と前置詞句の識別が正確な解釈を可能にする。

機能語は頻度が高く，付随的「意味のない」要素と考えられているが，情報構造，特定性，構文など言語規則の核として機能している。内容理解に重要な要素として認識し，読解指導にあたらなければならない。

3.4 文法や構造・構文面の困難性

　初級段階では，品詞，語順と文法機能の理解不足，指示語の誤認による文解釈の誤りが頻発する。中級段階以降では，主部や動詞句の境界，挿入や修飾，従属節，並列構造，言い換え，省略などの長い名詞句，多用される名詞化（名詞節）の把握ができないことで，正確な解釈に至らない致命的な困難性が見られる。

　初級段階では，チャンク処理に基づく指導を行い，英語の語順に従った正しい解釈を促す。中級段階で語順の円滑な処理と，修飾関係や同格関係など構造の把握が必要である。

　チャンクの発見は，学習者が独力で行うことは難しいため明示的に指導を続ける。また，文法機能語については，構文を理解する上で重要な要素と位置付けて，学習者の注意を喚起しなければならない。

　中級段階以降の指導では，単語の意味を中心にして英文を理解させようとするあまり，構文指導がおろそかになっては問題である。主部が長かったり後置修飾が使用されていたり，数行にわたっている文などは構文把握の指導を行う。構文はチャンクと文法機能語が支えているため，初級段階から一貫性を持って丁寧に積み上げて行くことによって，困難性を回避することができる。

　読解は，動詞を中心として意味チャンクの正しい理解によって獲得することができるようになる。

3.5 まとまりのある文章の理解に伴う困難性

　個々の文理解から，まとまりのある文章理解への移行を円滑に行うことのできない困難性が見られる。まとまりのある文章に狼狽して，読解意欲を喪失する学習者はあまりにも多い。語彙や表現面，文法や構造面が定着していないため未知語で頓挫し，読み終わるまでに長い時間がかかる。これは，Communicative Language Teaching による短文を用いた会話偏重の指導による盲点である。

　「背景知識を活性化させて読解する」ことが推奨されているが，この手法が援用できない素材や，活性化させた背景知識が役に立たない素材は，内容

を推測することは難しい。そのため，背景知識がない素材は言語知識だけを頼りに読解することが求められる。代名詞や主題の一貫性，論理構成など，内容自体や論の展開に起因する困難性もある。

　また，教材用に書き換えた文章ではなく，英語母語話者が日常的に使用している書き言葉（authentic English）が読めないことも報告されている。

　近年の教科書は，短文とイラストが多用され文章の量が限定されている。まとまりのある文章に慣れ親しむ機会が少ないまま，中級段階で長文読解が開始される。円滑に移行を促すために，教材の選択や工夫が求められる。初級段階後半から文連続，文章，数段落から構成されている素材へと読解の分量を徐々に増やしていく。

　まとまりのある文章の読解の基礎を築くためには，意味のまとまりと構成要素（名詞句，動詞句，前置詞句など）を，チャンクとして的確に把握することができるように，初級から上級段階まで一貫して丁寧に指導する。同時に，中級段階以降は大意把握の活動も忘れずに行い，まとめや要約を空所補充や口頭で行うことも重要である。

　まとまりのある文章の読解では，内容理解の読解技術定着のために，語彙と構文が平易な素材を用いて，トップダウン処理技術を取り入れたスキミングやスキャニング，予測能力を培う未知語の類推，概要把握の方法を指導する。

　英文から直接理解する技術の指導と，文法訳読法を用いた指導（ボトムアップ）は，どの段階でも両立させなければならない。構文や構造を解析する分析的な読み方（精読）のための，少し複雑な構文を含んだ読解素材は中級段階後半で用いる。

　英語の段落構成の指導では，「主題文だけで内容把握をさせる」手法が提案されている。主題文は，段落の主題を抽象的で高度な語彙や名詞化構造で簡潔明瞭に述べている。そのため，主題文以降を読まなければ理解することが難しい。段落構成の中では，最も重要な主題文，それ以降は補足説明や例示，論拠，具体化の文章と，めりはりをつけた解釈が求められ，文が並列されて同じ重要度で羅列されているわけではない。こうした段落構成の知識は，具体的に練習問題をとおして学習することが，英語の文章の理解促進と

作文の前提として大切である。

　英語母語話者の書く低頻度語彙を多く含む文語体の素材は，語彙，文法，語用論的側面がそのまま書き言葉の中に残されていて，未知語の類推技術で対応することが難しい。新聞，雑誌をそのまま教材に援用する場合は，学習者のレディネスを考慮して上級段階で扱うことが肝要である。

――――――――――――――――――――

【一貫性を持つ読解技能指導に向けたカリキュラム設計】

	文章理解のための読解技能	
	単文レベルの学習	まとまりのある文章の読解技術
初級段階		ボトムアップ処理
		文字
		つづり
		単語
		句
	定型表現 基本的な構文	節　　　主題把握 文　　　出来事の移り変わり 　　　　内容の予測，話の展開 　　　　概要の把握
中級段階		トップダウン処理
		背景知識の活性化 因果関係 論理構成（主題文，定義文，言い換え方法） 未知語の類推
上級段階	低頻度語彙 複雑な文	細部の理解 　　　　要旨，要約と本文の対比 指示の理解 問題解決に向けた読解

Topic 5

言語の習得に適した年齢域はあるのか

　言語習得に適した年齢域（臨界期）は，1990年代までは，言語習得理論の中心的課題として盛んに論考されていた。言語習得と年齢の関係性については，生物学的・社会心理学的研究も積み重ねられている。言語習得には，習得に適した年齢域が存在し，その時期を過ぎてしまうと，母語話者としての言語能力を獲得することは困難になると考えられている。

★臨界期の論拠
　生得的に与えられた言語獲得装置を作動させるには，言語刺激のインプットにふれていることが必要である。日常の自然な言語活動の状況で，無意識に言語を習得できる能力は，12歳前後，脳の成熟による分化した機能の確定（一側化），脳の柔軟性（可塑性）の低下に伴い減退すると考えられている。この時期を言語習得の臨界期（critical period for language acquisition）とよぶ。
　臨界期を示す事例は，次のとおり報告されている。

【野生児】
　乳幼児期に，人間言語から隔絶された環境条件で成長した野生児に対して観察記述が行われた。人間環境の中で，相互作用と経験によって培われる認知発達，特に言語発達に著しい遅滞が見られ，人間言語の獲得は困難であった。分析的思考，経時的な理解と表出，言語中枢などを司る左脳に顕著な異常が見られた。

【手話言語】
　手話獲得については，音声が聞こえていないことを診断されず育てられた

子供は，ある時期を過ぎると自然な手話（母語としての手話）を獲得することができなかった。

　1990年代，手話は個別言語の1つとして英語や日本語と同じように，母語として獲得される言語であると解明された。健常者が聴覚刺激としての音声言語を習得して，調音器官を動作させて表出することと同様に，聾人は手話言語を視覚によって獲得して，手を用いて手話として表出する。手話は言語体系であるため，後天的な学習と練習ではなく，言語として習得されることが分かっている。

　自然な手話（native sign language）の獲得には，個別言語同様の臨界期が存在しており，乳児が音声を認識していないことが確認できた場合，一刻も早く手話が自然に使用されている環境に接触（contact）していくことが大切である。

【ピジンとクレオール】
　通商目的で移住した商人は，現地の言語をもとにして交渉のための新しい混合言語を用いる。限られた語彙と縮略化された統語構造を持つ，外国語の接触言語（pidgin）を誕生させる。

　接触言語が日常的に使用されていると，このことばにふれてきた子供は，生得的に与えられた脳内の普遍文法の働きによって，独自の言語として体系化していく（Creole）。

　親の世代は，臨界期を過ぎているため，移住先の言語を習得することはできないが，多言語環境で育つ子供世代は，共同体の使用するピジンから規則性を無意識的に抽出する。子供の脳内に搭載されている言語習得装置は，移住先の言語やピジンとは異なるクレオールとして発達させていく（学習理論第5章1.1）。

【言語錯綜現象】

　特筆すべき現象として,「小学校3年生の壁 (double limited)」がある。この時期の子供は, 母語と外国語のインプットがバランスよく与えられなければ, 両言語の習得過程が完成しないまま, 未発達の状態で停滞してしまい, 最終的には完全な形で習得することには困難を伴う。

　両言語を等しく司るメカニズムは形成されず, 文の要素によって母語と外国語がモザイク状の混乱を生ずる。これは, 二言語環境下で生ずる言語錯綜現象 (code switching) の深刻な形態である。

　例えば, 英国で出会った日本人女性は,「私は, yesterday went to the library して, そこで本を searching で, 結局なかった」といった発話を, 違和感なく自然に話していた。一方, 英国人と話しているときには, 日本語を過度に交えてはいなかったが, 英語母語話者とは異なる語彙や文法を使用していた。彼女にとって「英語・日本語」が融合されて母語として生成されている。

　同様の問題が「デカセギ」で日本に暮らす, 日系ブラジル人など外国人労働者の9歳前後の子供にも生じている。

　言語習得が不安定な段階である9歳前後の子供を, 言語環境が異なる海外へ出すときには, 細心の注意が必要である。

【バイリンガル失語症】

　二言語話者の失語症の研究では, 両言語を回復することができる年齢域が存在しており, 臨界期以降に失語症を患った場合, 母語全体を喪失したり, 外国語全体が失われたりするケースがある。また, 自然に無意識に習得された要素と, 意識的に言語形式に注意を向けて学習された要素との破壊の差が生ずる。

　幼い頃に習得された要素ほど強固に保持される傾向があり, チョムスキー

言語学で用いる樹形図の深い部分ほど保持される（ローマン・ヤーコブソンの仮説）。語彙範疇は残存する一方，機能範疇は欠損する可能性は高い（学習理論 第5章3.1, 3.3）。

　日本語の場合は，助詞，動詞・形容詞・副詞の活用形，英語は，冠詞や一致要素が失われる。損傷後の回復，外国語習得において機能範疇は，獲得するための年齢要因の制約が厳しい要素である。

　Fabbro (1999) の症例分類では，母語のみが回復，外国語のみが回復，母語と外国語がモザイク状態で発現など，外国語使用頻度や環境，年齢，および損傷部位によって全く異なる症例が報告されている。

【第2言語習得】

　第2言語習得についても，外国語を完全に習得することが可能な年齢域が存在するとして，臨界期の根拠となっている。具体的な研究は，音声面と文構造の獲得状況を論拠としている。外国語を母語として習得することができる年齢・母語・環境を踏まえた検討が盛んに行われてきた。近年では，脳科学の知見を取り入れた分析が進められている。

★外国語学習と脳機能

　外国語学習では，母語と同等の外国語の言語能力を習得することができない点で，臨界期は存在している。さらに，外国語の言語知識の獲得過程の中にも，様々な臨界期が報告されている。

　例えば，母語と外国語の音素を，無意識に識別することができる能力は，生後10ヶ月前後で臨界期を迎える。言語（発話や手話）を，母語話者と同様の自然さで無意識に綺麗に反復することができる能力や，冠詞や一致要素などの機能語に関する臨界期は9歳前後である。複雑な移動を含むwh疑問文などの文法性を，直感的に正しく判断することができるのは，13歳前後

の年齢域である。

　臨界期といわれる年齢から逆算して，外国語学習を開始することが提案されている。しかし，言語習得の臨界期は，生後直後から意識することなく継続的に言語にふれてきて迎えるものであり，年齢は到達点である。臨界期には認知的・情意的・社会的要因が含まれており，特定の年齢を根拠として外国語学習の開始年齢を設定することは，科学的検証に基づいた論拠が乏しく，慎重さが求められる。

　脳科学からの知見によると，母語を処理する部位と外国語処理部位は，成人の場合多少異なっているが，子供の場合にはほぼ同じである。生後直後から等しく二言語にふれて，バランスのよい二言語話者となった場合は，両言語が母語として機能する。しかし，外国語学習者の場合は，脳内では母語を処理する周辺部や，別の部分が活性化することが確認されている。英語が日常的に使用されていない環境で，外国語としての英語を獲得するためには，意識的に学習を積み重ねる以外に方法はない。

　現在，脳機能の測定（PET，ERP，fMRI，光トポグラフィーなど），神経回路や脳機能の発達についての研究（connectionism）により，外国語処理メカニズムの解明と，年齢要因の測定が行われている。こうした研究には，医学・言語学・心理学・電子情報科学などの学際的な知見が貢献を果たしている。

　言語・脳・年齢の問題は，未解決な分野であるため，研究成果は仮説の段階であることに留意して，教育への示唆を論じなければならない。

第6章
作文

　書く能力は，聞く・話す技能の発達過程とは本質的に異なっている。教育を受け後天的学習メカニズムによって意識的に獲得していかなければならない。

　書く技能は，人間の作り出した文字を認識して，表出することができる，学習者に内蔵されたメカニズムが前提となる。母語の文字処理メカニズムを基盤として，外国語の読み書き能力に転化させる教育を施すことになる。

　作文 (writing) は，学習意欲が大きく関わってくる技能である。効果的かつ効率的な指導法は確立しているのか。

> 　脈々と，伝統として続く自由作文の課題。
> 「将来の夢について英語で自由に書いてみよう」，生徒はどのような夢を思い描き作文をしてくるのであろうか。「夏休みの思い出」，何を経験して感じ，考えや気持ちをうまく英語で表現することができるであろうか，と教師はひそかに生徒の成長を期待する。
> 　しかし，生徒の本音は，「何を，どのように書いたらいいのか分からない，困ったなあ」，日本語で作文して，和英辞書を引きながら直訳する。教師は，未提出の生徒を激励して，提出された白紙，あるいは大きく書かれた3行程度の短文に，「夢を失ったのか」「思い出を作ることはできなかったのか，それとも反抗期なのか」，愕然とする。
> 　作文指導の最終到達点である自由作文を，レディネスを逸脱して課した結果であることに気付いてはいない。

はじめに

　英作文指導には，2つの「常識」があると学術研究ではいわれている。作文能力は，指導を受けなければ獲得されないこと，学習者は作文を学習する目的を意識し，自発的に取り組まなければならないことである。

　しかし，英語で文章を書く必要性が低い日本で，何を指導するべきか，どのように学習者の自己表現能力を引き出して，書く意欲を高めるのかに悩み，教師は途方に暮れてしまう。さらに，生徒1人1人の作文を添削する負担を考えると，つい消極的になってしまう。

　作文指導は，提出された作文の添削指導が主流であったが，現在は，順序立てて書く方法を指導することに，重点が置かれるようになってきた。作文は，獲得している言語知識を最大限活用して表出するため，学習者の個人差が大きく，4技能の中では最も難易度が高い。こうした技能に対応するため，教師には高度な英語力と指導力が求められる。

　この章では，学習者にも教師にも敬遠されがちな英作文について，書くとはなにかを整理し，具体的な指導について検討する。

1 作文のプロセスと作文技能の獲得過程

　人間が文字を書く目的は，音声を書き留めることによって，時間を経ても情報を保持させておくためと，音声では伝えきれない分量の内容を整理して，時空間に限定されない対象に向けて，提示するためであるといわれている。書くことは，知識や知恵を蓄積して伝承していく，言語の根源的機能を担っている。

　話し言葉をそのまま文字にした伝言，メモ，メールでのおしゃべりのようなものと，書き言葉で構成される手紙，指示文，説明文，解説文，論説文，物語文，その他，がある。

1.1 作文とはなにか

　文章を書く理由は，依頼，謝罪，苦情や要望などの日常生活での意思疎通，説明，思想表現，芸術，発見や提案の公表など，不特定の読み手に対し，文字記号を用いて言語を発信するためである。文章を仲立ちとして，書き手が読み手を意識した，社会活動であるとも位置付けられている。

　社会生活の中では，適切な表現を用いて，第三者にでも理解することができるように，論理的に過不足なく自分の意思を作文する必要性に迫られることがある。

　「作文」と聞くと，小学校の読書感想文やレポートを思い起こすが，文章を書く機会は，執筆活動を行う作家や学者，文書作成を日常業務とする役人や会社員以外でも，日常的におとずれる行為である。書き言葉では，必要に応じて，単文，段落，まとまりのある文章と，必要十分な量の文を作成することが求められる。

　最近では，メールが一般的な通信手段となり，話し言葉をそのまま文字化して書く傾向が増えている。書き言葉（文語体）を使用せず，口語体を持ち込んだ文章が多く見られる。文語体を軽んじて，口語体を羅列することで読み手に親近感を与えようとする風潮がある。話し言葉は音声体系で構成され，書き言葉は文字体系で成立しているため本質的に大きく異なっている。

　相違点をまとめる。

話し言葉	書き言葉
・口語体	・文語体
・単語，句，短文中心で簡潔	・複雑な構文や受動態の多用，長文
・身振り手振りなどの，身体的な情報が豊富にある	・身体的な情報，強調などの音声的な感情表現が少ない
・具体的，断片的	・論理関係，因果関係，人物や事象の関連性を明確化する
・カジュアルで文脈依存性が高い内容	・構造的に統制され複雑で抽象的，格式がある
・つづりや表記法の規則は関わらない	

1.2 作文技能はどのように獲得されるのか

　母語の作文指導は，小学校から継続的に行われている。小学校段階までには，基礎的な語彙と文法は音声言語をもとにして獲得され，核 (core) となる基本的な言語習得が完了している。小学校教育課程では，こうした基礎力を伸長させながら，表現と構造を豊かにしていく。読解と両立させることによって語彙量を増やし，文の組み立て方を確認しながら文章構成を身につけていく。母語で文章を書くことは，生涯必要とされ使い続ける技能であるため，系統的，段階的に国語教育として指導されている。

　一方，英作文は，思考処理と外国語処理とを同時に活性化させるため，難度が高く脳への負担が大きい技能である。外国語では言語処理が自動化しておらず，処理の中核となる語彙と文法も不完全で不安定であるため，思考処理過程にも影響を及ぼす (学習理論 第 6 章 3.2.2)。

　数段落から構成された，望ましい分量の英作文を書くことができない主な理由は，次のとおりである。

・日本語で思考した結果，書きたい内容を英語の表現手段で表出することができない。
・暗記している語彙が無秩序に活性化されて，関連付けて系統立てることができない。
・文相互の関係を意識せず，思い付くまま定型表現を羅列する。

・論理的思考に基づいて段落を構成して，作文することができない。
・英語で思考処理を試みて，収拾がつかない状態に陥った。

　多用される自由作文では，課題が重くのしかかり心理的負担の中で，英語の文章を書かなければならないことへの拒否反応が誘発される。構想を練るための時間を，執筆過程で活用することが不得手で，書こうとする意思が伴わない学習者は，自己表現能力が育成されない問題点がある。

　自由作文は，ある程度の語彙と文法を獲得していなければ，想起することができる英語量が限定される。自らの知っている表現を使って，ニュアンスに近い英語を生み出すのではなく，和英辞書を多用し，単語を英語に直訳しようと悪戦苦闘した結果，日本語を転移させる。語彙の相性や構文を無視した細切れの文や，段落構成の乏しい不自然な英文を生成する。

　作文技能は，4技能の中で特に静的な活動であるため，学習者の性格，特徴，動機に大きく左右される。作文能力獲得には，自らを律して思考することによって，執筆経験を積む以外の方法はないが，従来の指導方法では心理的障壁が作文学習を阻害している。

2　一貫性のある作文技能指導に向けたカリキュラム設計とシラバス・デザイン

　従来の作文指導は，学習者が最終的に提出したものを添削に基づいて評価を行っていた。英作文指導は授業時間を要し，教師の時間外の準備や添削の負担も大きいため，敬遠されがちである。

　英作文の指導は，学習者が作成した作文に対する添削指導から，作文の作成過程に従った指導へと重点が移行されてきている。英語教育で推奨されている過程重視の作文指導法は，英語圏の国語で実施されている作文指導の形態をそのまま授業に取り入れた。英語圏の教師が持つ国語力を前提として考案された指導法や教材は，日本人英語教師には活用することは難しい。英語母語話者教師には，英文の誤りや表現方法の不自然さを指摘することは可能であるが，日本人英語教師には，高い英語力が求められる。

過程重視の作文指導法では，作文の構成に従って学習者から具体的な課題内容を集めていく授業になる。教師は表現内容を表すための語彙と文法を，学習者の段階にあわせて教示することになる。そのため，本来目的とした創造性を育む作文の指導ではなく，文法や語法などの言語形式を学習する和文英訳が主流となっている。

2.1 作文能力の定義

外国語での基本的な作文能力は，文章の量，正確さや的確さを含めた質，使用する文の複雑さである，とされている (Wolfe-Quintro, et al. 1998)。

作文能力は，つづり，語彙，文法，句読法，文体などの言語面，段落，結束性，論理性，一貫性などの構成面，発想，教養，表現の豊かさなどの内容面から構成されている。さらに，使用することばの正確さ，複雑さ，流暢さ，適切さによって測られる。こうした様々な要素を含むため，作文技能は指導を受けない限り獲得されることはないといわれている。

作文学習は，一定時間内にどれだけの量の文章を書くことができるか，語彙選択は適切か，文法は正確か，従属節や後置修飾，同格や挿入などを用いた適度な長さの文か，などの言語面を獲得する。1つ1つの文が文法的であっても，文章全体で統一感 (unity) をもって結束性 (coherence) がなければならない。段落構成の技術，説得性のある論理関係の組み立て方は，英語の修辞法（後述）に従っていることも大切な観点である。

作文の能力は以下のとおり定義されている。

- 正確さ (accuracy)：つづり，文法，語彙選択，構文
- 複雑さ (complexity)：長文作成技術，論理構成，構文
- 流暢さ (fluency)：段落構成，内容，例示，論拠，文章の流れ，執筆速度

2.1.1 作文と読解の相関性

読解素材の主題を把握して，内容をまとめ，方法や指示文を正しく理解する能力は教育によって培われる。母語での聴解や発話の基礎は音声言語にふれていることによって無意識に獲得されていくが，読解と作文の能力は，教

育を受けることによって学習される。

　以下の相関性を，外国語の指導に反映させる場合には，言語能力と学習者の段階を正確に定義して，緻密な論考を経ることが必須である。こうした結果は，外国語獲得過程で見られるのか，外国語獲得後に生ずるものなのかに注意して教育への示唆を考慮する必要がある。

> ・母語の作文能力と外国語の作文能力は，相関性はやや高い。
> ・母語の作文能力と母語の読解能力は，相関性は極めて高い。
> ・外国語の作文能力と外国語の読解能力は，相関性はやや高い。
> ・母語の読解能力と外国語の読解能力は，相関性は極めて高い。

（Hudson 2007: 66）

2.1.2　母語と外国語の作文能力の関係性

(1) 母語と外国語の作文能力との関わりについては，論理的明解さ，主題を支える例の提示，独創性，創造性などは，母語の能力が外国語の作文にも影響する。

(2) 母語による思考の整理は，アイデアを立てていく段階では効果的である。上級段階では外国語で行うことが効率的である。

(3) 直訳による作文は，目標言語との論理展開の相違により不自然である。母語で思考した場合は，執筆段階では母語を排除して自然な表現を用いて，目標言語の論理展開へ移す。

(4) 母語でも外国語でも，文章執筆のプロセスが大切であり，作文することへの具体的な訓練が必要である。
　（主題の想起，論拠の整理，構成，推敲など）

2.2　英語教育での作文技能の位置付け

　英語教育で育成する作文能力とは，自由に使いこなすことができる語彙と文法の能力と，それらを用いて英語の論理構成に従って文章を構成することである，とされている。独創性，明快性，説得性などの言語の枠を超えた自由な思考能力を発揮することが最終的な目標となる。

　一般的に，英作文の指導には，和文英訳が盛んに用いられている。また，

「発話を中心とした学習を行えば，作文技能は向上する」あるいは，「あらかじめ作文しておいた文章を読み上げることで，発話技能は培われる」と，表出技能の一体化を推奨する提案がある。

しかし，発話と作文は，ともに表出技能ではあるが，技能の獲得過程や言語処理過程，言語知識は全く異なっている。発話は聴覚処理，作文は視覚処理を基盤として，時間的・空間的に大きな隔たりがあり，活動する脳機能は異なる側面がある。

書くことと話すことの技能を混同させ，同一の表出技能であるとの言説には理論的な根拠が見当たらない。いずれかの技能が他方に転化して能力が培われることは少なく，それぞれ別個の技能として体系立てて指導していかなければならない。

以下に相違点を簡潔にまとめる。

	発話	作文
媒体・様式	音声，話し言葉	文字，書き言葉
処理に必要な速度	高速，瞬時，言いよどみ，中断，自己修復を頻繁に行う	熟考して，何度でも確認することができる
準備に必要な時間	相手の発話中と直後	通常即答の必要はない
情報のやりとり	対面または電話，双方向，発表，講義，講演など一方向	計り知れない，一方向
伝達情報量	相手の発話量，話題内容に依存	文章全体であり，膨大な情報量を含む
心理表現の方法　手掛かり	トーン，イントネーション，身振り手振り，表情	文体と行間

文章を書く機会は大きく以下のとおりであり，指示，記述，説明，論述などの文体に即した文章作成の技術が基本となる。

メモや言付け，メールやチャット，葉書や手紙，日記，物語，小説，要約，翻訳，提出書類，意見や見解，要望の表明，読書感想文，レポート，論文，など

作文は，自分の考えを整理して構成を練り，論理的に過不足なく分かりやすく内容を提示する技能である。論述は第三者に疑問や反論の余地を残さないように，説得力のある文章を書く技術であり，母語でも外国語でも同じである。

　英作文は，思考力は母語，表現力は英語の読解から育まれると学術研究で報告されている。つまり，作文技能は，聞く・話す・読む技能と比べて，母語に大きく依存している。概念化して表出しようとする能力育成は，第9章で述べるとおり，国語科と連携すべき領域となってくる。

　対照修辞学の研究によると，目標言語の世界で評価される「よい」文章は，言語ごとに異なっている。豊かな国語力をもとにして英語に直訳しても，不自然で理解することが難しい文章となってしまうことが，比較対照した結果，類型論的に指摘されている。物語や小説ではことばの独自の用法として許容されるが，契約や論文などでは，当該言語の型を守らなければ誤解を生み却下されてしまう。

　英作文は，英語をことばとして表出する技能であり，日本語を英語に変換しただけでは，学習者に英語で思考を表現するための言語体系は培われない。そのため，「よい」英語の文章は，英語の段落構成と思考の流れ，論理構成に従った文章構成でなければならない。

　日本の環境には，「何のために作文をさせるのか」，「何を作文させるのか」，について否定的な感情論が根深く潜んでいる。作文指導に対する授業時間外の負担，さらに学習者を明確に納得させて，動機付けを促し学習意欲を高める説明材料を，教師自身も見いだすことは難しい。このことは，「英語をいくら学習しても書くことができない」さらに，「英語論文を執筆しない」ことからも証明されている結果である。

　「英語が受験科目だから」「資格として役立つ」「仕事で必要」などの，実利主義に基づいた発想が流布している。日常的に使用するか否かで，学校教育の目的を「損得」「即効性」「日常的な必要性」で測ることは，学習者に対する人間陶冶の視点を見失っている。その根底には，教育哲学の欠如した，経済性で学習課目である英語の価値を付ける「英語　要・不要論」が，現在でも澱のように存在している。

2.3 作文技能指導の目標

作文技能指導の目標は以下のとおり設定することができる。

> ・英語を用いて文字やつづり，文，文章を書く経験を積む。
> ・英語の口語体と文語体の相違点を，知識としてではなく実際に書くことをとおして理解する。
> ・受容語彙を発表語彙として変換していくことによって，表現能力を定着させる。
> ・高等教育や社会生活で必要とされる英語の語彙と文法を学び，自己表現を可能とする手段として，書くことができるようになる。

英語教育では，「英作文の指導は，学習者の目的意識を把握して，それを満たす授業を設計すること」の重要性が強調されている。「目的意識にそった指導」は，英語圏では利点を引き出し効果的ではあるが，日本の学校環境では，この主張の整合性が乏しい。日本語で文章を書くことと，英語で文章を作成する必要性とは異なっている場合も多く，目的意識が重なることは少ない。

初級，中級段階の英作文の指導は，発話技能とは異なる表出活動であることを意識しながら，基本的な言語知識を定着させる技術の1つとして位置付ける。書く作業（筆記）をとおして授業活動に変化が期待される。

上級段階では，学習者の目的意識や必要性を尊重する。作文を創造行為としてとらえ，豊かな言語能力，ひいては，文章を書くことをとおして，知性と教養を育むことを目標とする。

2.4 シラバス・デザインに基づく授業の展開

英作文は，伝統的に和文英訳が中心であるが，作文を行う執筆過程を指導する過程重視の指導法の重要性が認識されてきた。逐語訳による和文英訳では，日本語の表現方法にとらわれた英語を生成する可能性が高まる。そのため，獲得した表現を駆使しながら表出することができる言語運用能力が求められる。

英作文指導では，執筆過程を漠然と説明するだけでは不十分である。学習者に対して，内容知識と言語知識の活性化と拡充を図る。同時に，「書き方」

を順序立てて指導していく。作文前の活動と作文中，あるいは第一稿に対する確認指導が重要であるといわれている。

以下のような執筆の手順を獲得させていく。

(1) 具体的な課題を限定した上で，論の展開に従いながら学習者に自由に発言させて，学習者と教師がやりとりを行いながら，執筆内容を黒板に列挙して整理する。
(2) 文章の表現と文法を確認して，英語の論理構成にあわせて，学習者自身で推敲することができるように指導する。
(3) 語彙と文法を定着させることを目的として作文を行い，英語の表現能力を培う。初級から中級段階までは制御作文，基本的な語彙と文法を一通り学習した後の段階から，内容，構文，構成面に焦点を移して，自由作文に向けた指導を開始しなければならない。

英作文指導では，学習者からの予期せぬ質問や反応に戸惑うことがある。上級段階の指導では，学習者が単語帳などで断片的に記憶した，確証のもてない表現や，文法に遭遇することがある。教師は，曖昧にすることなく，用法が豊富に記載された，信頼することのできる辞書を片手に柔軟に対応して，学習者とともに英語を学習する姿勢は，決して恥じることではない。

具体的な参考資料を列挙する。これらの資料は，英語母語話者や比較的英語力の高い教師を想定しており，授業に活用するためには，準備に多少時間を要する。

・全レベルの活動例は Hedge (2005)
・初級から中級段階の活動は Brookes and Grundy (1998)
・中級から上級段階の様々な文章の書き方の詳細な例は White (ed.) (1995)
・母語の作文指導からの具体的な示唆は Graham et al. (2007)

2.4.1 作文活動前の指導

英作文は，書き手と読み手の立場を意識しながら，誰に対して書くのか(友

人知人，目上の人，未知の人など），どのような状況で読まれる文章か（自由時間，試験，勤務時など）を考慮するように指導する。

　指導では時間配分が重要である。学習者が執筆を開始するまでの準備段階で時間を消費して，指定時間内に書き終わらず，授業の効果が停滞してしまうことが多い。効率的に作文の準備を行うことが可能となるまでは，課題に対して自由に発話をさせながら，クラス全体で準備活動を行う。準備段階は極めて重要である（後述）。

　活動をとおして，執筆の過程を具体的に理解して，客観的な視点から自分の考えを展開することができるようになっていく。こうした過程は，国語教育で身につけているはずであるが，英作文の執筆時には発揮されにくいので，積極的に考えを引き出す指導を行う必要がある。

①誰に対して書くのか，何について書くのかを提示する。
②教師がクラス全体の発言を促し，誘導しながらやりとりを行う。背景知識の活性化を図る。
③様々な立場の考え方を例や論拠，データをもとに思考を巡らせて作文内容の幅を広げていく。
④作文に必要とされる表現や構文を確認する。

2.4.2　作文活動中の指導

　作文を開始する前には，目次のように，箇条書きで各段落の事項の概要や要点などの情報を整理して，段落構成（paragraph）を確定する。5w1h（who, what, when, where, why, how）を整えて，過不足なく作文をする。第三者が正しく理解することができるように，十分な情報を示しながら，英語の論理構成に従って整然と展開する。

　　I want to be a doctor, because I like doctors.
　　I don't agree with the idea but I think it necessary.

のように，理由や状況，補足情報が欠落した稚拙な文章を書く学習者が多

い。準備段階が不十分なまま作文を始めると，こうした発展性を欠いた短文が表出される。

2.4.3　作文活動後の指導
明快性，事実の正確さ，表現，文法や文体などを学習者自身，学習者間，あるいは教師が指摘して確認を行う。

(1) 伝えたいことが，読み手に理解されるように作文されているのか。
(2) 情報，論拠，例は十分に示しているのか。
(3) 論が緻密に展開していて飛躍してはいないか。
(4) 語彙の選択や表現方法は適切か。
(5) 繰り返しなどの不必要な文や，不足している部分はないか。
(6) 文章をより洗練させることはできないのか。
(7) 文や段落の配列はなめらかで読みやすいか。
(8) 段落間の関連性は保たれているのか。

2.5　「書き方」の指導
2.5.1　作文指導の歴史的概観
2.5.1.1　制御作文（Controlled composition）（1960 年代　Fries）
学習項目にあわせて，場面・文脈・文法・語彙などをあらかじめ厳密に設定して作文を練習する。置換，並べ替え，空所補充，文完成（和訳がある場合とない場合がある）が代表的な練習方法である。

初級から中級段階で，正確な語彙や文法，構文を理解・定着・確認することを目的とする。目標とされている言語項目に，意識的な注意を払うように誘導型で設問が作られており，学習観点が明確で，理解すべき項目が明示的に設定されている。

2.5.1.2　修辞学（Rhetoric）（1970 年～ 80 年代　Kaplan）
言語と思考の関係を実用的な視点から体系付けている。西洋の思考方法は直線型で，主張を全面に打ち出し排除型をとるが，東洋の思考は渦巻き型

で，間接的に主張をほのめかす調和型であると分析されている。こうした思考方法の違いは，文章構成の相違として出現すると結論付けている。

英語の論理構成と正しい構文・構造の理解（段落構成や文体の意識的学習）の必要性を提唱している。上級段階での適確な構成に基づくまとまりのある文章や，論文の執筆を目標とする。

2.5.1.3　過程重視の指導法（Process approach）（1980年〜90年代　Zamel）

「上手な書き手の執筆過程」を，体感的に理解する発見学習を行う。書きたい内容を中心にして組み上げる手法や，目次の作成，推敲を重ねて完成させる方法を，執筆段階に従って丁寧に指導する。学習者自身が独力で作文することができるようになることを目標とする。

①基本的な段落構成を知識として身につける。
　Introduction (Topic sentence) - Discussion (Supporting sentences) - Conclusion (Concluding sentence)
②ブレーンストーミングを行い，主題や論拠を想起して列挙する。
　Listing, clustering
③論拠の種類を整理・分類する。
　Examples, illustrations, narrative, description, facts, statistics, or statements of authority
④主題文を設定する。
　General and abstract way of showing main idea
⑤アウトラインを立てる。
　Organising specific details, unity within a paragraph
⑥結論文で段落をまとめる。
　Restatement of main idea

2.5.2　「書き方」を指導するためのシラバス・デザイン

自由作文を導入する際には，誰に，何を書くのか，どのように書くのか，を明確化して，執筆に向けて思考の整理方法を具体的に順序立てて示す。

【「書き方」の指導方法】
①課題文がある場合は，課題内容を理解するために，文中のキーワードなどに注意を払い，適宜メモを取る。
②執筆内容の概略を箇条書きして要点を整理する。
③百科辞典的知識から，論拠・例・データを複数探し出して示す。
④論理構成に従った文の配置と，全体の段落構成を意識する。
⑤下書きが書き上がった時点で，改善のための助言を受けて推敲作業を繰り返して作文を完成させる。

【「書き方」を指導する利点】
(1) 従来の結果重視の指導法では，学習者の作文を毎時間回収するため，教師には，添削に膨大な時間と労力が求められる。過程を重視した指導法では，段階的に時間をかけて作文が完成するまで指導を行うため，原稿の提出頻度は下がる。
(2) 最終原稿より以前の段階で，推敲の指導を行うことが推奨されている。学習者間で交換して，コメントを加えることにより，内容や言語形式に対して客観的視点で文章を推敲する能力が高まる意義も，学術研究から提案されている。
(3) 少人数クラスであれば，それぞれの下書きを教材提示装置やOHPで見せる，あるいはCALLで配信しながら全員に向けて添削指導を行うことも可能である。
(4) 学習者の誤りには共通性があるため，他の学習者も同時に学習することができる。表現方法や文法，例，論拠，比較や対比，定義，因果関係，状態変化，分類や整理など，学習者に自由に指摘させて再検討を促す添削を行っていく。

2.5.3 「書き方」の指導上の留意点
(1) 書き方を理解させるために，「上手な書き手の執筆過程」を記述して，それに従うように学習を促すことも効果的であると，提案されている。
　「上手」の判断基準は絶対的なものではなく，それを定めることは容

易ではない。また，思考の個人差への対応方法が不明確である。様々な事例を集めて整理する過程で，文章作成の方向性を決定していく帰納型の書き手と，はじめに定理や原理を設定した上で，論拠をもとに構想を練っていく演繹型の書き手があり，画一的な執筆方法をモデルとして取り入れることは慎重さが求められる。
(2) 作文の準備段階や添削段階では，日本語でやりとりを行うことが必然的に増える。教師には学習者が表現したいニュアンスを汲み取って，言い換えながら内容や表現を英語で示すことが求められるため，類義語や構文変換能力が不可欠である。英語を教授言語として用いて，こうした活動を行うことが可能となるのは英語母語話者教師の授業である。
(3) 「上手」な文章の「モデル」を提示して，繰り返し書き写すことにより，言語的側面と構成面や展開方法を，会得することが推奨されている。この手法は，初級段階後半で文字列や表記方法に慣れ親しみ，中級段階で文章構成や連語関係を理解するために，制御作文の一環として考案された筆記練習である。

上級段階で，モデル文は例であるにも関わらず，規範として暗記させたり，そのまま利用させたりする指導例が散見される。注意しなければならないことは，他人の文章を過度に借用することは盗用となる。罪悪感のない軽率な copy & paste の活用は剽窃行為 (plagiarism) であり，引用方法を正しく指導しなければならない。
(4) 要約の練習を兼ねて，モデル文に対して類義語や構文変換で独自の文を書くことが求められるが，模範文に影響されて，創造性をふくらませることができず，なかなか独自性は発揮されにくい。1つの内容に対して複数の言語形式で表現することは，豊かな言語能力が必要となり，英語母語話者に近い英語力が求められる。

2.5.4 「添削の活動」を取り入れたシラバス・デザイン

添削指導の目的は，学習者の英語獲得を助け，作文技術の向上を図ることである。伝統的な作文指導の添削は，最終原稿に行うことが多い。教師が提出された原稿に対して誤りを訂正する，誤りの部分の指摘だけを行う，など

の直接的・間接的な方法と，作文内容や情報量，使用された語彙や構文など英語全体に対する文章の寸評を与える方法とがある。

　過程重視の指導法では，学習者間で下書きや推敲原稿に，言語面・構成面・内容面に対して「添削の活動」を行って，教師は最終原稿の添削は必要ないと報告されている。

　「添削の活動」は協同学習を促進し，意欲を高め，学習過程に積極的に参与する上で効果的であると考えられている。初回の推敲段階と，二校目の作文準備に取り入れることができる。

　教師は，評価する点は積極的に取り上げて，励ましのことばで成就感を与え，内容や表現については，中途の原稿を教室全体で学習者とともに検討し，改善に向けた助言を行う。評価点と改善点を同程度指摘することが大切である。

(1) 課題内容についての背景知識の活性化を促す。
(2) 様々な立場や見解，その論拠，例などを表明させる。
(3) 作文で必要となる表現や構文を検討する。
(4) 作文の構成や展開についての疑問点や問題点を指摘する。

2.5.5 「添削の活動」の指導上の留意点

　自由作文の指導では，提出物の添削は授業時間外の作業となるため，教師には大変な負担となる。筆者自身，「効果的」と提案される指導法は全て援用してはみたが，作文指導に伴う解決方法には至っていない。

　学習者にとっての作文指導の根本は，豊かな英語力を持った教師から，丁寧な添削指導を継続的に受けることにあると考えている。シラバス・デザインでは，効果的に授業活動を進めるための十分な事前準備と，教師による添削を必ず盛り込む。

(1) 大人数クラスでは実現が難しく，最大15名以下のクラスサイズが必要である。
(2) 添削活動の時間がかかり，日本語中心の分析的な語彙・文法活動に終始

してしまう可能性がある。
(3) 他人の「添削の活動」対象の作文は，自分の作文とは無関係として，学習に興味・関心を示さない。また，作文の交換相手の英語力や，性格に強い影響を受け，活動の効果が発揮されないことが多い。
(4) 誤りには共通性が見られるので，あらかじめ注意点として学習者に提供するほうが，効率的であると指摘されている。このことは，学習者自身が知識として獲得した語彙や文法規則を，表出の際に活用して正しい文を作ることができることを前提としている。
(5) 言語知識として備えている能力が，言語運用に転化するまでには，一定量の継続的な練習と時間が必要である。添削活動の結果が，即効性を持って後の作文学習に生かされる保証はない。性急な効果は期待しない。
(6) 添削対象として取り上げられ，注目されることを嫌う学習者が多い。また，添削対象の学習者や，他の学習者に遠慮して率直な意見を述べにくい傾向が見られる。言語素材に対して中立的な立場で授業を進め，学習者名には言及しないなどの配慮が求められる。青年心理的側面が作用するため，授業運営は慎重に行う。

2.6　レディネスに基づいた作文技能指導のためのカリキュラム設計

　中学校3年生に，自由作文を課すことには無理がある。「夏の思い出」「趣味」「将来の夢」などが定番の題目であるが，学習者自身が独力で作文をすることは極めて困難である。こうした課題を出す場合には，必ず準備段階の指導が必要となってくる。

　学習者に最も必要となることは，表現手段としての発表語彙の獲得である。文章の執筆方法や構成方法を知識として教示しても，学習者が思考を具現化する「ことば」を持ち合わせていなければ，文章を生成することはできない。これは切実な問題であり，表現方法としての語彙や文法の学習は極めて重要である。

　「生徒が書こうとしない，書くことができない」との指導上の悩みをよく耳にするが，限られた受容語彙の中で，表出するための語彙や文法，「書き方」を指導しないまま，「自由に」書かせることは，レディネスを逸脱して

いる可能性が高い。学習者は，日本語からの直訳作文を，確証もなく正誤判断もできない状態で繰り返し，英語力の獲得に悪影響を及ぼし，不要な労力を割く結果となる。

初級から中級段階にかけては文字とつづり，句読点の表記方法，語彙と文法の指導を十分に行う。文字とつづりの獲得には時間を要するため，寛容な気持ちで注意深く見守る。表現や構文の定着には，音声と文字で繰り返しふれる機会が欠かせないため，継続的に書く活動を取り入れた指導を行うことが大切である。

中級から上級段階の作文指導では，準備段階，執筆段階，推敲段階，添削の生かし方など各段階の十分な指導や，論述の型（主題文，論拠，結論文）を訓練することの必要性が認識されている。学習者のレディネスに従いながら，表現能力を伸長させることによって，過程重視の指導法が効果を発揮する。

2.6.1 初級段階の指導と留意点

初級段階では，音声と文字の関連付けに大きな個人差が生じるため，学習者のレディネスは均一ではない。そのため，指導には十分配慮してきめ細かな対応が求められる。英語の文字とつづりを書く練習をとおして，文字体系に慣れることが先決である。識字能力の獲得が図られていなければ，後の英語学習に深刻な影響を及ぼす（学習理論 第 3 章 4）。単語，句，文が正しく筆記できるように丁寧に指導する。

近年，小学校段階でパソコン操作にローマ字を多用するため，英語のつづりの学習に深刻な弊害が生じていると報告されている。

音声とつづりを結び付けるためには，つづりを構成する文字数分の下線を施した誘導型の単語練習，はこ（__ __ __）は効果的である。こうした練習は，boks bocs, bakos などのローマ字の影響を減少させる。ヒントが与えられているため，始めから単語テストを課すよりも急激な負担が少ない。

ブロック体の大文字や小文字のアルファベットに慣れて，つづりが安定してきてから，単語並べ替えや空所補充問題を扱いながら，正しく書く練習を行う。音声や会話を授業の中心として，基礎的な表現形式と文型の定着を目的とする。

初級段階後半から音声と文字列を関連付けるために，書き取り練習 (dictation) を取り入れる。定型表現の確実な定着を目的として，葉書や手紙，短文による説明や記述の基礎を培う。

　パソコンを取り入れた指導は，文字を筆記していることにはならない。キーボードを押しているにすぎず，中級段階までは手書きで練習することが重要である。文字指導の観点からは，メールを取り入れた授業は，この段階では慎重に扱う。

【目標】
文字とつづり，句読点の正確な獲得，定型表現を活用して，基本的な語彙と文法の定着を目指し，書こうとする意欲を引き出す。

【方法】
・アルファベットに慣れるため，4線ノートの使用法を説明した上で，手書きによるブロック体の筆記を指導する。
・誘導型筆記練習，空所補充，並べ替え，書き取り，使用する語彙や文法を明示した簡単な制御作文を中心とする。
・語や句，短文を正しい文字配列で正確に書き取る練習。
・定型表現の定着を目的とした制御作文であり，自由作文は行わない。

2.6.2　中級段階の指導と留意点

　中級段階では，単文の連続から発展させて，まとまりのある文章を構成するための基礎力を培う。文や段落の並べ替え，不足している文の補充など，文と文章の関連性に意識を向け，段落構成技術を指導する。また，指示語の用法を確実に定着させる。その上で，「書き方」を指導しながら案内文，身近な主題，賛成―反対と立場を明確にする文章などを作文させていく。

　聴解や読解の素材を用いて，意味内容・概念を活性化させることも効果的である。要約の活動を取り入れて，表現方法は学習者が獲得している語彙と文法を駆使して練り上げていく。

　この段階では，書きたい内容や思いに対して表現が不足しているため，和英辞書を活用する機会が増えるが，英単語のニュアンスや使用域，共起する

名詞，形容詞，副詞や動詞，使用される構文を必ず確認する習慣を形成する。柔軟な思考力を用いて日本語のニュアンスを言い換え，持っている英語で表現しようとする態度を育成する。さらに，英英辞書を活用して，定義や言い換え方法を身につける。

　中級段階の学習者は，語彙と文法を獲得中であり，独力でこうした作業を行うことは負担が大きく，教師の援助は不可欠である。クラス全体で教師が確認をしながら指導を行う。

　上級段階にかけて，作文学習の効果を高めるためにも，参加型協同学習を取り入れ，作文前・作文中・作文後の活動を充実させる。

【目標】
自分の気持ちや考えを表現するための作文能力を獲得する。まとまりのある文章の作成に向けた基礎力を培う。

【方法】
・文，段落の並べ替えや，文補充などを取り入れる。
・チャンクを組み合わせることによって，数文から成る文章を作成する。
・主題について発話し，他の学習者の発表も聞いた上で，活性化させた様々な語彙を用いて作文する。
・「書き方」の指導を丁寧に行う。
・発展性のない短文にならないように，作文前の準備活動をとおして考えを整理させる。
・準備された，あるいは暗記した定型表現を，単純に模倣・再生するだけではなく，同義語や構文変換など状況にあわせて操作を加えて，独自の表現と構文で作文を行う。
・聴解や読解素材をもとにして，作文で使用できる語彙を確認する。
・英英辞書を活用して語彙のネットワーク化を図り，表現形式を豊かにしながら作文する。
・体験学習による具体的場面や主題に基づいて，英作文指導を展開する。注意点として，「修学旅行の思い出」といった漠然とした課題ではなく，生徒1人1人が印象に残った場面や光景，出来事を引き出し，実感を持って作文に取り組めるように心掛ける。

2.6.3　上級段階の指導と留意点

　上級段階では，複雑，かつ正確なまとまりのある文章を，適切な語彙と文法を用いて，一定時間内に執筆するための技術を培う。執筆の過程を意識させながら，最終的には自力で一連の執筆作業を行うことができるように指導していく。

　聴解や読解の素材をもとにして，素材中の表現を用いたり，類義・反意表現，構文変換の技術を使用しながら要約を練習する。辞書の使用は，自然な英語の表現を確認する目的にとどめる。

　独創性や論理性を発揮して，自分の考えを展開することができるように，持っている言語能力を創造的に運用する。良質な文芸素材に積極的にふれることにより，感性をことばで表現する手段を体得させる。執筆を積み重ねる程に技術は向上していく。思考との対話を繰り返すことにより，自分自身を問い直し見つめることが可能となっていく。

【目標】
- 統合技能の中に作文を位置付け，聴解や読解の素材に基づく執筆が可能になることを目標とする。
- 社会問題を主題として扱い様々な立場を検討して，例や論拠とともに見解を論述することができる。
- 創造的な自由作文を表出することができる。

【方法】
- 新聞や雑誌の記事を読んだり，ニュースやドキュメンタリーを視聴したりして，内容とともに表現を確認し，学習者の考えを出し合う。
- 思考内容を十分に整理してから，執筆過程に従って作文を行う。
- 学習者どうしで交換し，学習の素材とする。
- 自分で推敲ができるように指導する。
- 論理関係を理路整然と表記する方法も扱う。
- 論理的で明解，かつ説得力のある文章を作成するためには，獲得している受容語彙を発表語彙に変換していく機会を充実させる。
- 要約から説明文，さらに物語文や論説文の執筆へと発展させる。

2.6.3.1　立場を表明するための文章指導

次の課題をとおして，自由作文の「書き方」を具体的に考える。

> Some people prefer to work in groups on projects, while other people prefer to work alone. What are the advantages of each, and which do you prefer? Use details and examples to support your response.
> (Deborah Phillips, *Longman Preparation Course for the TOEFL® Test iBT.* page 273)

①課題文を慎重に読み，正確に理解する。
- 課題の概略，含めるべき内容，展開方法の計画を立てる。
- 利点を複数列挙する。それぞれの立場を想定し，論拠や主張をあげる。その過程で欠点を考慮することにより，利点の論拠となることもある。
- 指示文が advantages, details, examples と複数形になっており，1つあげただけでは設問には答えていない。英語の設問文では，単数形・複数形には注意が必要である。

②導入 (introduction) の段落を書く。
- 作文の主題と関連のある話題，経験，逸話などを示して書き起こす。
- 段落展開の概要について方向性を簡潔に示す。

③文章を展開していく (body)。
- 1つの段落では，「協同作業」の利点を複数列挙しそれぞれに例を示す。
- 次の段落では，「個人作業」の利点を複数列挙しそれぞれに例を示す。
- 2つの段落を関連付ける。「協同作業」の欠点が「個人作業」の利点である，欠点を克服する可能性を持つ，などを論理的に示す。

④結論 (conclusion) を書く。
- 書き手の見解を示し，立場を明確化する。
- 要旨を示しながら，なぜその立場を支持するのかを明記する。
- 支持しない立場の利点や欠点にもふれ，論拠を簡潔に示す。

以上が執筆過程の概要である。学習者が，どのような語彙と文法を用いて作文を展開するかは予期することはできないが，「添削の活動」や一斉指導をとおして英語力の獲得に向けた援助を行うことが，作文指導に求められている。

2.6.3.2 英作文シラバスの例

Innovations series をはじめとして，語彙中心の指導法では，本格的な自由作文は最上級レベルで導入されている。十分な聴解や読解に基づいて，文章構成や説得力のある論述方法を，練習問題をとおして学習する。

依頼や苦情，勧誘や助言，指示や提案，出願書類，小論文，私信，図表の解説，書評，問い合わせ，レポート，口頭発表原稿などの内容に対応した文体を，具体的に教材として取り上げる。実践的なタスクやモデル文を学び，状況に応じた表現を使用しながら語彙と構文の定着を促す。

具体的には次のように展開されている。

Theme and writing skills	Using grammar and vocabulary
Editing: spelling and punctuation Making use of sentence frames	Spoken and written English: delete where applicable, on top of that I have to pay all the bills... Collocations – problem and solution: an intractable problem, a drastic solution...
Job application letters: Starting and ending formal letters	Trying to find a job: I was headhunted. I did work experience... -ing clauses: I feel I am suitably qualified for the post, having both a degree and a Master's... Should: Should you require any further references, I would be happy to provide them...
Putting your point of view: Planning and structuring your ideas	Writing your introductory paragraph: burning issue, recent studies, alarming increase... Showing your attitude: Research has suggested, Research has shown...
Introductions to essays: Structuring introductions	Describing changes: Sales of CDs have slumped. There has been a steady decline in the birth rate... Cause or result: The problems stem from a lack of investment. The internet has given rise to a number of legal problems...

Letters of complaint: Planning and writing a letter of complaint	Useful expressions: failed to address my other complaints, a totally inadequate response, adding insult to injury... Not only...: Not only was the train late, but... At no time did anyone tell me... According to...: According to your leaflet...
Anecdotes and stories: Starting and ending anecdotes	Using tenses in anecdotes and stories: We'd just been to a meeting. While we were talking... The guy suddenly shouts... Ways of doing things: The car shot out of a side road. I glared at him. I sneaked down the stairs...
Describing visual information: Describing charts	Commenting on visual data: As can be seen from this chart... As revealed by these figures... Interpreting research data: the results indicate, the results establish, figure 8 clearly depicts, it helps to clarify... Describing numbers: the overwhelming majority, an insignificant number... Relative clauses: of which, of whom
Book reviews: Planning and writing a book review	Describing books: It's witty satire of modern political life. It's puerile and offensive. It's a riveting read... Adjectival clauses: blessed with supernatural powers, revolving around a love triangle... Adverbial modifiers: emotionally devastating, vitally important, highly controversial...
Giving instructions and advice: Writing a letter giving instructions and advice	Clarifying: Did you want me to feed the dog and if so, what...? You mentioned there's a pool, but you didn't say... Giving advice: I'd steer clear of the town centre. If you've never been camping before, I wouldn't recommend...

Making requests and enquiries: Planning and writing an e-mail requesting information	Stating your purpose: I'm writing to request, I'm writing to inform you... Softening: You couldn't...could you? You wouldn't happen to know...
Reports: Paragraphing and topic sentences	Referring to things: price-wise, as far as the price was concerned... Rating things: be compared unfavourably, score badly... Making formal recommendations: I would strongly recommend, the d'ecor desperately needs... Reporting people's responses: It was felt..., several people voiced their concerns about...
Giving presentations: Preparing and writing a presentation	Dealing with problems: bear with me one moment, I've lost my train of thought... Connecting with your audience: Now I know what you're thinking, I would imagine I'm not alone... Asking for clarification: Could you go through that again?...

(*Innovations* advanced: contents より抜粋)

3　作文技能獲得の困難性と克服策

　作文指導は，結果重視の指導法から過程重視の指導法へ，言語形式中心から段落構成技術中心へ，さらに，書き手中心から読み手を意識した書き方へと，指導の重点要素が変遷してきた。
　現在は，作文の道具立てとしての文構造・文法の定着，語彙の獲得と，内容を展開するための段落構成の理解が指導の中心となる。語彙や文法の指導とともに，執筆過程の定着（Brainstorming – Drafting – Revising – Editing）を具体的に丁寧に指導する重要性が認識され，作文技能指導は大きく転換期を迎えている。近年になりカリキュラム開発や教材・教具，指導法は盛んに

研究され，成果が学習者や教師に還元されてきている。

3.1 なぜ作文は難しいのか
3.1.1 作文意欲に対する困難性
　作文は，母語の言語能力や思考力に大きく影響を受ける技能である。母語での自己表現力や批判的思考力，論理的表出能力が前提となっている。

　作文の課題が与えられると，学習者は何も思い浮かばず，書けないでぼんやりとした状態が続き，意識が作文学習そのものの必要性を問い始め，参加意欲が乏しい困難性が多く見受けられる。そのため，学習態度が受動的で，作文速度が極めて遅い。

　さらに，学習者は作文過程や誤った箇所の理由よりも，評価などの結果を追求する姿勢が強く，添削で指摘された部分を機械的に修正するだけである。また，教師からのフィードバックの生かし方が分からず，添削された作文を放置すると教師の嘆きを耳にする。

3.1.2 文章構成に対する困難性
　試験の成績は高くても，作文は不得意な学習者が多い。ある程度の量の作文を書く学習者も，序論・本論・結論ではなく，起承転結の文章構成を英作文に転移させる。日本語の英訳であり表現や文法の誤りを多数含み，西洋式の「直線型」ではなく，東洋式の「渦巻き型」の段落構成となっている。母語の論理展開を干渉させて，英語母語話者には不自然で意図がとらえにくい。

・単文レベルは作文することができても，まとまりのある文章では個々の文が有機的，論理的に結び付かない。複数段落にわたる文章の執筆ができず，分量のある文章の構成方法が分からない。
・適切な長さの文を書くことができず，短文を多用し，定型表現を集めて，断片的に切り張りした文章になる。
・自由作文の場合，テーマや立場の明確化ができない。首尾一貫した文章の執筆を苦手として，批判的思考の脆弱さから論が展開しない。

3.1.3 構文・表現面に関わる困難性
・主張を明確に文章化するための，意図を適切に伝える語彙や文法の知識が不足している。
・母語から直訳した作文をする。
・辞書から選択するべき語彙を迷い，同じ単語や文型の多用が目立つ。
・話し言葉と書き言葉の区別が正確にできない。
・I think..., I...を多用する。
・日本語特有の表現の直訳を使用する。
　（Come back home ＝お帰りなさい，I start eating ＝いただきます）
・カタカナ語の使用（cooler, nighter, sharp pen, etc.）。
・語彙や文法面を，よく見直してから提出することを求めても，自分の書く文章の正確さが分からず校正することができない。
・つなぎことばの使用，and, but, or を文頭を含めて多用する。
・一致要素，名詞の数や時制の誤り，前置詞の選択，動詞の選択制限（他動詞と自動詞）の間違い，人称の適切な選び方，代名詞の格変化や一貫した使用なども誤る。

3.2 どのように問題点を解決するのか

　第2章で詳述したとおり，技能指導には段階性が存在していて，聴解，発話，読解，作文へと発達していく。作文を開始するためには，他の3技能，特に発話能力の獲得が必要である。

　困難性の多くは，こうした学習者のレディネスを意識することなく，あまりにも逸脱した結果，作文指導が成立していないためである。英語を用いた会話で「文を作る」機会や，「考えを述べる」経験が乏しければ，作文を開始する素地は整ってはいない。初級から中級段階の発話指導を充実させて，ことばを生成する経験を積み，母語に依存しない表出を繰り返し，発表語彙を拡充させる。

　従来の英作文の指導では，語彙と文法の添削に主眼が置かれ，構成面や論理性，内容面には及ばないことが多く，学習者も言語的側面ばかりに気をとられてしまう。

過程重視の指導法では，学習活動をとおしてクラス全体を巻き込むため，活発で動的な参加型の授業を展開することができる。その結果，読み手を意識して他者と情報を共有し，他の考え方も包含する作文となってくる。教師自身が過程重視の指導の意義や方法を熟知した上で，援用していく必要性がある。

　作文指導に関わる諸課題の解決策は，他の技能と関連させながら，初級段階後半から中級段階では制御作文，中級段階以降に「書き方」の指導と添削活動を行うことである。

【一貫性を持つ作文技能指導に向けたカリキュラム設計】

	文章表出のための作文技能	
	表現・文法面	構成面
初級段階	ボトムアップ処理	
		文字
		つづり
		単語
		句
		節
	定型表現，語彙の拡充 基本的な構文の定着	文　　主題の明確な提示 　　　　出来事の移り変わりの把握
中級段階	トップダウン処理	
	口語体から 文語体への変換	背景知識の活性化と話題の充実 因果関係の明確な提示 論理構成（主題文，定義文，言い換え方法）
上級段階	低頻度語彙を含む 自然な文語体	細部（論拠や例）の提示 要旨，要約の作成
	適確な文章 問題解決を図る文章作成	

Topic 6

教材選定で考慮する視点

　中学校の教師から，教材選択の相談を受けた。
　「どんな中学生にも分かりやすい，アメリカ製の教材はありませんか」私は，「飲んでもいない薬を，効きますと推薦することはできません。ましてや，どんな中学生かは，あなたしか知りません。自分の生徒の能力や特徴を思い浮かべながら探してみてください」と，アメリカの教材会社のカタログを，数点渡した。
　その後，彼はインターネットで見つけた驚くべきキャッチフレーズの教材を示した。それには，「世界一簡単な英語」と，日本語の帯が巻かれていた。教材に限界があるのか，指導力に改善の余地があるのか，結果は一目瞭然であった。
　中学校の副教材や，高等学校の教科書・補助教材を選ぶ際に，考慮しなければならない要件を整理する。これらの条件を欠いた教材は，著名な研究者が開発したものであったとしても，必ずしも理想的とは限らない。補助教材を自主的に作成するときにも，確認するべき事項である。

★留意するべき点はなにか
【使用の目的】
　教材選択は，教師の指導観と英語観をかけて，英語教育への信念を具現化する手段である。
　何を目的として採用するのか，教材を1冊全面的に使用するのか，それとも部分的に活用するのか。教材は1冊で到達目標とする英語力を設定して，具体化するための道筋が定められている。単元を追うごとに積み重ねていき，一貫性を持って完結するものも多い。部分的に活用する場合には，語彙や文法項目と配列順序，指導に用いる技能，内容の連続性などについて，

教材に貫かれている主義・方針を確認しなければならない。

【学習者のレディネス】
　教材に使用されている語彙と文法を丁寧に確認する。「……ができればいいな」「これ位ならばきっと分かるだろう」と，希望的観測に基づいて教材を選択してはいけない。学習段階や，学習者のレベルが定まらない教材は，効果が著しく低下する。学習者のレディネスを的確に把握しておくことが，教材を選ぶ上で最も重要な観点である。

【豊富な用例】
　副教材を活用する主な理由の1つは，学習者が接する英語の量や練習量を確保することである。英語母語話者が使用する，自然な英語の十分なインプットを提供するための工夫が成されているか，機械的なドリルが中心となっていないか，聴解・読解素材，会話などの活動が盛り込まれ，語彙や文法の解説や例を含めて，教師への用例手引きが完備されているかを注意する。

【定着確認方法】
　説明と活動にとどまらず，目標とする語彙や文法，技能が定着しているかを確認するための，練習問題や活動が用意されているか。文脈や場面に従って適切に使用することができるように，活動の配慮が行き届いているか，項目がその単元限りで終わることなく，後続する単元の中で自然にさりげなく盛り込まれているかが大切である。

【螺旋型展開 (spiral-type)】
　中学校の検定教科書を比較検討してみると，新出項目として導入された語彙と文法が，それ以降の課で異なる場面や文脈の中で，繰り返し用いられる

ように考慮された教科書と，新出の課でしかあらわれない教科書がある。新出の表現や文法項目を1度だけ登場させて，それ以降は別の項目が導入されていく教科書は，授業の進行とともに既習項目を忘却させていく。

　教科書の選定は，各課を単体として並べるのではなく，ある学年の1冊，そして3年分の3冊を見据えた一貫性が求められる。語彙と文法は，頻度を確保しなければ定着はしないため，各学年をとおして螺旋状に配置されていることが重要である。

【素材の内容】
　聴解，読解，会話の素材が，学習者の段階や認知スタイルに合致するのか。例えば，中学生に入社試験面接の活動を行ったり，高校生に *Peach Boy* などの昔話を直訳させたり，大学生に童謡を用いたりと，興味や関心を喚起することが難しい素材は含まれていないか。また，デザイン，配色，活字（フォントやポイント），写真や絵など，学習者の年齢や趣向を考慮に入れて，興味や動機付けを促す工夫が施されているのか。

【技能の関連性】
　複数の技能を盛り込んだ教材の場合，語彙と文法を音声的・視覚的にバランスよく取り入れているか。初級段階は会話中心となるが，中級から上級段階では，まとまりのある文章の素材が提供されているのか，会話活動だけに偏ってはいないか。目標の語彙と文法が音声と文字で同等に導入されているか，など技能間のバランスを確認する。

★どのような英語力を付けたいのか
　聴解を使った語彙や文法学習の教材が多数開発されている。音声で文法を学べる一石二鳥の教材として注目を浴びた。言語習得理論と認知心理学の理

論を具現化した，画期的な教材として提供された。使用にあたり考慮すべき課題を例にあげる。

【教材の中で聴解能力がどのように定義されているのか】

　未習の文法項目を含む聴解は，内容理解には適していないことが，学術研究から報告されている。音素や単語，句，文の聞き取りを中心としたボトムアップ技術か，または，内容理解の能力育成を図るトップダウン技術を目標としているのか，技能指導の観点が明確化されているのかを注意する。

【文法形式を音声から気付かせる意味】

　新しい文法項目への「気付き」を促すために，聴解を活用しながら導入する手法を採用している教材が見られる。

　例えば，受動態や現在完了形の課では，過去分詞形を聞き取らせる問題がある。弱化された過去分詞形語尾に集中して，聞き取る目的はなにか。こうした活動は，内容理解のための聴解技術ではなく音声識別訓練であり，目標としている文法形式も聞き落としてしまう可能性が高い。文字として提示されるほうが一目瞭然である場合も多い。

　また，音声を聞きながら，文法形式に注意を向けた書き取りを行うことが提唱されている。文法形式に注意が向くことと，文法機能や意味を理解することは，認知の方法が全く違っている。文法形式に気が付いただけでは，文法を文脈や場面で適切に使用することができる能力育成にはならない。文法形式の把握（入力系）と，文法機能（処理系）や，内容理解（解釈）は次元が異なる活動である。

　教材選定は，言語習得過程の中で，どの段階の言語処理能力の定着を目的とするのかを考慮する。1つの教材は，万能ではないことを心に留め置かなければならない。

★教材選定の確認リスト

	語彙	文法	Listening	Speaking	Reading	Writing
使用目的						
Readiness						
Inputの量						
用例手引き						
練習と活動						
螺旋型展開						
内容						
技能の関連性						
デザイン						

資料2　英語論文の執筆へ挑戦

1．英語小論文執筆過程
　英語で論文を書くには，遵守しなければならないルールが存在する。構成，表現，構文などの約束事に従って独創性を発揮する。英作文に続く，次の段階の第一歩として，小論文に挑戦することを勧める。

【英語小論文の執筆開始前】
①主題を的確に設定した上で，文章内容と構成方法を考える。
②論を支える例，理由や論拠を考える。第三者が理解できるように十分な説得性を持たせる。論述では，支える論拠やデータが多いほど，より強固な文章となる。

【英語小論文の執筆中】
①導入の段落を書く。
　・読み手の関心を引くために，主題と自分との関わりを明確にする背景情報を織り交ぜながら執筆する。
　・文章展開について方向性の概略を示す。
②主張を支える段落を書く。
　・主題文から書き始め，詳細を十分に示しながら展開する。
　・段落の主題にそって，キーワードを適度に繰り返し，言い換えを行いながら書き進める。段落内の統一感を持たせる。
③段落間の流れをスムーズに運ぶ。
　・つなぎことば (first, second, finally; next; on the other hand, etc.) を適切に使用する。
④結論の段落を書く。
　・重要事項について要約を行う。

・本論でふれられていない新しい情報は含めない。

【英語小論文の執筆後】
①言語面の推敲をする。
　・文構造と表現形式を確認。
　・主語と動詞の数と時制，複文や重文，倒置，並列構造，代名詞や名詞句などの一致を十分に確認。
②内容面を推敲する。
　・主張が明快で，論拠は十分に示されているのかを確認。

Ⅱ．英語論文執筆への第一歩を踏み出す

　英語論文は，発展性を考慮に入れてテーマを絞り込んだ1つの問い・仮説に対してストーリーラインを描き，論拠・証拠・データに従って検証し，論証する創造的な行為である。

　英語論文執筆の手法には，(1)データを中心に分析して理論をフィットさせる方法（帰納法）と，(2)理論を軸としてデータをフィットさせる方法（演繹法）とがある。貢献したい分野によって，論文の展開方法は異なっていて，読み手を意識して執筆しなければならない。

　先行研究の綿密な調査，十分な問題意識，理論的考察，論理的検証，探究心などに支えられた創作活動である。機会があればぜひ挑戦してみて欲しい。書く経験を積み重ねることによって，執筆技術は熟達していく。年齢が若ければ若いほど，未熟な論文であっても一時の恥ずかしさで許容される。糧になり，何も失うものはない。

　第一の関門は，独創性である。勉強量，専門知識に支えられた「ひらめき」でなければならない。これは「思い付き」とは全く異なる次元である。「はやり」に迎合した，根拠のない安易なテーマ設定は必ず行き詰まる。

　次は論理性。論文の概略にそって，各章で論ずる内容を箇条書きにしておく。文献研究を行いながら，様々な立場の理論を取り込んで，緻密な目次に仕上げていく。これでストーリーラインは完成する。

　書くことの醍醐味をぜひ経験して欲しい。

【重要な留意すべき観点】
・用語，特に専門的な語彙は必ず定義する。
・論拠，データを十分に示して論証する。
・事実，事象の記述，仮説，説明を明確に区別して混在させない。

```
           ┌─────────────────────────┐
           │  経験，先行研究への疑問  │
           └─────────────────────────┘
                       ⇩
     ┌──────────────────────────────────────┐
     │ 独創性　　ひらめきとテーマの発見      │
     └──────────────────────────────────────┘
                       ⇩
     ┌──────────────────────────────────────┐
     │ 論理性　目次作成（内容の箇条書き）と思考の緻密化 │
     │         文献研究と実証的研究          │
     └──────────────────────────────────────┘
                       ⇩
     ┌──────────────────────────────────────┐
     │   演繹的アプローチ・帰納的アプローチ  │
     └──────────────────────────────────────┘
                       ⇩
     ┌──────────────────────────────────────┐
     │ 説得性　観察妥当性－記述妥当性－説明妥当性 │
     │         必要十分な証拠・論拠の提示    │
     │         一般化と抽象化，説明範囲の確認 │
     │ 明解性　英語の段落構成（文体）の知識  │
     └──────────────────────────────────────┘
```

III．英作文・英語論文執筆の注意事項

(1) 英語の段落構成の知識を正確にする。
　・1段落には1つの主題しか，含めてはいけない。
　　主題文－例・論拠－橋渡し文
(2) 時間表現（時制とアスペクト）を厳密に使用する。
　・完了形や進行形の用法に習熟する。
　・理論や真理は現在形，実験調査報告は過去形を用いる。
(3) 性・数・格の一致（名詞と動詞），冠詞，挿入句の処理に注意をする。
(4) 代名詞の it は様々な名詞（句）を指し得る。
(5) 非対格動詞と受動態，無生物主語の適切な使用。

(6) 文語体と口語体を使い分け，文章中では口語体を使用しない。
　・省略形 (n't, I'm, I've, he's, it's, etc.) は使用しない。
　・I..., You... も不自然 (I think..., You may wonder...)。
　・文頭等位接続 (But, And, Or) は使用しない。
　・不必要な強調表現 (quite, very, etc.) は省く。
　・平叙文を前置詞で終わらせない。
　・不定詞構文では to と動詞の原形の間に，副詞要素を入れない。
　　（to often happen）
(7) トピックを軸として主語の一貫性を保つ。
(8) 文全体を受ける関係代名詞節 (..., which) を適切に使用する。
(9) 単文の羅列ではなく，多様な構文を用いて2～3行続く長文を含める。
(10) 他動詞と自動詞の用法に注意する。
(11) 十分な論拠の提示，反例や異なる考え方の提示と検討。
　・論拠を示さずに強く一般化させた主張は行わない。
　　5w1h (who, what, when, where, why, how), data, evidence, rationale
　・個人的な感想を表現する文を使用しない。
(12) 辞書からは意味を逐語訳するのではなく，構造や単語間の相性を必ず確認する。
(13) 同一単語や表現形式を多用しない。
(14) 観察・記述・説明の妥当性を満たす。
(15) 命令文・拙い表現 (Please, want) は使用しない。
　・would, could を使い，仮定法平叙文で表現する。
　　I would really appreciate it if you would/could...
　　I would be grateful if you would/could...
　　I thank you beforehand/in advance for...
　　I would express my gratitude to you for...
(16) 表 (Table) の見出しは上，図表 (Figure) の見出しは下に記す。
(17) 文献，論文の引用についてはルールを守る。出典根拠を示さない借用は著作権の侵害となる違法行為であり，これは自己の論文についても同様である。

第III部 聞く・話す・読む・書く技能を統合する

第7章
4技能を取り入れた語彙の指導

　バベルの塔から蹴散らされた人間は，寄り集まって仲間を作った。民草は社会を形成し，全ての認知対象に言語でラベル付けをした。視覚，聴覚，嗅覚，触覚，味覚，感情，世界の果てに至るまで，言語を用いて絡め取り，命名した。名付けられた対象が，語彙として記憶されていく。

> 学生用の割引切符を手に入れて，週末になると Barbican Centre や West End に通い始めた。
>
> What is honour?　　A word.
> What is that word, honour?　　Air.
> 　　　　　　　　*Henry* IV *Part 1*, Act V, Sc. 1. William Shakespeare
>
> 名誉，ことば，空気。たったこれだけの単語が，時空を超越して人間の真理を語り，芸術となる。ことばの神秘に魅せられた瞬間である。
> 　Regent's Park の野外劇は，夕闇の中，馥郁とした 6000 本の薔薇の香りで幕が開く。老若男女，恋人たち，異邦人，ともに韻文に酔いしれて真夏の夜の夢を見る。

はじめに

　語彙は，意味を表すための言語表現手段である。1語から成る単語と，数語から構成される定型表現や連語表現が含まれる。具体的には，現実世界の物や名称，動作や出来事，色・形・数・量・大きさ・重さなどの形状，様子や状態，頻度，感情，時間や空間などの概念を言語で表現する。

　人間の記憶方式は，コンピュータのように意味を付与せず無作為に，膨大な情報を記載することは不可能である。また，無限大に記憶された要素から瞬間的に抽出を行って，規則を適用させて生成していくこともできない。

　人間の記憶システムの特徴から考えると，恣意的に記号を記憶する学習は脳機能的に整合性がなく，単語と文法規則の暗記に依存した言語処理は，人間の心のメカニズムに反している。そのことは，外国語での表出技能の限界性からも明らかである。

　この章では，4技能を取り入れた語彙指導を概観する。語彙の学習は意識的な暗記が主流である。しかし，日本語の対訳のみではなく，実際の使用と関連付けながら，聴覚と視覚から同等に具体的な用法を獲得していくこと

が，運用能力の基礎となる(学習理論 第 4 章 3.2)。

1 語彙能力の定義

　語彙能力は，音声知識と文字知識に支えられ，概念と言語表現を結び付ける能力，発音とつづりの知識，文型(構造)や文法(機能)の知識が含まれ，理解(受容)と表出(発表)を可能にする。

　語彙能力の獲得過程では，語彙を構成する音声と文字，発音とつづり，品詞，意味，使用する文型や構文，適切な使用域，共起する表現，連語表現なども獲得し，脳内の辞書(心的辞書)に語彙知識として整理されていく(第 1 章 1.2.1.1 参照)。

　外国語の語彙知識は，対訳を知っているだけではなく，音声，構造，意味，使用を含めた知識の集合体である。語彙を整理して活性化するためには，同義や類義・反意・包摂などの表現間の関係性が確立しなければならない。語彙は，文法規則に当てはめる副次的な要素として扱われてきたが，現在では，語彙が文法を規定するとして，積極的な役割を担っている。

　語彙研究の専門家である Paul Nation は，著作の中で，語彙知識をまとめている。Nation (2008: 100) を参考資料として，指導との関わりで次のように示す。

	領域	観点
意味	直接的な借用	カタカナ語として使用されているか。
	概念と指示物	日本語にも相当する語が存在しているか。
	語彙間の関係性	日本語での意味領域と一致するか。
形式	音声(聴覚面)	正確に発音することができるか。
	文字(視覚面)	正しくつづることができるか。
	単語を構成する要素	接辞や屈折などに基づいて，単語を分解することができるか。
使用	文法機能	正しい文型で使用することができるか。
	連語表現	日本語にも類似した連語表現があるのか。
	使用の制約	日本語での使用の制約と一致するか。

2　学習が困難な語彙

英語指導で直面する課題の1つとして，定着に時間を要する語彙があり，学習者が誤り続けることがある。学習が難しく覚えられない語彙とは，どのような特徴を持っているのかをまとめる。

	困難性	例
音声面	・発音とつづりにずれがある。 ・聞き取りにくい音を含む。 ・日本語の発音と類似している。 ・本来の発音からかけ離れたカタカナ語が存在する。 ・聞き間違えやすい。 ・日本語に存在しない音声を含む。 ・強勢の位置が変わる。	breakfast, elephant crisps, curtain bet-vet, light-right bucket, earth, gorilla, tunnel, vanilla angry-hungry florist, strength necessary, necessity, necessarily
つづり	・長いつづり ・見間違い ・音素や音節への日本語の影響 ・発音しないつづりを含む ・つづりの混乱	photography, umbrellas form-from, notice-noise climbing, foreign headache, honest, listen letter-litre-litter-little
意味面	・日本語の概念領域からずれる。 ・多義語 ・共起表現	do the dishes, make an appointment form, line, watch 第1章 1.2.1.1 参照
文法面	・誤った形態素生成規則（過度の一般化） ・可算と不可算 ・他動詞と自動詞，後続する構文 ・品詞の把握 ・類似語が多いが後続する名詞や構文に違いがある。	hopeness, peopleless, wipable family, staff, variety discuss, suggest present, train expect-hope, notorious-famous, look-see-watch

頻度	聴解や読解でふれる量，親密さ，使用頻度が高い動詞ほど不規則化していることが多い。一般的には，頻度が高ければ記憶に残りやすく，頻度が低いものは覚えにくいが，言語獲得過程上は必ずしもこのように単純ではない。特に冠詞の習得は，頻度で説明することはできない。
使用面	ニュアンスや使用域の適切さを正しく理解していなければ，コミュニケーションに支障をきたす。「けちな」「卑しい」といった負の心象を持つ語彙 (stingy) と「倹約家・節約志向」「地球にやさしい」(frugal, eco-conscious) のように中立，あるいは肯定的な表現がある。また，話し相手との社会的関係性や親密度の違いによって，語彙選択の幅や領域が異なってくる。

3　カリキュラム設計上の語彙指導の段階性

　技能学習と語彙獲得は相互に関係し合って能力が向上していく。語彙を獲得するためには，語彙を心的辞書にとどめ，瞬時に検索することができるようにしなければならない。

　熟語や定型表現，連語，1つのまとまりとして認識することができる句や節 (in the morning; the man standing over there; etc.) などは，初級段階から上級段階までチャンクで把握して使用することができるように，一貫して指導する。高頻度語彙を優先させ，低頻度なものや時代にそぐわない表現は上級段階まで扱わない。連語表現には規則性がないため，その都度丁寧に暗記させるとともに繰り返しふれるように指導を工夫する。

3.1　初級段階の指導と留意点

　高頻度語彙を聴解や発話，読解をとおして様々な場面でふれる頻度を確保しながら記憶に刷り込んでいく。語彙を文脈から取り出して，意識的に暗記をする努力を求めても，活用することができる語彙としては心的辞書に保存されず，記憶から消滅してしまう。汎用性が高い語彙を優先させ基本語彙の確実な定着を図る。

　類義語，反意語，包摂関係は，安易に対や関係性で示すと，学習者に過度

の負担を強いることとなる。

例えば，say-tell, large-small, long-short, また絵を使用して「乗り物に関する語」と一度に教示しても，未習の語彙が氾濫していて学習効果は低下してしまう。

3.2 中級段階の指導と留意点

共起関係を中心とした連語表現の定着を促す。文化や使用域に関わる語彙は，英語圏とは異なり日常的に運用を求められないため，中級段階以降から増強する。本格的な運用を目的として，挨拶や慣用表現は，使用する間柄を意識させ，語用論的側面の指導を充実させる。

類義語，反意語，包摂関係など，語彙の関係性やネットワーク化を図る。この活動は，既習の語彙を整理して拡張していくための手法である（資料3 V参照）。

中級から上級段階で，新出単語や既習であっても未習の使用方法に対しては，未知語の類推技術を指導する。文脈情報を利用するには，2000〜3000語が獲得されていることが前提となる（第5章2.5.3参照）。まとまりのある文章の聴解や読解をとおして，文脈の中で表現形式を定着させていく。

3.3 上級段階の指導と留意点

基本的な語彙と文法が獲得された後，無意識的習得によって語彙は拡張されていく。そのため，意識的に語彙を記憶することに加えて，様々な分野の多岐にわたる言語素材に接触することが必要である。

低頻度語彙を含むまとまりのある文章を積極的に扱い，聴解や読解でこれらを活用した類推技術を導入する。文語体の正しい文体から構成されている言語素材を用いて，言い換えや定義の方法に習熟して，獲得してきた語彙知識を運用に結び付ける。

母語の語彙獲得では，幼年期に基本的な語彙と文法を獲得した後には，大量の言語にふれることによって語彙が爆発的に増加する。

外国語学習でも，初級，中級段階で基礎・基本が完成した後は，目標言語への接触量によって運用可能な語彙が加速的に増加する。上級段階では，4

技能は無意識のうちに統合されて，語彙は人間の心のメカニズムの中に組み込まれていく。

4　語彙獲得の困難性と克服策

　語彙学習の中心となる記憶と再生を円滑に行うためには，英語にふれる量と使用する機会が絶対条件となる。

　聴解や読解内容の理解には，基本的な語彙と文法で支えられた音声処理技術を獲得してから，簡単な読み物を使って聞く・読む活動による語彙指導を導入することが効果的である。理解容易性は，文章の種類（会話文，小説，テレビ・新聞などのメディア，講義・講演，学術書など），文章の長さ，文章の同一性（同一話者・著者，同一内容）に依存する。

　一般的な指導方法は，教師主導の知識提供型であり，説明・和訳→練習→確認である。語彙中心の指導法では，学習者主体の発見学習を促す，観察→文法機能や意味の推測，仮説→検証（第2章1参照）である。

　語彙指導では，動詞と名詞，動詞と副詞，形容詞と名詞，副詞と形容詞，句動詞や前置詞句などの相性のよい組み合わせを中心として，共起関係を示しながら連語に注目をさせる。頻度や繰り返しの効果を高め，言い換え能力を育成し記憶に定着しやすい方法や，活性化させやすい整理方法を具体的に教示する。

　学習者への助言は，つづり，文法，一致要素だけではなく語彙面も指摘すべきであると提案されている。

　「語彙面」とは次の領域を指す。

単語の選択，意味やニュアンスの適切な表現方法，正しい連語表現，正式さ・丁寧さの度合い（話し言葉と書き言葉との差異）

(Coxhead 2006: 130)

　以下で述べる代表的なつまずきは，英語の接触量の不足が根底にある困難性が多い。その原因を簡潔に述べ克服に向けた方策をまとめる。

4.1 音声面と文字・つづりの関連性

　語彙知識の中で，初級学習者に多く見られる最初の難題は，音声と文字・つづりの領域に関わるものである。文字とつづりの困難点は，学習者の不注意，練習不足としてあまり深刻に扱われることはないが，音声面と視覚面に重大な問題を含んでいることがある（学習理論 第3章4）。単語認識を可能にする心的辞書に，見出しを作り上げていく上で，必ず解決していかなければならない。

困難性	・音声を表記する手段としての文字が，発音と適切に結び付いていないため，文字解読に困難を覚えて，文字とつづりを認識することができない。 ・音声と文字・つづりの関連が築かれていないため，単語が発音できない，単語を書くことも難しい。 ・つづりの中に未習得な音節があるため，つづりが長くなると誤る確率が上昇する。 ・日本語では音声的に区別しない文字(l/r, s/th)を含む語彙の発音や表記を誤る。 ・カタカナ語やローマ字表記の影響を受け，発音やつづりに日本語の特徴が転移する。 ・英語の音声規則を学習中であり，日本語の音声規則が干渉し，母語同一化音声処理を誘発する（学習理論 第2章3.1）。
克服策	・英語に聴覚的および視覚的にふれる量を確保する。 ・つづりを発音したり，書いたりする機会を積極的に設ける。 ・音声識別と発音の訓練を行う（学習理論 Topic 1）。 ・フォニックスなどを援用した，発音と文字認識の規則性の教示と訓練（学習理論 Topic 2）。 ・子音や母音，音節に注意を払った指導。 ・誤りを教師が正すばかりではなく，学習者自身や友人どうしで間違いを探して，訂正させる活動を取り入れる。 ・音声と文字・つづりの関連性を確立するためには，時間が必要であり根気強く対応する。

4.2　運用を支える語彙の学習

　日常的に表出の機会が限られている環境では，学習者には発話や作文はなじみのない技能に感じられる。テレビやラジオで英会話を視聴しても，聴解能力や知識は高まるが，発表語彙として変換されることをあまり期待することはできない。表出の技術は，話す・書く練習経験を積むことによって獲得されていく。

　技能指導は，文字とつづり，文中での語彙使用，文や段落の構成，文体など多岐にわたるが，段階的に授業目標を設定して展開する。教材や辞書からは，意味，文型や構文，連語，使用域，使用頻度，典型的な語彙使用上の誤り例も注意深く学ぶ。

　発話・作文技能指導は，聴解や読解などの他の技能と組み合わせて，受容語彙を活性化させながら，総合的に行うことが効果的である。語彙指導の観点からは，発話は作文に比べると語彙の多様性は求められないが，場面に応じた語彙選択は指導しなければならない。

　作文の質は，語彙の豊富さや適切さに大きく影響され，英語力が求められる技能である。自然な語彙使用は，正確に獲得していかなければならない技術であり，教師の英語力に大きく依存することになる。

　語彙知識の運用面については，受容語彙と発表語彙の困難性を含めて，どの段階の学習者にも見られる課題である。表現を分析的に解析したり，文法用語で規則を説明したりすることは効果が低い場合も多い。チャンク処理によって理解と表出を促し，定着させることが効率的である。即効性はないので継続的に指導を続ける。

　連語表現や熟語を文脈から切り離して，リスト化して暗記させるだけでは効果が期待できない。語彙は場面や文脈への依存度が極めて高いため，活動をとおして用いることが効果的である。

　例えば，Are you sleeping? と口頭練習をしたり，この歌詞を含んだ歌を繰り返し歌ったりしても，表現だけが記憶に刷り込まれる。実際に，寝坊している弟の部屋に入りながら大声で，あるいは居間で心地よく昼寝をしている祖母の耳元に，そっとこの表現を用いて問いかけてみてはどうか。

困難性	・語用論的，統語論的，意味論的に適切な語彙選択を誤る。 ・連語表現，単語の相性に従った使用ができない。 ・動詞の正しい使用方法，自動詞と他動詞，do, get, have, make, take などの前置詞を伴う熟語や構文を表出することができない。 ・英和辞書・和英辞書・英英辞書の使用方法が分からない。辞書に提示されている複数の候補からの選択を，判断することができない。 ・暗記していても使用することができない表現が多く，受容語彙と発表語彙の隔たりが大きい。 ・受容語彙が発表語彙として変換されていないため，同じ単語や表現を多用し続ける傾向がある。 ・つなぎことばの必要以上の多用（…and…and…but…but…and….）。 ・形容詞や副詞の文中での位置を誤る。 ・熟語中の冠詞，前置詞の適確な使用が分からない。 ・受動態形式の感情表現（satisfied-satisfying, surprised-surprising）を使用できない。 ・間の取り方や，論理関係の明示方法を円滑に保つことができない。 ・内容を漠然と推測しているだけで，品詞と語順を理解していない。 ・話し言葉と書き言葉の相違を使い分けることができない。
克服策	・同じ語彙に，様々な文脈の中で何度も接する機会を持つ。 ・教材全体をとおして継続的に用法や用例を豊富に与え，適切な語彙の使用方法を例示する。 ・複数の意味や構造を持つ語彙では，文脈を示しながら重要度や優先度を教師が明示的に示す。 ・辞書の使用方法，参照するべき情報を丁寧に指導する。 ・動詞の文型はその都度確認する。単語レベルではなく，連語表現，熟語，定型表現として文脈の中で提供する。 ・段階に応じた発話や作文で，表出活動の機会を充実させ，適切なフィードバックを行う。 ・中級段階以降は，表現手段を豊かにする目的で英英辞書の活用を取り入れ，言い換えや定義の方法を指導する。 ・「添削の活動」の中で学習者間で交換したり練習問題を解くなど，語彙の使用方法の誤りを協同学習をとおして指摘し訂正させる。 ・上級段階では，低頻度語彙を含む素材を積極的に用いる。

4.3 母語の影響（干渉）

　母語の影響による混乱は，初級から中級段階まで頻発する避けることのできない困難性である。文法訳読法に傾斜した指導では，母語に置換する習慣を形成するため，学習段階が進むにつれてこの誤りが増加して深刻化していく傾向が見られる（第4章3.3.2参照）。

　さらに，語用論的知識を表現するための語彙は，上級段階でも獲得が難しい要素である。

困難性	・日本語の表面的な言語構造を直訳する（薬を飲む = drink medicine, テレビを見る = look at / see TV, 構成されている = is consisted）。慣用表現の逐語訳。 ・I'm sorry. の多用，Excuse me. の使用場面の誤り。 ・高頻度語彙，say-speak-talk-tell, gaze-look-see-watch などの使用方法が理解できない。 ・冠詞や数の誤り（集合名詞や複数形の機能，可算・不可算）。 ・英語と日本語の概念構造を獲得することができない。
克服策	・初級段階では，慣用表現，定型表現は，そのまま定着させる。 ・中級段階以降は明示的に出来事の切り取り方（概念構造）やニュアンスを指導する。 ・早い段階から自由表出を導入すると，日本語を逐語訳する習慣を付けてしまい，語彙使用を誤る危険性がある。自由発話や自由作文など創造的な表出は，中級段階以降まで行わない。 ・英語と日本語の慣用表現は，文化的差異に気付かせる素材となるので，機会を見つけて説明を加え語用論的知識の獲得を促す。 　例えば，「ただいま，おかえり」を I'm back. – Welcome back/home. と，紹介することがあるが，常用するには重みのあることばである。ホームステイ先で多用すると注意を受けることもある。食前にお祈りをする (say grace) 習慣がある家庭も多く，I start eating. と，声を上げない。「いただきます」はそっと心の中でつぶやく。

4.4　学習した語彙の整理（体制化）と保存（貯蔵）

　様々な単語の記憶や，心的辞書への整理の際に生ずる困難点は，中級段階

の学習者に多く見かけられる。語彙間の関係性を整理していく活動（ネットワーク化）は，レディネスを逸脱すると，学習者には負担が増大するため効果は薄く，十分な注意が必要である。

困難性	・整理とネットワーク化の活動が学習者のレディネスと一致せず，同音異義語，類義語，同意語，反意語，音声的に近い語彙，多義語の混乱を招いている。 ・英語に接触する量が不十分な結果，bear, tear などの名詞と動詞，light, sound などの名詞と形容詞の理解が不安定。
克服策	・語彙にふれる頻度を増やし，用例に出会うごとに注意を促す。文脈を活用して意味を予測したり類推したりして，核となる意味概念に気付かせる。 ・品詞の相違と機能を理解させていく。 ・連語や共起関係を考えると，同一文で単純に入れ替えを行う代入練習は，過度の一般化（学習理論 第4章3.3）を招くことがあり不適切な場合がある。頻度や文脈が関わるため，理解と表出には時間を要する。

4.5 語彙の学習方法

　暗記した単語が運用に転化される可能性は，記憶理論や脳科学的には根拠がないとも指摘されている。

　語彙をどのように学習するかについては，暗記方法（聞いて覚える，発音して覚える，見て覚える，書いて覚える，これらを組み合わせて覚える）を比較検討する研究はあるが，単語によって，あるいは音声とつづりの関係，さらには，言語処理の個人差（学習理論 第2章3.3）によって，効果的な記憶方法の結果は異なってくる。

　単語と意味と文を列記している「文脈提供単語帳」や「単語ドリル」は，1文だけでは文脈として不十分である。これをテストに使用することは，学習者の論理的思考力や判断力に反し，暗記の負担を単語から文へ増大させていることになる。

　語彙は，聴覚と視覚を両立させて記憶する必要があるが，音声を先行し

て，安定してから文字を定着させることが望ましい。基本的な高頻度語彙は，ふれる機会が多いため受容語彙として次第に記憶されていく。機能語は，日本語には存在しない文法的特徴を示す役割を担っているため，用法には十分注意を払う。

　ある程度記憶した段階で，表出の機会を与え，発表語彙に変換していく。なお，文脈の中で使用するとは，1文を取り出して暗記させるのではなく，会話やまとまりのある文章の中で学習していくことである。様々な場面を設定して，実際に使用することで語彙力は安定する。

　文脈を伴った語彙獲得，未知語の類推は，まとまりのある文章を聴解・読解して理解することができる能力が前提である。4技能の中で運用することができる，高頻度語彙の確実な獲得を基礎として行われていくことを，過小評価してはいけない。

困難性	・単語の学習方法（暗記の仕方）が分からない。 ・覚えやすい単語といつまでも覚えられないものがある。 ・ラテン語起源の単語（use-utilize, fine-magnificent, etc.）の使い分け。 ・文脈から切り離して単語帳で暗記した語彙を，受容語彙や発表語彙として運用することができない。 ・接頭辞，接尾辞などの過度の一般化を生ずる。 ・表出の機会が乏しく，コミュニケーション能力としての語彙獲得が遅れている。
克服策	・初級段階では，語彙の様々な学習方法を明示的に示し，授業でも実演して見せる。使用場面を提供して会話や発表，作文などの活動をレディネスに基づいて積極的に行う。 ・素材の中で，語彙の持つ意味，機能，共起表現を具体的に教示する。 ・品詞は確実に理解，定着させる。 ・中級段階では，接頭辞や接尾辞は，その都度確認して穏やかに覚えるほうが向く学習者と，語源とともにリストで覚えることが向く学習者がいる。一方のタイプの学習者だけに，効果的とされる指導方法は慎重に扱う。 ・上級段階では，語彙を意識的にコーパスなどで調べて，深化させて記憶にとどめることも学習方法の1つである。

資料3　4技能を活用した語彙指導のためのシラバス・デザイン

　語彙指導では，認識可能な語彙量を増強し，段階的に使用可能な語彙へと変換していくことが目標となる。配列順序に従って，授業に導入していく語彙を選択する。既習語と未習語の結び付けや，整理方法を指導し，運用の機会を提供することによって定着を図る。

　文法規則の指導と定着を目的とした文法シラバスでは，「表現を学ぶ機会を与える」「熟語を適宜指導する」など，語彙は文法の副次的要素となっているが，正確な語彙選択は言語使用の基本である。

　そのためには，コミュニケーション活動・タスク活動の中で，文脈に基づいた自然な語彙の用法を構造とともに指導する。この指導方法は，言い換え，定義，構文変換などが用例とともに瞬時に，明確かつ明快に教示することができる指導技術が求められる。

○語彙指導用に提案された練習問題を概観する

　Morgan and Rinvolucri (2004), Nation (ed.) (1994), ならびに *Innovations series* を参考資料とした。これらの書籍では，英語母語話者教師が英語圏で指導することを前提にしている。活動や，想定されている学習者のレベルが日本の環境と異なるものがあったため適宜調整を加えた。

　提案されている活動は，教育的な意図を考慮して設定されている。表面的な楽しさだけではなく，学習者にとって英語学習上どのような意味を持っているのかを常に意識しなければならない。

　活動内容の中には，準備や展開に時間を要する練習活動もあるが，正規の授業や課外活動に取り入れる参考にして欲しい。

I．文章を用いた練習

　文章を用いた練習方法をまとめる。学習者のレベルを考慮して，聴解と読解をバランスよく用いることが大切である。

1．文章を提示する前の活動

【文章で用いられる表現の類推】（初級後半から上級段階）
・数語を選んで学習者に提示する。
・文章内容を推測させる。次に主題を類推させる。
・背景知識とともに，用いられると想定される表現を活性化させる。
・聴解・読解の準備をする。

【文章で用いられる未知語の類推】（中級から上級段階）
・文章の主題や概要を示し，内容をつかませる。
・未知の表現を数語選んで学習者に提示し，ヒントを与える。
・ヒントは，つづり・音声・意味の類似性などを示す。
・文脈から推測して，最終的には辞書で調べさせる。

【既習の表現との結び付け】（中級から上級段階）
・文章の主題を提示して内容を予測させ，どのような表現が使用されるかを指摘させる。
・連想をふくらませ，多彩な表現を集める（日本語でもよい）。
・表現が出し尽くされた段階で，文章を聴解・読解させる。
・日本語で列挙した未知語をまとめ，既習の英語表現に追加する。

【多義語や難度の高い表現の類推】（中級から上級段階）
・教師は，文章中で使用される既習の多義語（学習者が多義語であることを知っている必要はなく，1つの意味を知っていればよい）や，難度が高い表現を列挙する。
・意味を類推させてから聴解・読解させる。
・類推した意味で正しいかを確認する。

【文章で用いられる表現の把握と記憶】(中級から上級段階)
・文章で用いられる 25 〜 30 語程度の表現を選ぶ。
・それらの表現を無秩序にちりばめて書かれた紙を用意する。
・15 秒程度見せてから裏返し，覚えている表現を書かせる。
・書いた表現を学習者どうしで出し合う。
・全体で確認した後，聴解・読解を行う。

【文章で使われそうな表現の連想】(中級から上級段階)
・文章の主題を提示する。
・思い付く表現を全て別々のカードに書かせる。
・カードを分類させて，学習者どうしで比較させる。
・どのような基準で分類したかを確認して，クラス全体でまとめる。
・聴解・読解を行い，素材の中での使用を学習する。

2. 文章を素材として用いながら行う活動
【エピソード記憶にうったえる手法】(初級段階)
・通常どおり授業を行う。
・授業の後半に，教科書の中から好きな表現と嫌いな表現を数点選ばせる。
・学習者どうしで好みの理由を話し合い，クラス全体で意見をまとめる。

【単語の削除】(初級から中級段階)
・教科書の中で，削除可能な表現を選ばせる。
・主に nice, often, very などの修飾語である。
・冠詞，前置詞などの機能語は，削除できないことを指導する。

【暗唱】(初級から中級段階)
・学習者を 2 人組にして，1 人に偶数語が空所の文や文章を，もう 1 人に奇数語に空所を設けた同じ素材を渡す。
・互い違いに読んでいくことによって，完全な 1 つの文や文章を作る。
・2 人で完成させて記憶し，発表させる。

・教師は，全組に発表をさせながら，それらの完成させた文や文章を黒板に書く。
・全員で全文を音読させる。
・少しずつ単語や熟語を消していく。
・最後には全てが消え，暗唱により発話する。

【類義表現の理解と表出】（初級後半から上級段階）
・聴解・読解を行う。次に類義語リストを配る。
・聴解・読解素材の表現を類義語で置き換えたものを，教師が読み上げる。
・もとの表現から置き換えられた部分を指摘させる。
・発展活動として，学習者自身で類義語に置き換えた文や文章を作成したものを発表させる。

【整序問題】（初級後半から上級段階）
・ばらばらにした文を並べ替えて段落を作る。
・初級段階では，語彙情報で並べ替える。
・上級段階では，不足していた部分に加筆修正を加え，独自の段落を作る。

【目標表現の把握と理解】（中級段階）
・読解素材，または聴解のスクリプトを用い，目標表現に下線を引かせる。
・類義表現を無秩序に並べたリストを配布する。
・下線を施した表現と入れ替えることができるかを指摘させる。

【口語体と文語体】（中級から上級段階）
・正式なやりとりとしての電子メールや書簡を読ませる。
・書き手と読み手を予測させ，文章への印象を述べさせる。
・電子メールや書簡内容についての，電話の会話を聞かせる。
・それぞれに使われる独自の表現形式を指摘させる。
・口語体や文語体に特有な，表現方法を見つける。
・それらを分類・整理して例示する。使用してみたい表現をあげる。

【改編された部分の指摘】(中級から上級段階)

・連語，構文，意味，出来事順序，論理構成など，段階と授業目標に応じて，適宜改編対象を考慮する。
・改編された文章を提示する。
・不自然な部分の理由を示して指摘させる。
・正しい文や文章へ訂正させる。

【最適な意味の選択】(中級から上級段階)

・文章中の数語に下線を施すように指示する。
・英英辞書から抽出した，様々な定義文を提示する。
・多義語の場合，定義文は全ての意味を示しておく。
・文章を聴解・読解させる。
・下線を施した表現と定義文を結び付ける。
・文章中で使われていない定義文の意味にも，例とともに注意を向けさせる。

【表現形式の個人化】(中級から上級段階)

・伝記や自伝などの聴解・読解を行う。
・印象に残った表現をあげさせる。
・なぜ表現が記憶に残っているのかを，自らの経験と照らし合わせて具体的に話す。
・上級段階では，学習者自身のエピソードを取り入れて，聴解・読解素材で用いられた表現を使用しながら表出させる。

【歴史や文化の表現】(上級段階)

・歴史，社会，文化，時事問題などを扱った素材を用意する。
・文化や時代性を反映した表現をグループごとに選ばせる。
・異なった時代や文化に思いをはせ，簡単なロールプレイを行う。
・劇(drama method)に発展させる場合は，必要な表現は全員から集める。
・筋書きや役柄分担も自由に設定させる。

II. 表出に向けた活動

【代入による句の表出】(初級から中級段階)
・名詞や動詞，名詞を修飾する形容詞や，頻度などの副詞を，空所にした素材を配る。自由に空所を埋めさせる。
・連語表現や修飾表現による意味の拡張を練習する。

【拡張による句や文の表出】(初級から中級段階)
1文示し，文をつなげて拡張させる。例えば，John got up. と示し，自由に文をつなげさせる。He yawned, stretched, opened the curtains, and looked out across the bay...など，文を自由に作らせる。

【構想の推測】(中級段階)
・白紙を配布する。
・随想，叙述，手紙，自伝など自由に構想を考える。
・考えた構想にそって，単語や表現を思い付くまま紙にちりばめる。
・段落を意識しながら，その語が使われると想定される位置に書く。
・学習者どうしで交換して，何を書こうとしたのかを推測させる。
・交換した紙をもとにして話を作り，両者で共有する。
・また，相手に手紙を書くことを想定して，思い付いた単語や表現をちりばめ，何を伝えたかったのかを共有する活動も可能である。

【柔軟な思考による表現の拡張】(中級から上級段階)
・短冊を2枚用意する。
・1枚には疑問文を，もう1枚には思い付いた単語を書く。
・疑問文の短冊と単語の短冊を，それぞれ別の箱に集める。
・よく混ぜ合わせて，それぞれの箱から1枚ずつ引いていく。
・偶然自分が書いたものを引くこともある。
・引き当てた疑問文に対して，引き当てた単語を用いて，あるいは関連付けながら，機転を利かせて自由に答える。

・例えば，Shall I be rich? と global warming を引いた場合，I shall be rich if I do not use an air conditioner frequently at home. などと答える。

III．日本語を取り入れた活動

【英語と日本語を結びつけるつづりの把握】（初級段階）
・正確なつづりを獲得させることを目的に，英語と日本語を並べる。
・英語には単語を構成する文字の分だけ下線を引く。
・例えば，以下のとおりである。

　　　　本　b___　　　子供　c____　　　いす　c____　　　犬　d__

この方法は，音声と文字・つづりの関係や，音節構造を理解させる点でも極めて有効的である。

【並べ替え】（初級段階）
・教科書の文を素材として，無秩序に並べた単語から文を作らせる。
・日本語で意味を伝え，作った英文を確認させる。

この方法の特徴は次のとおりである。

> ・「単語並べ替え」の活動に比べて，意味にも注意が向く。
> ・日本語から直接英文を作らせることよりも，負担が少ない。
> ・語順や品詞，意味のまとまり，連語表現にも注意が向く。
> ・文単位で意味を把握して，対応する英文を作ることから，英語と日本語の単語を1対1で結び付ける習慣が予防される。

【感覚に関わる表現】（初級から上級段階）
・好きな場所，季節，科目，人，食べ物など，「好きな物」や「好きなこと」を主題として取り上げて，連想させる。
・感覚，視覚，聴覚，嗅覚，味覚それぞれに関わる単語や表現を，10個ずつあげる。初級から中級段階では日本語，上級段階では直接英語で列挙させる。
・日本語であげた場合は和英辞書を引き，用例とともにまとめ，クラス全体

で共有する。

【母語を交えた英語の類推と確認】（初級後半から中級段階）
・学習者を2人組にする。
・1人にはまとまりのある英語が書かれた紙を渡し，相手に読み上げる。
・聞き手は理解が難しい単語や表現を指摘する。
・話し手は知識や類推から，意味を日本語で伝える。
・最後に辞書で調べて理解をする。
・役割を交代して活動を続ける。

【連続性を持つ話の展開予測】（中級段階）
・小説や随筆など，話の展開や連続性がある素材を用意する。
・毎時間数段落聞かせたり，読ませたりする。
・その内容を日本語で確認し，展開を予測させる。
・再度，聴解・読解を行う。
・重要な表現とともに，理解できなかった表現を確認する。

【語彙の連想図を作成する】（中級段階）
・目標語彙に対して，関連する語を英語や日本語で並べる。
・それらをまとめて連想図を作る（語彙のネットワーク化）。
・連想は意味・音声・つづりでもかまわない。
・例えば, cheap に対して, 地位, 陳腐, cheese, expensive, jeep, sale など，色々と出てくる。

【具体物の活用】（中級段階）
・ポスター，広告，掲示物，写真や地図を使いながら，様々な形容詞や連語を指導する。
・絵を使用して，色の表現を指導したり，次のような質疑応答もできる。
　　How did the painter feel when he/she painted it?
　　What kind of painter is/was he/she?

What kind of room would it suit?
Would you like it in your room? Why / Why not?

【文化面に関わる語彙】(中級から上級段階)
・日本の特徴を表す形容詞や名詞をあげさせる。
・学習者を数名にグループ分けをする。
・グループに数単語ずつ割り当てる。
・その単語をもとに連想をふくらませて，グループで色々な文を作らせる。
・最後はクラス全体で確認する。

Ⅳ．コーパスを援用した語彙指導

　教科書や教材に使われた語彙が，どのような文脈で実際に使用されるかを確認するためにコーパスを利用する (学習理論 Topic 3)。

　コーパスを利用した語彙指導は，上級段階の学習者に対して行うことが望ましい。目標語彙の前後で用いられている表現や文法を理解するには，英語力が必要とされるためである。コーパスを活用した基本的な指導方法は，コーパスにアクセスをして，学習目標とする語を含む連語表現を集めて，傾向をつかむことである。

　教師の時間とコンピュータを使いこなす技量が許せば，学習者の作文を集めてデータベースにして，分析を加えて副教材を作成することも可能である。具体的には，専門的に扱った書籍を参照されたい。

Ⅴ．語彙のネットワーク化

　語彙のネットワーク化は，初級段階などの早い段階で行うと，未習の語彙が多いため，学習者の負担が増加する。基本的な表現を学習した中級段階以降で効果的に活用することができる。

　以下では，*Innovations* intermediate: page 119 で紹介されている整理方法を紹介する。

Learner advice: Recording and revising vocabulary

Some students like to draw spidergrams as a way of remembering vocabulary. The example below is composed of words and expressions from Unit 15, Sport. Check that you remember all the language there. If there's anything you have forgotten, ask your partner.

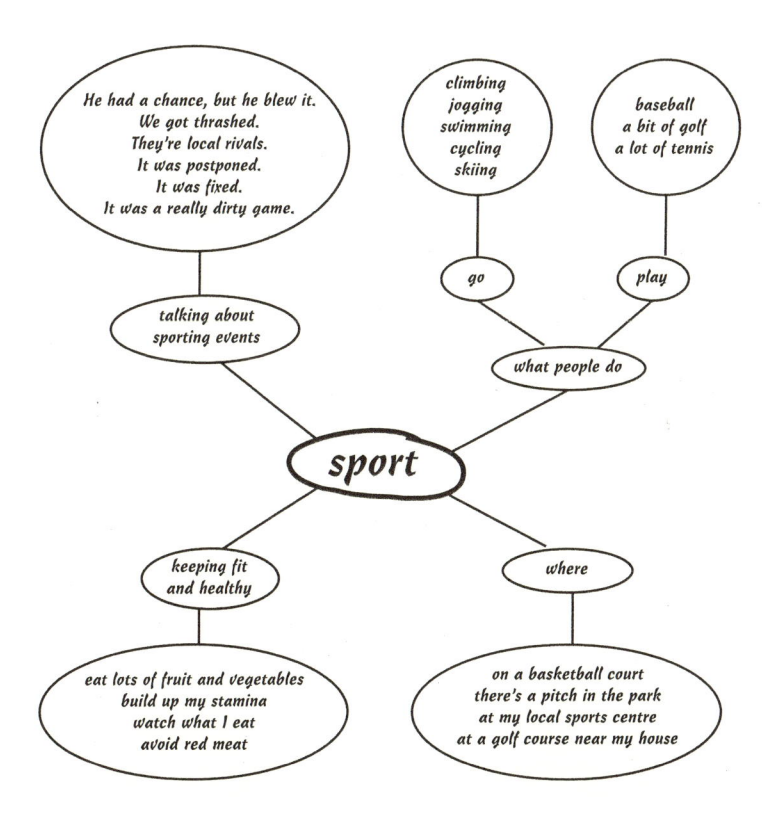

```
         He had a chance, but he blew it.
         We got thrashed.                      climbing
         They're local rivals.                 jogging        baseball
         It was postponed.                     swimming       a bit of golf
         It was fixed.                         cycling        a lot of tennis
         It was a really dirty game.           skiing

                                                  go            play
                    talking about
                   sporting events              what people do

                                    sport

                  keeping fit                    where
                  and healthy

         eat lots of fruit and vegetables    on a basketball court
         build up my stamina                 there's a pitch in the park
         watch what I eat                    at my local sports centre
         avoid red meat                      at a golf course near my house
```

With a partner, try to make a similar spidergram for one of these topics of previous units.
- sightseeing
- studying
- food
- business

第8章

4技能を取り入れた文法の指導

　音を束ねて語彙を紡ぎ，長い糸を織りなすようにことばが生成される。織り上げる技術は文法法則であり，それを形にすることができるものは，人間に与えられた心のメカニズムである。
　一定の順序に従った語彙の配列だけが，許容されて意味を成す。現実世界や内面世界を表現するためには，文法を欠いた言語は成立しない。

King's Cross の赤煉瓦造りの駅舎に，案内放送がアーチ型の天井にこだましている。

'The train now standing at platform 15 is the 15.50 to Edinburgh, calling at Peterborough, Doncaster, York, Durham, New Castle and Edinburgh.'
'The next train to arrive at platform 15 will be the 15.57 to York. The train has been delayed, now running approximately forty minutes late, and is now due to arrive at platform 7 at 16.18. We apologise to passengers for the delay.'
'We are sorry to announce that the 15.57 train to York has been cancelled due to a derailment. Passengers for Sheffield should take the 15.50 inter-city train and change at Doncaster.'

　出発時間は迫っている。砕けたガラスの破片を集めるように，地名，停車ホーム番号，時刻を探り当てなければ，日没前に目的地へはたどり着かない。いや，明日になる。文法規則を頼りに，細かいピースを音声から慌てて拾い出し，組み立てる。
　広い駅の構内を，反響する言語音声に操られるように，大きなスーツケースを引きずりながら右往左往する。

はじめに

　技能は音声化または文字化された語彙と文法によって支えられている。
　「英語学習は，規則（rule）の体系である文法を学ぶことである」との考え方は，日本人学習者や教師に浸透している。「文法を学習しておけば，正しい英語を使用することができる」との発想も，自然なこととして受け入れられている英語学習観である。
　この章では，記述・分析のための文法としてではなく，英語の理解と表出を助けるための手段として文法をとらえ，4技能と関連付けながら，文法指導の方法を考察する。

1　文法能力の定義

　文法は，指導対象としての規則体系や指導方法論と，とらえる考え方が一般的である。この伝統的な文法観は，英語授業で提供される学校文法に由来している。言語学理論では，文法を人間の脳内に内在化された言語知識体系や，言語処理の基盤と考える立場があり，Chomsky の普遍文法 (Universal Grammar) が代表的である。「文法」が指し示す対象が異なっている点に留意して教育との関わりを考察して欲しい。

　文法を授業や文法書をとおして知識として学び記憶していることと，その文法知識を，実際に言語として運用できることとは異なっている。文法的に正しく，場面にふさわしい英語を理解して表出する能力は，文法規則を公式として学習しただけでは獲得することはできない。

　文法能力は，言語を使用場面に応じて正確に運用するための，脳内に搭載されている言語知識の体系である。日常の会話のやりとりから専門領域の論文まで，文を理解して生成する上で重要な核となる。表出時には，誤りを規則に照らし訂正する能力として，モニター機能を担っている。

1.1　伝統的な文法観

　従来の言語学理論では，言語知識によって文を生成することと，言語運用能力によって語用論的に適切な使用ができることを，別のレベルとして位置付けている。この考え方を応用した文法観は，「文法能力とは規則の発見能力，また，暗記した規則の定着度を示す」と，考えられてきた。

　外国語では，文法の持つ正しさを判断する機能は，母語のように規範のレベルだけではなく，誤文のレベルでも作用する。文法能力は，誤文，非文法的な文の生成を抑止したり，訂正したりする能力であると定義されている。

　例えば，英語学習者が生成する次の文は，英語には存在しない誤文である。文法は文法性判断の役割を担っている。

* Don't forget to buying some milk.
* Don't forget bought some milk.

英語母語話者はこうした文を生成することはない。母語話者の脳内では，forget buying または forget to buy のいずれかの形式だけを許容することを直感的に判断する。動名詞や不定詞といった文法用語を用いることによって，判断の根拠を説明することができる人は少ない。

一方，英語学習者の場合，学習した動名詞や不定詞の文法規則を想起することによって，これらの文の非文法性を判断する。そのため文法規則を知識として備えていなければ，これらの文の誤りには気が付かない。英語学習者は，母語話者の持つ「直観」を持ち合わせてはいないため，正誤判断に文法規則を用いることになる。

1.2 コミュニケーション理論の文法観

コミュニケーションを志向する英語教育では，文法能力は目的を達成するために単語を配列して文を組み立てる能力とされている。Larsen-Freeman (2003) や Thornbury (2001) の提案によると，文法は音声，形態，意味，運用に関わっており，単独の技能またはそれ独自で完結した体系として区別することはできないと主張している。

文法の役割は，「正しさではなく適切さを制御しており，どのような文を生成するかは文法を選択する側の問題である」という文法観が，言語学や英語教育に提唱されている。母語では当該言語で許容されない文は生成されないため，文法は適切さ（規範）のレベルから機能する。言語を生成する段階で，すでに語用論的な制約を反映させているとする考え方は，コミュニケーション理論では一般的な考え方である。

コミュニケーション能力を培う教育においては，意図や意味内容に相当する言語形式を，チャンクを中心として，一体的に処理する文法観が支持されている。語彙と文法を融合させて，学習者の理解・表出の処理負担が大幅に軽減されるために，より受け入れられやすい理論であろう。しかし，記憶したチャンクに依存しているだけの理解・表出では，抽象化された言語知識として脳内で一般化され，新しい文脈で創造的に言語を生成することができる能力として，変換されるかは解明されていない。

例えば，次の文は，牛乳がなくなったので，買ってくるように頼んでいるのか，

牛乳を買いすぎて余っているので，これ以上買わないで欲しいと念を押しているのか，前後の文脈が必要であり場面に応じた文法形式の選択の問題である。

Don't forget to buy some milk.
Don't forget buying some milk.

　英語母語話者の脳内では，「牛乳がない」または「牛乳が余っている」状況が想起される。「牛乳を買って欲しい」または「牛乳を買わないで欲しい」との意図が概念化され，表現するための言語形式を自動的に無意識に選択して文を生成する。

　一方，英語学習者は，意図を表現するための言語形式を，暗記している定型表現から検索する，または文法規則に単語を挿入することによって意識的に組み立てながら文を理解・表出する。記憶された語彙と文法規則を操作することになるため，Don't forget buying some milk. と，とっさに言われた場合には，Don't＝しない，forget＝忘れる，buying some milk＝牛乳をいくつか買う，「牛乳を何本か買うことを忘れない」と，理解する傾向が強い。foget to buy と forget buying の文法機能が持つ意味の相違を気付かずに，相手の意図を誤解する例である。

　相手に牛乳を買わないように依頼するときは，Please do not buy milk. 買って欲しいときは，Please buy milk. を直訳に基づき発話して，英語学習者が上記の形式を用いることは少ない。

　文法観の特徴を以下にまとめる。

伝統的な文法観の理解と表出過程
理解：言語刺激　→　語彙処理　→　文法処理　→　語用論的制約　→　理解
表出：概念　→　語彙選択　→　構文選択　→　語用論的制約　→　文の生成

コミュニケーション理論の文法観の理解と表出過程
理解：言語刺激　→　チャンク処理と型，語用論的制約　→　理解
表出：概念　→　語用論的制約　→　語彙と構文選択　→　文の生成

1.3 現代言語学の文法観

　現代の文法理論では，様々な文法観が提唱されている。代表的な考え方を列挙する。

・言語を，機械に理解・表出させるための工学的アプローチ
・文法形式の使用頻度や文脈をコーパスを用いて検証するアプローチ
・人間が出来事をどのように認識するのかを解明する認知科学的アプローチ
・語彙がどのような文法形式を選択するのかを明確化する語彙機能論的アプローチ
・言語の変遷，発達に関する進化論的アプローチ
・演算処理によって文法と意味を解析する数理的アプローチ
・言語使用を中心とした理論構築を目標とする使用に基づくアプローチ
・生得的に与えられた脳内の最小の原理によって，言語発達や言語処理を解明するアプローチ

（Heine and Narrog eds. 2010）

　現代言語学では，学校文法で用いられている分析方法とは，異なる枠組みの理論が主流となっている。学校文法が依拠している伝統文法は，文学や専門書などの文章を記述・分析対象として，言語事象に対する説明理論を構築してきた。現在では，文法解析の目的が文を理解・表出する生成メカニズムの解明へと移行している。

　例えば，言語処理メカニズムの解明を主要な目的とする工学的なアプローチでは，記憶に依存した言語処理装置の完成（結果）が重要となる。一度に大量の語彙を記憶して，語彙を適切に抽出・配列する演算装置を連動させて，理解・表出を処理する機械を開発することを目的としている。

　人間の言語習得過程を解明するためのアプローチは，論理的思考力，推理力，判断力に基づいた脳機能構築のプロセス（過程）を注目することになる。人間の脳内に言語の処理メカニズムを形成するための理論構築を目指している。両者のアプローチは質的に異なっている。

　外国語を円滑に理解して表出するための，脳内基盤を解明し，構築過程を明確化するための基礎研究は萌芽期にある。技能学習の諸課題を解決していくためには，中核となる必要不可欠な研究領域である。

2 学習が困難な文法

　文法の規則を理解することが複雑なのか，文法用語自体の理解が困難であるのか，文法形式を正しく使用することができないため，文法項目の定着が見られないのか，困難性の発する信号（signal）の内容は異なっている。

2.1　文法の困難性とはなにか
- 3人称単数現在形は，規則として説明することは容易であるが，実際の使用では誤りが頻出する。
- 冠詞，数詞，文法上の性，アスペクト（進行形や完了形）などは，推測や規則の説明で理解することが困難な要素である。アスペクトには，出来事の切り取り方の違いがあらわれる動詞の使用も含まれる。これらは極めて抽象的な概念で，体系も簡潔明瞭ではなく，例外や選択肢が複数あるものなどがある。そのため，言語学者が定式化した文法規則を暗記しても，正確に使用することが難しい。
- 形態素（屈折や一致）などは，前後の要素の影響が及んできて形が変化する。学習者は，用法を無意識的に制御して正しく使用することができないので，絶えずモニターを働かせていることになり，理解・表出の負荷は大きくなる。

2.2　文法形式の余剰性
　「ある文法形式の存在自体，余剰的（不必要）なものは獲得が難しい。3人称単数現在形，do-doesの区別は，主語を必ず伴う英語では余剰である」
　この考え方によると，3人称単数現在形は，消滅するべき規則であり余剰的な存在であるという。現代アメリカ英語話者の一部では，He doesn't からHe don't などのように変化してきている。
　また，「談話内では，時間副詞によって過去の出来事と理解することができるので，動詞の過去形は余剰である。規則動詞で全て表現可能であり，不規則動詞は余剰である。第4文型と第3文型の変換（与格構文）は，どちらか一方は余剰である」などと，仮定されている。
　確かに，文法理論上は余剰であり，学習者の混乱を招く文法項目である。

言語には，人間の論理性を超越した特徴が存在しているため，文法規則上「例外」として扱わざるを得ない項目が多く，外国語学習者の困難性を誘引している。しかし，現在は存在している文法形式であるため，ことばとして英語を学習する上では余剰要素を除外することはできない。

今後，言語の変化によって消滅していくかもしれない余剰要素とされる文法形式は，使用頻度や使用場面が異なるはずであり，余剰であるのかはコーパス言語学による精緻な検証と解析が報告されてくるであろう。言語学者が定式化した文法規則に従って，言語は習得されるわけではないことが現実である。

3 文法指導をどのようにとらえるか

英語教育で指導するための文法は，言語記述・言語分析のための文法と，言語理解・言語表出のための文法を区別することによって，指導観点がより鮮明になってくる。

3.1 言語記述・言語分析のための文法

言語記述・言語分析のための文法は，伝統文法，学校文法に代表され，英文解釈や英作文で活用することができる。英語の分析と説明を目的として構築された文法理論と，その結果提唱された構文を英文の分析的解釈に援用することは，難解な英文解釈と英作文には非常に有効である。

中級段階では，文法機能や構文に意識的な注意を向け，言語形式を分析的に理解することを目的とした英文法の授業は，必ず導入する。

(1) 文法用語を用いて解析して，母語に翻訳しながら理解する文法訳読法は，技能指導の中に取り入れて必要に応じて指導する。
(2) 教科書に使用された複雑な構文や特殊な文法に，明示的解説を加え学習を発展させる。
(3) 母語と外国語の構造や表現方法が異なる場合は，比較対照しながら意識的に注意を喚起して「気付き」を促し，相違点を明確に説明する。

また，語彙中心の指導法では，場面や文脈で学習してきたチャンクを，言語記述・言語分析のための文法に従って，体系的に系統立てて整理していく（学習理論 Topic 4）。

3.2　言語理解・言語表出のための文法

　言語理解・言語表出のための文法は，音声や文字の流れから，正しく意味を解釈するための根幹を担っている。情報工学の分野において研究はめざましく進歩してきた。しかし，教育への転用には課題が多く，語彙や文法の提供順序などが大きな問題となっている。

　そのため，伝統的な言語記述・言語分析のための文法をとらえ直して，言語理解・言語表出のための文法として活用する試みもある。語彙中心の指導法では，音声連続の処理技術，運用可能な定型表現の蓄積，構造に従った文処理技術を段階的に指導していく（第 2 章参照）。教育現場では違和感なく取り入れることができ，効率的であるとも報告されている。

　初級段階から動詞に注目しながら，名詞句や前置詞句などのまとまりを把握させる。中級段階以降は，チャンク処理と配列方法の知識を発展させて，挿入句，同格，修飾や並列構造などを正確にとらえる構文解析技術として指導する。

　言語理解・言語表出のための文法は，コミュニケーションを志向する英語教育では基礎・基本とされる文法である。語順や構造が基本であり，チャンクを中心単位として品詞と構造を指導することにより，円滑な理解と表出能力の基礎を培う。母語と同様の自然な言語運用を可能とする，言語知識の獲得を目的とした文法指導法は，近年になり提唱されてきた。

3.3　動詞・構文の指導

　学校文法で指導される各種の動詞構文は，言語学者が，場面・状況の中で別々に獲得され使用されている動詞の文を収集して，理論的に分類した「結果」である。これは人間の脳内で保存されている心的辞書の配列・記載方法ではないともいわれている。そのため，動詞や構文は，初級段階では言語理解・言語表出のための文法として個々に指導し，中級段階以降で言語記述・言語分析のための文法によって整理していく。

全ての言語形式を，簡潔明瞭な文法規則によって説明することは不可能に近い。言語記述・言語分析のための文法を用いた指導は，学習者に過度の負担を与え，理解することが難しい文法用語を多用しないように心掛ける。

混乱をもたらす文法用語の例として進行形をあげる。

I'm running.　　　　　Spot is barking over there.
He's dancing.　　　　Mary's singing in the park.

こうした例文を提示しながら，「ある動作が，現在，目前で，続いている」ことを表現するときに用いると文法解説される。

しかし，日常的な定型表現として頻繁に用いられる用法がある。

How's it going?　　　I'm loving this class.
I'm coming tonight.　My Mom's arriving on Sunday.

この用法は，文法用語（意志や予定の進行形，状態の進行形）を用いて，あるいは「例外」として中級段階で発展的に指導される。学習者は，「何も動作は進行していない」と，進行形の機能を文法説明上納得して理解することができず，例外の形式が山積していき，混乱を生み出していく。

語彙中心の指導法では，こうした高頻度の用法は限定的な形式であり，文法的な分析を加えずに，場面や文脈の中で定型表現として定着させる。文法規則を過度に用いて誤文を生成（過度の一般化）することを抑止することができる。学習が進んだ段階で「ing形の用法」として，言語記述・言語分析のための文法で整理しながら解説する。文法機能の相違を，コミュニケーション活動をとおして体得することにより，文法形式の理解が促進される学習者も多い。

4　シラバス・デザインに基づく授業の展開

全体的な授業展開として，演繹法（deductive approach）と帰納法（inductive approach），文法書き取り（dictogloss）・文復元を概観する。

4.1 演繹法と帰納法

　文法の指導方法は，文法規則を明示的に説明した上で，規則を適用する練習問題をこなして表出活動を行う演繹法と，様々な用例を聴解・読解したり，会話活動を行うことをとおして，具体的な事例から共通する文法規則を発見していく帰納法がある。

	演繹法	帰納法
長所	・効率がよいため，練習や活動の時間が確保できる。 ・形式的操作期以降の学習者には，知的で挑戦的である。 ・分析型の学習者には特に効果的である。 ・文法用語を使用しながら，一貫した言語形式の解説ができる。 ・授業を円滑にコントロールしやすく，教師は準備の負担が少ない。 ・教師主導で進行するため，静粛な授業が展開できる。	・発見学習では，自分のことば（進行形＝ing形, be動詞＝です動詞など）で文法規則の納得方法を見つけるため，文法形式が定着しやすい。 ・言語形式に対してメタ言語力を発揮するため，言語に対する解析力の基礎が培われる。 ・全体型（問題解決型）の学習者には特に効果的である。 ・受け身で一方的に聞くのではなく，主体的に学習活動に参与して，協同作業を促すことができる。
短所	・論理的・数理的な分析能力が求められる。 ・言語使用の機会が乏しく，運用することは意図されていない。 ・文法用語が氾濫し，分析に重点が置かれる。 ・文法の正解・不正解で授業や試験が行われる。 ・規則の例外や反例に直面して，学習意欲を失う。 ・言語学習の目的は，規則の暗記と意識付ける。 ・教師中心の講義型になる。	・文法規則の発見には，時間を費やすことになり効率が悪い。 ・素材の思わぬ部分に着目して，誤った文法規則を形成する。 ・誤った規則化による過度の一般化が生ずる。 ・発見学習に適さない学習者は，活動に意欲を失い，最後の教師の規則説明のみに集中するため，演繹法と変わらない。 ・授業の準備には学習者を意識した慎重な素材選定が求められるため，教師の負担が増す。

中学校・高等学校では，教師主導による知識提供型の演繹法が主流である。演繹法を多用し続けると，創造的言語使用の機会が乏しくなり，学習者に言語の運用を副次的にとらえる言語観を刷り込んでしまうため，コミュニケーション活動を取り入れるなどの注意が必要である。

帰納法は，比較的簡単な文法項目や，既習の文法事項の復習に活用することができる。授業に取り入れる場合「気付き」を促したい文法項目に，確実に焦点を当てるように素材や教示方法を綿密に準備する。全てを文法規則で説明しようとはせず，チャンクを把握させる弾力性も肝要である。

中級段階以降は，文法項目によっては，語彙中心の指導法を援用して，帰納法を活用すると効果的である。学習者の思考方法の個人差により，一方に偏りすぎない変化を持たせた指導を行う。

練習問題としては，間違い探し（可能であれば間違いの訂正），選択式問題，空所補充問題，書き換え，並べ替え，暗唱や口頭返答，作文，生徒による作問などがある。

4.2 文法書き取り・文復元

中級段階以降の文法指導では，文法書き取り・文復元を援用することが提案されている。この方法は，聞き取った内容を学習者自身で口頭や筆頭で再構成する手法で，聴解能力とともに，文法や段落の制約に従った文章構成技術を培うことができるといわれている。

書き取り（dictation）は時代遅れとも思われがちではあるが，適切に活用することで効果は大きい手法である。文復元を含めた書き取りの活動は，聴解した上で作文や発話を行う点で，技能が統合化される利点がある。また，読解素材を自分のことばで表出することも可能であり，複数の技能を取り入れた活動が展開できる。

・書き取りの最新のとらえ方が詳述されている Nation and Newton（2009: chapter 4）
・段階別の活動例が詳述されている Wajnryb（1990）

【文復元の具体的な手順】
①ある程度まとまりのある文章(段落)を自然な速度で2回聞く。
②中級段階では，聞きながら語や句を書き留める。上級段階では，メモを取らない。
③書き留めた語や句をグループで集める。
④文法や構成に注意を払いながら，聞き取った内容に即した文章を復元していく。グループで行っても，個人で行っても良い。
⑤学習者が作成した色々な文章の語彙や文法を確認しながら，クラス全体で比較検討する。
⑥内容語を中心にした文を復元するので，機能語に着目してフィードバックを与える。

5 カリキュラム設計上の文法指導の段階性

　文法には，言語を規則体系によってとらえる，言語記述・言語分析のための文法と，言語処理のために用いる，言語理解・言語表出のための文法がある。学習者のレディネスに従って，技能指導の中にこれらの文法学習を位置付け，正確さ，複雑さ，流暢さ，適切さを具現化するための，言語運用能力獲得に向けて系統的に指導を行う。

5.1　シラバスでの文法の位置付け
　文法の指導順序は，文法規則の複雑さによって決められている。例えば，平叙文よりも疑問文のほうが操作が多い，進行形よりも完了進行形のほうが内容理解が難しい，と考えられている。
　言語習得理論の知見に基づいて，理解技能(聞く・読む)を先行させ，表出技能(話す・書く)は理解が安定してから遅れて導入する立場もある。また本書では，「聞く，話す，読む，書く」の順序で段階的に技能指導を展開しながら，技能の統合化を図る理論研究も提案している。
　このように，文法指導の順序は，シラバスで中心となる要素(文法規則，技能，概念・機能)によって異なっている(第2章4.5参照)。

【技能指導と文法の段階性】

	初級段階	中級段階	上級段階
指導の中心	語彙中心	文法形式への注意喚起	語彙中心
言語素材	定型表現中心	高頻度語彙	創造的な使用　低頻度語彙
目標文法	会話用文法 (理解・表出)	読解と論述用の文法 (記述・分析)	概念・機能と両立 (理解・表出)
指導方法	演繹法	演繹法・帰納法の折衷	構文解析技術
聴解・読解	単語や句，短文	段落レベル	まとまりのある文章
発話・作文	記憶の再生 (口頭練習)	制御発話・制御作文	自由な表出活動

【文法指導の留意点】
(1) 学習者への新出項目の負担は適度 (optimal load) にする。
(2) 複数の文法項目を同時に導入することは望ましくない。しかし，中学校では毎時間新出文法を扱っていくため，学習者には既習の内容が理解できていなければ，複数の文法を同時に扱っているように感じられる。
(3) 新出文法を1回の授業で理解することはできない。定着を図るには，何度も繰り返しふれていく必要がある。既習事項を使いながら，新しい文脈の中で機能させて，新出事項を積み重ねていく螺旋型の指導を心掛ける。

5.2　文法指導の課題

　文法指導の段階性や，学習者のレディネスに関する理論的結論は得られてはいない。導入順序は規則説明の容易性と，文法操作の複雑性によって決められている。第2言語習得理論の発達順序の研究により，形態素や構造の獲得順序が確認され，この知見を指導に取り入れて文法を配列する試みもあったが，未解決な根本的問題が多い。

・第2言語習得理論で提唱された習得順序は，日本人英語学習者に適用可能か。
・説明が容易な規則でも，運用で誤り続けるのはなぜか。
・複雑な文法規則を理解することで，英語力は高まるのか。

説得力のある文法解説の欠如と，文法規則の説明に終始する授業への不満感が，学習者の文法嫌い，ひいては英語離れを誘引する原因の1つとなると，指摘されている。

　文法指導の根源的な問題は，言語学の仮説としての文法理論と，教育に援用する文法との深い溝にある。英語と日本語とでは，言語構造と概念構造があまりにもかけ離れているため，文法規則で説明できない要素が多く存在している。さらに，教育環境や制度が複雑に絡み合っている。教師はその中に立って教育を展開せざるを得ない。

　英語教育に言語学理論を援用するためには，英語と日本語の言語学的解析に根ざした説明理論を，丁寧に構築していくことになる。英語教育における文法の役割や位置付けを，問い直す時代に来ている。

6　文法獲得の困難性と克服策

　学校文法で扱われる項目の中には，規則や論理で文法的に説明する部分と，定型表現として練習することによって，分析を加えずに語彙として身につけるものがある。以下で取り上げる文法上の困難性は，多くの現職教員が抱える指導上の疑問点である。

6.1　複数の文法機能を音声が担っていることによる困難性

　英語指導は，音声を中心として展開することが効果的である。しかし，初級段階の学習者には，文法学習上思わぬ混乱をきたすことが分かっている。それは，/z/ と発音される形式で，通常弱化される要素であるため，脱落させて口頭練習をした結果，全く気が付かないことが多い。

　この形式は，所有格(Tom's)，be動詞や完了形の短縮(He's)，複数形，3人称単数現在形などを含んでいる。これらは全く異なる文法機能を持ち，使用される文脈は異なるが，初級学習者には区別することができないため，意味理解を誤る。初学者に対して，形式に注意を向けずに不正確な会話の活動を続けていくと，重大なつまずきの原因となる。

　例えば，Tom's cat を Tom is cat. や Tom has cat. と理解したり，「何人か

のトムの猫」と複数形に訳すなど，学習者が文法規則を作ってしまう。

また，予定を表現する会話では，He is going to...を He's gonna...ではなく，He gonna のように，/z/ を脱落させて発音する誤った音声指導は多い。/z/ は様々な機能を担うため，後の文法学習の困難性を誘引し，何につまずいているのかが把握できなくなっていく。

音声で英語を指導することは，正しい英語に基づいて，音声を基盤とした文法獲得を促すことである。文法機能を担う小さな音声が，言語を成立させており，誤った音声刺激は言語習得を阻害する。文法軽視と，冠詞や一致要素を脱落させた不正確な教師の発話の多用，機械的な口頭訓練偏重がつまずきの原因を生み出している。

中学校以降の学習者には，品詞を正確な音声とともに理解させ，文字を使用して段階に従って文法形式と機能を意識的に確認させていく必要がある。

意味チャンクと音声チャンクは，一致しないことがある。意味のまとまりを表す意味チャンクは，名詞句，動詞句，前置詞句などであり，構文処理の技術として重要な位置を占めている。

一方，発話や音読では，主部と動詞までは一息で発音するため，名詞句と動詞句に分かれず，名詞句動詞と後続部となることがある。これは，英語母語話者の自然な表出をもとにした音声チャンクであることからも分かる。主部と動詞が一体化している現象は，会話体を筆記するときの省略形（He's coming. He's gone.）などに見られる。このことは，第 6 章で述べたとおり省略形の表記は口語体を忠実に書き記したものであり，文語体を使用する作文では使用してはならない。

チャンクは，意味のまとまりを表すものと，音声のまとまりを示すものがあり，質の異なるチャンクは混在させずに指導する（第 2 章 2.2 参照）。

6.2　英語と日本語の構造的差異による困難性

英語は，日本語とは異なる要素を含んでおり，日本語の表面的な言語形式と英文法を安易に結び付ける傾向が，教育現場で多く見られる（学習理論 第 5 章 4.2）。文法が自動化・手続き化するまでのインプット量の不足と，自然な文脈での十分で適切な練習の欠如が原因である。単文レベルを羅列した機

械的な練習問題は，文脈や場面が設定されていないため，人間の認知処理と言語習得のメカニズムには整合性は乏しく，言語理解・言語表出のための文法は形成されない。

　言語間の違いを明確に意識させ，4技能を取り入れた活動をとおして文法の定着を図る。単語や句の配列方法（形式・型）を理解することにより克服することができるので，概念構造に関わるつまずきよりは深刻度は低い。

　英語を教授する目的は，ことばとしての運用能力を育成することである。文法は翻訳の道具としてではなく，言語理解と言語表出を支える通則であり，骨格として重要な役割を担っていることを学習者に教示していく。

困難性	・疑問文や否定文などの文法形式 ・品詞，節と句の理解，人称の区別，格変化の理解，自動詞と他動詞 ・不定詞の使い分け，特に形容詞的用法と副詞的用法，名詞的用法と動名詞との区別 ・副詞の位置，形容詞と副詞の区別，並べ方 ・受動態の形式と正しい使用，受動態のwh疑問文 ・間接疑問文，間接話法と直接話法，時制の一致 ・第5文型（S + V + O + C） ・語順，特に関係代名詞などの後置修飾 ・現在分詞と過去分詞の区別 ・条件節と仮定法の区別
克服策	・品詞と語順は構造の骨格であり，構造規則（語彙の配列方法）をどの段階でも十分に指導する。 ・教科書に使用された基本的な構造は，チャンク処理を軸として，どのように配置して積み上げていくのかを丁寧に指導する。 ・チャンクは，定型表現，名詞句，前置詞句などである。 ・規則に語彙を挿入する単文の文法ドリルではなく，自然な文脈を設定した文法形式の素材，練習問題，活動を充実させる。 ・聴解と読解素材をもとにした，発話や作文の機会を提供する。

> ・中級段階以降は，帰納法を適宜援用する。
> ・まとまりのある文章の読解には，構造の的確な把握を促す。
> ・中級段階後半で，構文解析技術を指導する（第5章2.5.6参照）。

6.3　概念構造の相違による困難性

　英語と日本語では，出来事の表現方法が異なる場合があり，動詞と構文に反映されている。また，一見単純に見える形式も様々な意味と機能があり，日本人学習者と教授者の難題となっている。

　その大きな原因は，言語学理論の提唱する分析と記述に基づく説明方法を，直接指導に援用したためである。文法現象を説明するための専門用語が氾濫し，現実世界の言語使用からは乖離していて，学習者には理解することが困難である。そのため，母語と外国語の文法形式の差異を，直訳することによって解説する弊害を生じ，規則に従わない事象を例外として扱う。

　また，文法理論が確立していないため，説明することが不可能な文法形式が存在する。教師は，学習者の素朴な疑問点に答えられず，簡潔で明快な説明は難しいため，学習者の向学心を著しく低下させている。

困難性	・that の機能（接続詞，関係詞，決定詞，代名詞などの混乱） ・Do/does, be と一般動詞の使い分け，不規則動詞 ・冠詞，可算名詞と不可算名詞 ・現在完了形と単純過去形 ・動詞が表す意味と，Lexical aspect（動詞や状態などの出来事の特性） ・動詞や名詞，代名詞の一致（性・数・格） ・前置詞の概念的な理解と使い分け ・所有格と人称代名詞の混乱，代名詞の指す事柄の一貫性
克服策	・自然な用法を示し，活動をとおして文法機能の持つニュアンスを英語母語話者教師により指導することが望ましい。 ・事象や現象を説明できる文法項目と，チャンクとして定着を図る文法がある。具体的には，語彙中心の指導法の知見を取り入れた，文

- 脈・場面に基づいた文法書や文法教材を活用する(資料4参照)。
- 代名詞については,日本語では明示しないことが多く,英語の特徴を具体的に示して「人称」の概念を理解させる。
- 「代名詞変化表」でまとめて暗記させるのではなく,インプットで気付きを促す。発話や作文で機能範疇の1つとして注意を向ける(学習理論 第5章3.2)。
- 中級段階以降では,文法規則の解説に加えて実際の使用場面を提供する時間を増やす。
- 言語形式に対して「なぜ」と疑問を持つ学習者には,段階ごとに詳細な文法書を示し,学習意欲を高めることも効果的である。
- 教師の言語に対する探究心は旺盛であり,文法理論を学ぶ機会を提供することも必要である。

○文法指導の参考資料

　文法項目ごとの書籍は多数に出版されているが,記述と分析にとどまっており,文法指導に援用するためには不足する部分も多い。近年になり,ある文法形式が自然に使用される文脈や場面を豊富に設定した教科書や,文法学習の理論書や啓蒙書,参考書も出版されてきている。

- 文法の解説方法が分かりやすくまとめられたものは Celce-Murcia and Larsen-Freeman (1999)
- 活動をとおした文法項目の指導方法は,Ur (1988) と Pennington (1995)
- 初級・中級・上級で扱うべき文法項目の提案は,Nunan (2005)
- 場面に基づく段階別自然な文法学習の練習問題は,*Macmillan English Grammar in Context* (2009), Heinle *Outcomes* (2010)
- 実証研究を基盤とした受動態,不定詞,関係代名詞は,拙著 *Chunking and Instruction* (2009)
- 動詞,冠詞,受動態,関係代名詞は,拙著『学びのための英語学習理論』

資料4 語彙中心の指導法による現在完了形の学習

　日本人英語学習者にとって，獲得することが難しい現在完了形は，様々な仮説や分析が提唱されてはいるが，発話や作文で正しく運用することには限界がある。言語学理論が完成しておらず，分かりやすい文法規則の説明は困難である。現在完了形は文脈・場面依存性が高く，ニュアンスが関わってくる。4技能をとおして自然な用法に繰り返しふれながら，動詞との関係で定型表現として定着を図る。

　現在完了形の指導方法を，*Innovations* を参照しながら紹介する。この教材では，現在完了形は，会話，聴解や読解の中に随所に使用されているが，課の目標文法項目として扱われているものを概観する。高頻度の用法から順に導入されており，日本でなじみのある「継続・結果・経験・完了」などと，区別する方法とは少し異なっている。定型表現として，使用頻度の高い形式を獲得させることを目標としており，豊富な用例と解説が加えられている。

　以下の例題では，指導の流れを具体的に概観することを目的としており，問題集として活用することを意図してはいない。

1．Elementary level

　初級段階では，2つの課（Unit 10 と Unit 21）で中心的に取り扱っている。具体的な問題や解説を見ていく。

Unit 10: Have you been to ...?

　この課のタイトルが明白に示しているとおり，訪れたことのある場所を尋ね，答える練習が中心となっている。

①過去を表現する副詞などを，会話をとおして復習する。
②旅行の思い出について会話の聴解を行う。1回目は，話題となっている場

所を聞き取る。2回目は，候補となる単語の中から選んでスクリプトの空所補充を行う。

③ Have you been to ...? の理解と練習を行う。解説は次のようになっている。

When we want to know if someone was in a place before now, we usually ask *Have you been to ...?* Look at these examples.

A：Have you ever been to Glasgow?
B：No, I haven't. Is it nice?
A：Have you been here before?
B：Yes, I came here a couple of weeks ago. What do you think of it?
A：Have you been to Kew Gardens?
B：Yes, I went there last week with some friends.
A：Have you been to the cinema recently?
B：Yes, I went to see that film *No Mon's Land* last weekend.
A：Have you ever been to Africa?
B：No, never. Have you?

Notice we do not use *I've been to* with past time expressions – last weekend, a couple of weeks ago, etc. We use the past simple instead.

④ 4人がそれぞれ気に入っている場所を書いた，勧誘文を読む。

読解前には，文章中で使用される重要表現形式の確認と練習を，会話などを用いて行う。

読解中は，Have you been to any of these places before? と Would you like to go? Why/why not? を考えながら読む。

読解後は，旅行客や観光業者を仮定して，ロールプレイを行う。

⑤ 現在完了の形式の解説と問題を解く。解説は次のようになっている。

Have you been to ...? is an example of the present perfect. We can use the present perfect to ask about someone's experiences before now. We make the present perfect using *have* + past participle. The past participle is the third form of irregular verbs: *eat-ate-eaten, go-went-gone, have-had-had, know-knew-known, meet-met-met, see-saw-seen*. For regular verbs the past participle is the *-ed* form: *decide-decided, play-played, try-tried.*

> Complete these questions with past participles.
> 1. Have you (eat) yet? 2. Have you (decide) what you're doing tomorrow?
> 3. Have you (travel) around a lot? 4. How long have you (know) each other?
> 5. Have you (meet) before? 6. Have you (see) your parents recently?
> 7. Have you (hear) of Teen Hope? They're a pop group.
> 8. Where's he (go)?
>
> **Answers**
> 1. eaten 2. decided 3. travelled 4. known 5. met 6. seen 7. heard 8. gone

⑥これらの表現を用いた会話を行う。
Have you eaten yet? Yes, I had a sandwich earlier.
What about you? No, I'm really hungry.
⑦省略形（弱形）の発音練習を行う。既習の I'm, It's, I'd に加えて，I've, He's, I haven't などの現在完了形の弱形を学習する。
⑧復習の解説（帰納法を行った場合や次の時間の始めなど）page 138
We make the present perfect by using have/has + the past participle. We use the present perfect to talk about experiences before now. We never use the present perfect with a past time expression like yesterday, last week, three years ago or in 1999. If we want to say when things happened, we use the past simple. Look at these examples:

A: *Have you ever been* to Colombia?
B: Yes, I have. I went to Bogota about six years ago.
A: *Have you travelled* around a lot?
B: Yes, quite a lot. *I've been* to Syria, Iran, Turkey, and Egypt.
A: *Have you two met* before?
B: Yes, we met last year at a party.

We also use the present perfect to talk about something that started in the past and is still true now. We use for + a period of time and since + one particular time. Here are some examples showing the expressions we use to talk about periods of time:

A：How long *have you known* each other?
B：*For about ten years now.* We met in 1997.
or：*Since 1997.*
I've lived here *for about twenty years.*
I've lived here *since 1985.*

Unit 21: What day are you travelling?

旅行に関する表現を学習する。上述と同じ流れで会話，聴解，読解を行う。読解素材の中で，変化を表す表現として現在完了形が導入され，比較級を伴った慣用表現と位置付けられている。

In the article, you read that *tickets have got a lot cheaper*. We often use the present perfect to describe changes from the past to now. In this sentence, *got* means 'become'.

Complete the sentences with the words in the box.

better, cheaper, easier, more expensive, taller, thinner

1. Your son has got a lot _____ over the last year. I'm sure he's grown twenty centimetres.
2. Air travel has got a lot _____ over the last couple of years. The first time I went to Poland, it cost $400. Now it's only $60!
3. When I started my job, it was really difficult, but it's got a lot _____ over the last few months.
4. Houses have got a lot _____ over the last few years. Even a small flat costs $200 a week to rent.
5. My English has got a lot _____ since I came to Ireland.
6. I've got a lot _____ since I came here. I've lost about ten kilos. The food's so bad I never eat.

Answers
1. taller 2. cheaper 3. easier 4. more expensive 5. better 6. thinner

確認後は，これらの表現を用いて会話練習を行う。

復習の解説は，帰納法を行った場合や次の時間の始めなどに活用する (page 141)。

We use the present perfect to describe a change from the past to now. We usually add a time expression to show when this change happened. Here are some examples:

You've *got taller* since the last time I saw you.

Petrol *has got a lot more expensive* since the war started.

Computers *have got a lot cheaper* since I bought this one.

Prices *have gone up* a lot this year.

My home town *has changed* a lot since I left.

II. Pre-intermediate level

中級前半段階では，4つの課で現在完了形を扱っている。表現形式を例とともに導入している。

Unit 8: Work and jobs

仕事や職業選択に関する表現を学習する。会話，読解，聴解と進むが，読解の中で現在完了形が用いられ，この課の目標形式の1つとなっている。

In the text, the writer said: '*I've done* lots of other jobs as well. *I've been* a security guard and a guardsman'. This form is the present perfect simple. We make it by using *have* or *has* and adding the past participle. We use it to talk about experiences in the past. We don't use the present perfect with a past time expression like *last week* or *yesterday*. The participles *been* and *gone* are sometimes confused. Look at these examples:

A：Is Mike in?

B：No, sorry. *He's gone* shopping. He'll be back later. (= he's not here now.) Sorry I'm late. *I've just been* shopping. I had to buy a few things for dinner. (= now I'm back.)

Notice that you can't say *Have you gone ...?* or *I've gone* because you are here!

Complete the conversations with past participles. You will need to use some twice.

be, do, find, go, hear, play, see, travel, try, visit

1. A: Have you _____ this kind of work before?
   B: Yes, I worked for a design company in Brazil for three years.
2. A: Have you _____ that new film - *Shanghai Cops?*
   B: Yes, I went to see it last week. It was OK, but nothing special.
3. A: Have you _____ from Jing recently?
   B: Yes, she rang me a few days ago actually, and guess what? She's _____ a new job with a much bigger company. We're going out next week to celebrate.
4. A: Have you _____ our country before?
   B: No, this is the first time. I've never _____ here.
5. A: We're going to a Vietnamese restaurant tonight. Would you like to come with us?
   B: Yes, I'd love to. I've never _____ Vietnamese food before.
6. A: Have you _____ this game before? You're very good at it.
   B: No, never, but I have _____ something similar.
7. A: Have you _____ round Asia much?
   B: Yes, I have, actually. I've _____ to Singapore, Thailand, the Philippines, Japan. Quite a few places really.

Did you notice the answers in sentences 1–3? We often use the past simple to give details about when our past experiences happened.

もう１題並べ替えの問題が６問あるが，ここでは省略する。

Answers
1. done 2. seen 3. heard, found 4. visited, been 5. tried
6. played, played 7. travelled, been

復習の文法解説は次のとおりである (page 167)。

We form the present perfect simple by using a noun or pronoun + has/have + past participle - the 'third form' of the verb. We use it to talk about something that happened in the past, but that has a connection to now - perhaps there is a present result or we want to talk more about this experience now. We never use this structure with a past time expression like when I was a kid, in 2001 or the day before yesterday. Many verbs have regular past participles - they are formed by adding -ed to the verbs, just like past simple forms. However, lots of very common verbs have irregular past participles. The best way to deal with this is simply to learn each one by heart. Here are some examples:

I've lost my glasses. *Have you seen* them anywhere?

A：*Have you done* your Christmas shopping yet?

B：*I've bought* a few things, but I still need to get some more stuff later.

When we answer questions about our experiences, we use the past simple to give details about when they happened - and we add past time expressions:

A：Have you read any good books recently?

B：Yes, I have, actually. I *read* a great book by Anne Tyler *the other week*.

Unit 14: What was it like?

過去の出来事についてのやりとりが中心である。その中で，経験の尋ね方の1つとして，現在完了形が扱われている。問いかけと答え方の練習が行われる。

Look at these two questions.

・Have you been to Disneyworld?

・Have you *ever* been to Disneyworld?

The meaning is very similar. In the second question, the idea is 'ever in your life before'. When we reply to questions beginning *have you* (*ever*), we don't usually just reply *Yes, I have* or *No, I haven't*. We usually say *Yes* or *No* and add a comment or question. For example:

A：Have you ever been to Italy?

B：Yes, I went to Rome a couple of years ago.

A：Have you been to that new restaurant in Jennings Street?

B：No, not yet. Have you?

Put the words in order and make replies to the question *Have you ever been there?*

10題の並べ替え問題があるが省略する。これらを用いて会話の練習を行う。確認の解説は次のとおりである（page 169）。

We use the present perfect to ask questions about general experience in the past. We often use the word ever to add the meaning of ever *in your life before*:

Have you ever been to New Zealand?

Have you ever seen the *Lord of the Rings* films?

Have you ever read anything by William Burroughs?

When we reply to questions like these, we don't usually just reply Yes, I have or No, I haven't. We usually say Yes or No and add a comment or a question. If the answer is Yes and we want to give more information, we usually use the past simple. Look at these typical ways of answering present perfect questions:

A：*Have you ever been* to Africa?

B：*Yes, I went* to Morocco a few years ago. *I spent* a week in Marrakech. *It was* amazing.

A：*Have you heard* the new Charlie Feathers album?

B：*Yes, I have. I bought* it the other day. It's really good.

A：*Have you been* to that clothes shop in Hanway Street?

B：No, not yet. Have you?

A：*No, but I'm thinking of going* there later on today. Do you want to come with me?

Notice that we never use the word ever in answers to present perfect questions. This is a common mistake.

Unit 18: Problems

様々な問題の言及と、同情や解決のための表現を学習する。問題（困っていること）に直面していることを表現する形式として、現在完了形が導入されている。

You heard this extract in the conversation.

 The last time I remember having it was in the bank the other day.
 Have you been back there to see if anyone's handed it in?

We often ask a question in the present perfect when someone has a problem. It's often a way of making a suggestion.

Complete the questions with the present perfect form of the verbs.
1. A：I've got a bit of an upset stomach. I've had it for a couple of days now.
 B：(be) to the doctor's about it?
2. A：There's something wrong with this Walkman.
 B：(try) changing the batteries?
3. A：I had my bag stolen this morning when I was sitting in a cafe.
 B：Oh, no! (report) it to the police?
4. A：I've got a terrible headache. I've had it all morning.
 B：Oh, no! (take) anything for it?
5. A：I've lost my keys. You haven't seen them, have you?
 B：(look) in the living room? I remember seeing them on the table last night.
6. A：I lost my wallet last night. It had all my cards in and everything.
 B：(ring up and cancel) them all?
7. A：There's a guy in my class who is really annoying me. He keeps saying stupid things to me.
 B：(talk) to the teacher about it?
8. A：All the hotels I've rung are fully booked. Where are we going to stay?
 B：(try) ringing the tourist office? They can often help.

これらの B の問いかけに対する A の応答を、選択してつなげる問題が続くが、ここでは省略する。

> **Answers**
> 1. Have you been 2. Have you tried 3. Have you reported 4. Have you taken
> 5. Have you looked 6. Have you rung up and cancelled 7. Have you talked
> 8. Have you tried

完成したやりとりを，ロールプレイなどを行いながら十分練習して定着を図る。復習の解説は以下のとおりである (page 170)。

Look at these three common ways of answering present perfect questions:
1. We use Yes + past simple in positive answers:

    A：Have you cancelled your credit cards?

    B：*Yes, that was the first thing I did after it happened.*

    A：Have you tried the sales desk? They might be able to help.

    B：*Yes, I spoke to them earlier*, but they couldn't help me.

2. We use Not yet, but I'm going to + verb when we have already decided or planned to do the thing suggested in the question:

    A：Have you tried talking to your boss about the problem?

    B：*Not yet, but I'm going to go and see him later on today.*

    A：Have you been to the doctor's about your arm?

    B：*Not yet, but I'm going to see her tomorrow morning.*

3. We use I'll + verb to show we are making a decision about what to do now.

    A：Have you tried cleaning it? It might just be dirty.

    B：*That's a good idea. I'll do that now.*

    A：Have you phoned the Embassy? They might be able to help.

    B：*Oh, that's a good idea. I'll call them now.*

Unit 20: Society

　国などの課題について簡単な問題提起と応答を学習する。How long ...? を用いた現在完了形の疑問文を用いて，問いかけを行う練習が取り入れられている。

> Complete the answers with *for*, *since*, or *till*.
> 1. A：How long have you been here?
>   B：_____ Sunday.
> 2. A：How long are you going to stay?
>   B：_____ July
> 3. A：How long are you going to stay?
>   B：_____ another three days.
> 4. A：How long have you been studying English?
>   B：_____ about three years now.
> 5. A：How long are you going to study English?
>   B：_____ I'm fluent.
> 6. A：How long have you been living here?
>   B：_____ I was a child.
>
> これらを用いた会話練習を行う。
>
> **Answers**
> 1. Since 2. Till 3. For 4. For 5. Till 6. Since

その後，聴解や読解の素材に入っていく。
復習の解説は次のとおりである (page 170)。
Look at these questions using How long and the ways of answering them:
　A：*How long have you been living here?*
　B：Since 1992 / For about fifteen years now.
　A：*How long have you worked there?*
　B：Since I left school / Since 1986 / For thirty years.
There is not much difference in meanig between How long have you lived here? and How long have you been living here? The second sentence suggests you think the person you're talking to might move soon. The first suggests you think they will probably stay where they are. Remember that we use since with a point in the past and for with a period of time.

III. Intermediate level

中級段階では，3つの課で扱われている。過去形との比較や，進行形を伴う完了形も導入される。用例を示して考えさせながら，文法の明示的な説明を重点的に行っている特徴がある。

帰納法を用いながら活動をとおして，文法形式を具体的に十分学習した後に解説を加え，その知識を演繹的に活用しながら，演習を行う方法をとる。練習問題が豊富に用意されているが，本書で全てを紹介することは控えることにする。

Unit 2: Free time

自由時間の過ごし方について，会話，聴解，読解を行う。重要な質問形式として，現在完了進行形が中心に扱われている。

We can use both the past simple and the present perfect continuous to talk about a period of time. The past simple describes a period of time that is finished, while the present perfect continuous describes a period of time that continues up to and through the present. For example:

　A：I *played* tennis for about five years. (but don't any longer)

　B：*I've been playing* tennis now for about five years. (and still do)

Decide which question in these two short conversations is like A and which is like B above.

1. A：How long have you been learning to play golf, then?
　B：For about three weeks now. I'm going for another lesson this afternoon.
2. A：How long did you do yoga for, then?
　B：Only three weeks. I didn't really enjoy it, so I stopped going to the class.

過去形と現在完了進行形の区別を含む会話の練習問題 6 問と，時間副詞の選択問題が 8 問，これらを使った発話が 8 問，並べ替え問題が 6 問用意されているが，ここでは省略する。現在完了進行形での弱形の発音練習も 6 問あり，自然な発音方法を学習する。復習の解説は時制全般の概観と，完了形の詳述が丁寧にまとめられている (page 162)。

Unit 3: Holidays

休日の過ごし方のついての会話，聴解，読解が目標となっており，現在完了形の疑問文を中心に学習する。

Read these examples which use the present perfect.

I've just had some great news!

Have you ever been to Sri Lanka?

I've been to Australia twice now.

Read these explanations. All are true, but only one describes all three examples above. Which is it?

1. The present perfect is often used with *just*.
2. The present perfect looks back from the present.
3. The present perfect describes something in the recent past.

Now read this and see if you were right.

1. The present perfect has the auxiliary verb *have/has* in the present tense. This is followed by a past participle.
2. It looks back on a period in the past and connects the past to the present.
3. Although the present perfect looks back on the past, it is not a past tense. The past simple is used to express past events without reference to the present. In the same way, we never use the present perfect with a finished past expression like *yesterday, last week, twenty years ago*. Here are some pairs of sentences which show the difference:

I'*ve known* Jim for ten years. I *met* him ten years ago.

We'*ve lived* here for ages. We *moved* here just after we got married.

My father'*s been* dead for ten years. He *died* when I *was* only fifteen.

これらを学習した後に，Have you (ever) ...? の形式の練習が10問，これらを含む聴解，これらを自由に用いたやりとり，20問程度の時間副詞の挿入問題と，使用しながらの発話や後半部分を自由に創作する発話，現在完了形を含む音声の自然な発音方法の練習が続く。復習用の解説も用例とともに詳述されている (page 163)。

Unit 9: Computers

パソコン使用にまつわる様々な問題や話題を学習する。過去形と現在完了形の相違が中心の学習目標に設定されている。

Look at these examples from the article in Exercise 1:

I've made all the classic mistakes.

I downloaded free software.

I lost a whole morning's work.

I got a computer virus.

When do we use these two different tenses? Compare your ideas with a partner. Now read the explanations below and see if you were right.

1. We use the present perfect to look back from the present on an event or a period in the past. We do this when there is some kind of present result.

   I've just *pressed* the wrong button and lost everything.

   I've made lots of mistakes in my life, but I'm all right now.

2. We use the past simple for simple factual events or periods in the past.

   We lived in Spain for six years.

   We moved back to the UK last year.

3. We can use both forms to talk about similar things, but from different perspectives.

   I've been to Cairo. *I went* there first in 1992.

   I've known Pete for ten years. *We* first *met* when we were at college together.

こうした説明の後、過去形と現在完了形の自然な用法の選択問題、読解素材の時制の確認と説明、文完成問題、会話体の問題、時間副詞の問題、頻度の表現と練習、質問と応答、正しい時制で文章を完成させる問題、などが続く。復習には用例確認の解説が行われている (page 165)。

IV. Upper-intermediate level

中級後半段階では、会話、聴解、読解の中に自然に現在完了形が用いられており、課の目標文法となっているのは1課だけである。確認の意味で例題が用意されている。

Unit 13: Old friends

再会の表現を扱っている関係で，現在完了形は1つの重要な形式である。
You arrange to meet a friend at seven o'clock. He finally arrives at eight. Which do you say to him -A or B? Explain your choice:

A：Where on earth have you been? *I've been waiting* here for an hour.

B：Where on earth have you been? *I've waited here* for an hour.

The next example is very strange. Correct it.
I'm afraid I can't go. I've been breaking my arm.
Which of these sentences sound correct?
1. A：You look as if you've been crying. What's the matter?
   B：You look as if you've cried. What's the matter?
2. A：Hey! I've been finding your passport.
   B：Hey! I've found your passport.

これらの例題の後，時間副詞の空所補充問題が10問，それらを活用した会話練習，連語的な表現を伴った文完成問題，再会を喜ぶ現在完了形の自然な発音方法，全体を用いた会話練習が用意されている。復習の解説は次のとおりである（page 163）。

The present perfect simple is a bit like the past simple in that both tenses are used to talk about things that happened in the past. The difference is, however, that we use the present perfect simple if we see these events as somehow connected to the present; perhaps we see a present result of these actions, as in the examples.

Oh, you've had your hair cut! It looks great, much better than it did.

I can't play baseball today. I've twisted my ankle.

Is black tea OK? We've run out of milk.

We can also use the present perfect simple to stress that we have had an experience and can talk about it now if the listener wants us to.

Well, I've worked in pubs before, and I've done plenty of washing up in restaurants and things.

Oh, you play the piano! I've just started learning myself!

Note: When we use a finished time reference, e.g. last Friday, in 1991, two weeks ago, when I was at high school, the present perfect is never used.
The present perfect continuous is used when we want to show that an action that started in the past is continuing now.
I've been trying to find a job for months now! (And I still haven't found one.)
My leg's been feeling weird for the last few days now. (And it's still feeling painful.)
The present perfect continuous is also used when we want to stress that we see the past action described as having been extended over a period of time, that we see it as having happened again and again and again. Notice that there is a present result.
I've been waiting here for you for hours – you could at least say you're sorry or something!
Have you been drinking? Your breath smells very odd!
With certain verbs, there's often only a very subtle difference between the present perfect simple and the present perfect continuous.
I've been working here for about twenty years now. (But maybe I'm ready for a change now. I see my job as only temporary.)
I've worked here for twenty years now. (It's just a fact about my life. I see my job as permanent.)
Notice that lots of verbs don't work well with the present perfect continuous.
I've always liked this kind of food.
* *I've always been liking this kind of food.*
You either like something or you don't. You can't like it over and over.

V. Advanced level

　上級段階では，社会問題を扱う会話，聴解，読解素材に完了形は自然に用いられている。復習としては，1課でまとめの問題と確認の解説がある。口語体だけではなく，文語体の完了形，無生物主語の完了形などが随所に導入

されている。日常会話以外の文脈で使用される完了形を学習して，口頭発表や作文などに生かすことが目標となっている。

Unit 16: Health and medicine

　動詞の形を変えて適切な時制を伴った文を作る問題が 10 問あり，聴解で正解を確認後，音読練習をする。時制についての体系的な復習解説がある（page 168）。

第9章
統合されていく技能

　外国語としての英語能力は，言語知識を学習した上で，習練と努力を積み重ねることによって獲得されていく。英語をことばとして機能させるためには，4技能の枠を取り払い，融合させることになる。
　統合技能 (integrated skills) は，学習者の習熟の過程を経た言語知識と言語運用能力を映し出す，到達した結果である。

> 「修学旅行の準備はできましたか」教師は，生徒に尋ねる。「まだ現在進行形でーす」「はーい。穣治くんの班が行動計画を書いています」教師は，弾んだ生徒の声に耳を傾ける。提出された行動計画書を丹念に確認し，不足している部分を書き加えて補いながら「しおり」を作成する。
> British Museum の受付で，見学の希望を話して，申込書に必要事項を記入する。展示物を鑑賞しながら，解説文の文字を追い，イヤホーンからの音声案内の説明を聞く。
> 何気ない日常の中で，4 技能は無意識に生活の手段となって，1 つ欠けても円滑なことばのコミュニケーションは図れない。

はじめに

母語の言語使用では，4 技能は臨機応変に統合されている。外国語である英語でも技能を統合して，不自由なく意思疎通を図るための能力を育成することが求められている。

この章では，統合技能指導との関わりでまとめた上で，必要とされる能力を整理して，具体的な指導について考察する。

1 なぜ技能を統合するのか

日本の英語教育では，「聞く・話す・読む・書く」の 4 技能の能力が，バランスよく育成されることを高次の目標として掲げてきた。しかし，どの技能を，どの段階でどのように導入するのかは，学校や教師の裁量にゆだねられている。

統合技能とは，複数の技能を組み合わせて言語を使用することである。2 つの理解技能（聞く・読む），または，理解技能と表出技能（話す・書く）の組み合わせは次のとおりである。さらに，2 つ以上の技能を組み合わせるなど多くの可能性がある。

・聴解後に読解，聴解と作文，聴解と発話，聴解－発話―作文
・読解後に聴解，読解と作文，読解と発話，読解－聴解―作文や発話

　従来，英語の授業では文法訳読法が用いられて，技能の統合は考慮に入れてはこなかった。学習者は，英語よりも日本語にふれている時間が多くなるため，翻訳能力と文法解析能力は定着するが，4技能をバランスよく獲得して，英語運用能力を高めることは非常に難しいと考えられる。
　しかし，中学校では4技能の統合は比較的容易に指導可能であると考えられ，聴解技能と発話技能を組み合わせた指導は，すでに行われている。英語指導では技能別指導よりも，1年に1冊の教科書を指導する「総合英語」の形態が一般的である。
　総合英語の授業では，学習者の段階に応じた会話活動，数行の文を聴解や読解した上で発話する，記事を読み関連するニュースを聞いて発話や作文を行う，など技能を統合した授業設計は可能であり，教育現場に広まりつつある。統合技能は，複数の感覚器官に働きかけ変化に富み，学習者は活動的に授業に参加することができるため，教育の効果が期待されている。
　こうした指導は授業展開が活気付き活発に映るが，語彙と文法，技能の段階性に対する教師の意識が弱まり，学習者のつまずきを誘引する可能性がある。さらに，無秩序に4技能の活動を盛り込んだ結果，困難性が呼び水となって様々な要素が複雑に絡み合い，つまずきの原因の所在を究明しにくくしてしまう。そのため教育現場からは，技能中心ではなく文法訳読法中心の授業に回帰する判断も報告されている。

2　統合技能の能力とはなにか

　日常的な言語使用では，4技能が均等に獲得されていることから，他の技能が不明な点や十分ではない部分を補う方策を無意識に取っている。
　例えば，聴解を不得手とする場合，読解素材を手掛かりとして推測を行ったり，聞き取りにくい部分を発話によって質問したりする。また，読解が困難な場合は，聴解によって補うことができる。

言語処理過程では，推論能力が援用されて，百科事典的知識によって聴解や読解内容を理解し，会話の中で，聞き取ることができなかった内容については，意識的あるいは無意識的に確認を行う。人間の言語処理システムは，理解と表出が個々に存在しているのではなく，瞬時に融合して処理を行っており，こうした技能間の連携が統合技能である。統合技能能力は，4技能の集合体であることから，それぞれの技能の能力に支えられている。

　TOEFL® iBT (Test of English as a Foreign Language: Internet-based test) に代表される統合技能試験の判定では，聴解と読解が異なる素材として出題され，理解度を発話や作文によって測定するため，劣る技能が結果を低下させる可能性は十分に考えられる。こうした試験は，それぞれの技能に対する学習状況の診断ではなく，学習者が現在持っている英語運用能力を到達度として総合的に測定している。

3　一貫性のある統合技能指導に向けたカリキュラム設計とシラバス・デザイン

　統合技能の指導は，複数の技能を自然に組み合わせて活用することが基本である。4技能は相補的に作用するため，1つの技能に特化した授業を行うことは避け，読解の授業でも適宜聴解，発話，作文の活動を取り入れて，学習者に技能を統合する機会を豊富に提供する。

　目標とする英語能力，使用する言語素材，想定される学習者の反応を考慮に入れ，レディネスを遵守して授業を設計する。カリキュラム設計，シラバス・デザイン，学習指導案へと焦点を絞っていく（Topic 3 参照）。

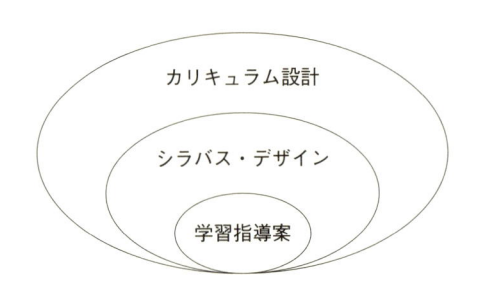

技能の導入には段階性がある。音声（聞く・話す）から文字（読む・書く）へ，発話技能指導は，定型表現の定着を目的とした口頭練習中心から自由発話へ，作文技能指導は，中級段階以降に導入し，制御作文から次第に自由作文へと移行していく（第2章 4.5 参照）。

こうした段階性を逸脱しない形で技能を統合することが，統合技能指導の大前提であり，本書で繰り返し述べてきた英語教育への提案である。

3.1 レディネスに基づいた統合技能指導のためのカリキュラム設計

統合技能指導では，学習者と教師のやりとりの中で背景知識と言語知識を活性化させて，活動をとおして英語を獲得させることを目指している。

(1) 語彙と文法は，4技能をとおして学ぶことで，聴覚と視覚から等しく入力することによって定着を図り，処理系を安定化させる。
(2) 理解と表出の機会を設定して，授業と教材全体で繰り返しふれることで，受容語彙と発表語彙を心的辞書に確実に記載する。必要に応じて，どのような日本語の表現に相当するのかを解説する。
(3) 学習者の語彙と文法の獲得状況にあわせて，技能を統合した活動の量と時間配分を調整する。各段階に応じて，指導での統合方法（技能の組み合わせ方）を変化させていく。
(4) 「読解によって聴解能力が培われる」，「発話練習で作文指導の代用ができる」といった，技能間の転化は生じない。これは，母語取得からも明白である。必ず4技能を指導しなければならない。

統合技能指導は，中級段階以降で本格的に導入する。まとまりのある文章で構成された聴解や読解素材の理解に基づいて，発話や作文を発展させていく。授業の導入では，やりとりをとおして，背景知識や表現を活性化させる準備活動を丁寧に行う。

3.1.1 初級段階のシラバス・デザイン
・語彙や文法の説明や活動方法の指示に日本語を交える。

・教師は，学習者の発話のニュアンスに相当した英語表現を示しながら，やりとりを継続させていく。
・会話（聴解と発話）を中心とした練習。

【初級段階後半】
①会話による語彙と文法の練習
②聴解または読解前の指導
　・聴解や読解素材で使用される語彙と文法の練習。
　・背景知識の活性化を目的とした質疑応答。
③聴解または読解中の指導
　・スキミングやスキャニングも練習しながら聴解や読解を行う。
④聴解または読解後の指導
　・活動で使用した素材の内容確認の問題を解く。素材で用いられた語彙と文法を解説して，練習問題を解く。
　・導入された表現を用いながら，内容に関する簡単な会話を取り入れる。

3.1.2　中級段階のシラバス・デザイン
①会話や聴解による語彙と文法の練習
②初級段階と同様の流れでの聴解や読解
　・聴解や読解で使用する素材内容の目的や意図の予測，素材の主題（テーマ）と重要な要素（例や論拠）の把握。
　・スキミングやスキャニングを定着させる。
　・英語の段落構成に従ってキーワードや強調表現を手掛かりに，主題や様々な観点の重要度を理解する。
　・重要な情報の分類と整理，事実と見解の的確な把握，話し手の立場や意図を解釈する。
　・情報の関連性の把握（下位区分，反例，対比や比較，原因と結果，仮説と結論，時間の経過，変化，並列，利点と欠点など）。
　・聴解と読解を統合する場合は，主題にそって，それぞれの素材内容を関連付ける。

③発話，聴解，読解，短い作文による構文練習（制御作文）

3.1.3 上級段階のシラバス・デザイン
①会話（素材のテーマに対する意見とその根拠を表明，ロールプレイ，聴解の上での発話活動）
②会話した内容を発展させる素材を用いた読解
③会話，聴解や読解の上で，テーマ別の作文（要約や自由作文）
- 要約をしながらの表出では，聴解と読解素材の内容を忠実に反映させる。自分の意見や見解を混在させて素材の意味を改編しない。
- 素材で示された情報を網羅して要約をする。
- 原文の表現を多用してそのまま模写しない。そのためには以下の方策を指導する。
   同意語，類義語，反意語，動詞は句動詞や熟語表現へ変換する。
   異なる構文で言い換える。
   説明や定義文を使用（英英辞書を参照）する。

3.2 技能統合のパタン
統合技能指導の例を紹介する。組み合わせのパタンは無数に考えられる。創造的な授業が展開可能である。

【聴解と発話】（初級から上級段階まで）
聴解と発話技能から構成されている会話には，話題や展開の予測能力が含まれる。
- 初級段階は，定型表現を用いたやりとりを練習する。
- 中級段階では，会話や，読み上げられた素材を聴解した上で口頭でまとめたり，意見を述べたりする。
- 上級段階では，講義や講演などの一方向に話されるまとまりのある音声を聞き，要約や意見表明を行う。

【発話（会話）と聴解や読解】（中級段階以降）

①会話で主題について背景知識の活性化を行う。
②主題に対する意見や感想を学習者間で述べる。
③発話で活性化した知識をもとにして，自分や会話相手の考え方と対比させながら聴解や読解を行う。

【聴解と作文】（中級段階以降）
会話や，まとまりのある音声を素材として聞き，主題とキーワードを把握してメモを取ったり，情報を整理・要約したりする。上級段階では，聴解素材をもとにして見解を作文する。

【読解と発話や作文】（中級段階以降）
読解素材の内容を理解して，素材中の表現を使ったり言い換えたりしながら要約して，考えを発話または作文する。

【読解－聴解－発話や作文，聴解－読解－発話や作文】（上級段階）
主題，キーワード，立場や意図，例や論拠，概要と詳細，背景情報などを総合的に把握して読解（聴解），さらに素材と関連する聴解（読解）を行う。読解と聴解の内容を関連付けながら要約した上で，自分の考えを発話や作文で展開する。

【自由発話や自由作文－それらへの応答や検討】（上級段階）
Oral presentation や discussion を取り入れた授業では，あらかじめ準備した原稿を発表・配布する。それに対して発話や文章で自由に意見を表明したり質問・討論を行ったりする。

4　英語教育における統合技能の位置付け

4.1　学校教育課程での統合技能の扱い

　中学校の英語指導では，複数の技能を授業活動に取り入れて展開していくことが一般的になってきている。文法訳読法に傾斜した，教師による説明中

心の指導形態から，発問と応答による相互作用を取り入れて，学習者の主体的な参加を喚起する授業へと転換している。教科書の素材を扱いながら会話を行う練習も充実されている。

これは英語教育の姿が，翻訳中心から技能中心へ，意思疎通を図るための基礎力を培う方向に変化してきていることを意味している。

高等学校では，生徒や保護者の目的意識にあわせた教育を目指し，学校の特色を打ち出した様々なカリキュラムを設定している。会話や活動を盛んに取り入れる，読解に重点を置く，文法を重視する，作文を積極的に指導するなど，提供される英語教育が多様化している。そのため，統合技能の扱い方も各学校の教育目標に応じて変化させている。

大学では，読解を偏重することなく，教育目的に応じて，統合技能を中心に授業を展開することが理想である。レディネスに基づいて原書を深く講読する，話し言葉として英語を体感的に表現するドラマ的手法 (drama method) など，自由発話や自由作文の創造的な言語使用を目指すことが，学習者の英語を習熟させることに他ならない。

英語を教授していくためには，段階性を守りながら技能を統合して，理解技能と表出技能をバランスよく指導することになる。学習段階で獲得している語彙と文法に最大限働きかけ，4技能の能力を伸長させる指導によって，ことばとしての英語力が身についていく。

統合技能を育成するためのカリキュラム開発には，教育現場の実情を踏まえて，理論に立脚した緻密な設計と，教育環境に対応し得る柔軟性が必要である。一貫性を持つシラバス・デザインとして反映させていくためには，学習者のレディネスを正確に把握して，時間軸にそって系統立てた指導を展開していくことが求められる。

4.2 英語力向上のための入学試験

英語を中学生や高校生の学習科目として位置付けると，定期試験や入学試験の余波効果 (washback effect) の大きさは計り知れない。

学習者の直面する課題は，試験で高得点をおさめることであり，入学試験に合格することである。こうした試験に出題される問題には，文法訳読や読解問

題が多く，学習目的や動機に多大な影響を与えている。高校生は英語を「訳」の教科ととらえ，訳読中心の学習をしていることが多い。このような日本の現状を考えてみると，「英語が使える日本人の育成」「コミュニケーション能力の獲得」「国際語による異文化理解」に向けた動機付けは，実質的には遠のいてしまう。

「日本人は，6年間も英語を学んでいるのに使えない」との不満は，時間と労力を割く単語の暗記と，文法学習の成果が，運用に発揮されていないことを表している。しかし，教室の中に限定して週3～4時間程度学んだだけで，どうして言語を運用することが可能であろうか。

その対応策として，「英語を小学校から導入する」と，学習者の英語運用能力の欠落を早期教育に転嫁している。運用能力が育成されない最大の原因は，中級段階の英語教育が確実に実施されていないためである。

高等学校の教師からは，大学入学試験対策が生徒と保護者の重大な関心事であり，4技能育成に時間を費やすことは難しいとの声を聞く。

学習者は，大学入学試験に備えるためのバランスを欠いた英語学習を余儀なくされ，発展性の乏しい不安定で不完全な英語力を持ったまま英語教育は完了する。入学試験に和訳や英訳の問題が依然として多く出題されていることが，英語教育に影響を与えている。その責任の所在の1つは，大学入学試験にもあることを重く受け止めなければならない。

英語能力育成の観点からは，大学入学試験の1次試験では聴解中心，2次試験では読解中心にして広く行われることが望まれる。その根拠は，本書で繰り返し述べてきたとおり，聴解能力が全ての言語技能の根幹を支えていて，聴解能力を前提として他の技能の能力が培われていくためである。

初級段階は「種」をまき，水を与え，根を張る。若葉が葉脈を走らせ，天に伸び，その伸長していく力となる中級段階の役割は大きい。大学入学試験は，英語能力成長の一過程に過ぎないことを，教壇に立つ全ての人は心にとどめ置かなければならない。

5　言語力の獲得

英語運用能力を獲得するためには，音声と文字で提供される英語を理解

し，表出する絶対量を保証することが必要である。言語処理過程における概念化の段階では，母語をとおして獲得されてきた思考力が，形式化や音声化・符号化の前提となっている。

この節では，言語教育として英語の位置付けについて述べる。

5.1 学習する機会の充実

理解技能は，メディアの活用や読書をとおして，意欲があれば自学自習で比較的容易に学習をすることができる。一方，表出技能は，日常的に英語が使用されることのない環境では，英語運用能力を高める機会は極めて限定されていて難しい。

近年のコンピュータ技術の進歩により，音声認識機能と画像を組み合わせた発音学習や，基本的な語彙と文法をパソコンを使用しながら，ゲーム感覚で自律学習をすることができるようになってきた。チャットやメール機能を拡充した，やりとり型の学習空間も構築されてきている。英語で直接交流することが困難な環境では，ネットワーク上の仮想空間で，英語母語話者や他の英語学習者と，英語を積極的に使用して表出を行いながら学習することも提案されている。

こうした学習支援ツールは開発の途上である。情報工学の発展に伴い，短文のやりとりだけではなく，まとまった文章を読んで互いに意見を述べあう，同時に，表出した英語の正確さや適切さなどを指摘・修正・評価する学習形態も広まっていくと思われる。

中級段階以降の自由作文では，文法や表現などの言語面，段落などの構成面を確認・評価するプログラム（例えば，TOEFL® Criterion など）が提供されている。コンピュータ技術は，表出技能獲得に向けて，学習者と教師の強力な支援教具となることが期待されている。

5.2 ことばの力を育む言語教育

遠い昔，日本人は，人の心を察して思いやる感情にあふれ，「以心伝心，黙して語らず」が，美徳とされてきた。国際化の時代となった今日，自らのことばで意思を表現することができる能力が求められている。学習者に必要

とされることは，言語を生成する思考力，それを具現化する表現能力，相手に伝えようとする態度である。

言語は心を伝達するための手段の1つである。外国語の統合技能の基盤には，母語の言語能力が潜在しているため，思考して理路整然とことばで表現する能力は，母語で培われておく基本技術である。

具体的には，以下の言語能力育成が重要である。

> ・聴衆の前で正確，流暢，適切に発言することができる（public speaking）
> ・説明や論述を論理的に展開することができる（logical thinking）
> ・読書習慣を付けることにより，思考力を高める（reading habit）
> ・向学心を高め，言語を理解・表出しようとする精神力を育む
> 　（reading/listening/talking to learn）
> ・言語の感受性，表現力，感覚，品詞や基本的な文構造の知識を深める
> 　（meta-language）

思考を整理して，概念化することができない学習者が多い中では，英語の授業は成立しなくなる。この現状について多くの英語教師は「英語指導以前の問題」と，感じている。特に発話と作文では，母語の言語運用能力に依存する部分が大きい。

こうした言語能力，思考力，精神力の育成を目的として英語科と国語科（と社会科）の連携を促し，「ことば科」「言語科」として実践を展開する試みが報告された（広島県や静岡県沼津市他）。

英語教師も，過程重視の指導法を用いて，思考をことばに変換する技術の指導に当たることになる。言語教育では，言語力を育んでいく役割を担うため，英語科と国語科の連携が理想である。学習者が，政治，経済，科学，文化，芸術，学問などの分野で国際的に貢献していくためには，運用可能な言語能力の獲得が必須である。

参 考 文 献

第1章 英語はどのように理解・表出されるのか

○言語処理理論

Alario, F., Costa, A., Pickering, M. and Ferreira, V. (eds.) (2006) *Language Production.* Hove: Psychology Press
（比較的近年の言語表出理論が体系的にまとめられている。）
Best, W., Bryan, K. and Maxim, J. (eds.) (2000) *Semantic Processing: Theory and Practice.* London: Whurr
Bolte, J., Goldrick, M. and Zwisterlood, P. (eds.) (2009) *Language Production: Sublexical, Lexical, and Supralexical Information.* Hove: Psychology Press
Carreiras, M. and Clifton, C. (eds.) (2004) *The On-line Study of Sentence Comprehension: Eye-tracking, ERPs and Beyond.* New York: Psychology Press
Carroll, D. (2008) *Psychology of Language* (5th edition). Belmont: Thomson Wadsworth
（心理言語学の基礎的な考え方を概説した分かりやすい入門書。）
Clifton, C., Frazier, L. and Rayner, K. (eds.) (1994) *Perspectives on Sentence Processing.* Hillsdale: Lawrence Erlbaum Associates
Crocker, M., Pickering, M. and Clifton, C. (eds.) (2000) *Architectures and Mechanisms for Language Processing.* Cambridge: Cambridge University Press
Fernandez, E. and Smith Cairns, H. (2010) *Fundamentals of Psycholinguistics.* Oxford: Blackwell
Frazier, L. (1999) *On Sentence Interpretation.* Dordrecht: Kluwer Academic Publishers
Frazier, L. and de Villiers, J. (eds.) (1990) *Language Processing and Language Acquisition.* Dordrecht: Kluwer Academic Publishers
（言語処理能力の発達が言語習得であると提唱した意欲的な理論書。）
Gairns, R. and Redman, S. (1986) *Working with Words: A Guide to Teaching and Learning Vocabulary.* Cambridge: Cambridge University Press
Garrod, S. and Pickering, M. (eds.) (1999) *Language Processing.* Hove: Psychology Press
Gorrell, P. (1995) *Syntax and Parsing.* Cambridge: Cambridge University Press
Guhe, M. (2007) *Incremental Conceptualization for Language Production.* Mahwah:

Lawrence Erlbaum Associates

Gullberg, M. and Indefrey, P. (eds.) (2006) *The Cognitive Neuroscience of Second Language Acquisition*. Malden: Blackwell
（比較的最近の脳科学的知見と，外国語学習との関連性をまとめている。）

Harley, T. (2008) *The Psychology of Language: From Data to Theory* (3rd editon). **Hove: Psychology Press**
（心理言語学の専門的な研究成果を体系的に網羅した名著。）

Harley, T. (2010) *Talking the Talk: Language, Psychology and Science*. Hove: Psychology Press

Harris, R. (ed.) (1992) *Cognitive Processing in Bilinguals*. Amsterdam: North Holland

Heine, B. and Narrog, H. (eds.) (2010) *The Oxford Handbook of Linguistic Analysis*. **Oxford: Oxford University Press**

Heredia, R. and Altarriba, J. (eds.) (2002) *Bilingual Sentence Processing*. Amsterdam: Elsevier

Hillert, D. (ed.) (1998) *Syntax and Semantics 31: Sentence Processing: A Crosslinguistic Perspective*. San Diego: Academic Press

Kormos, J. (2006) *Speech Production and Second Language Acquisition*. Mahwah: Lawrence Erlbaum Associates

Levelt, W. (1989) *Speaking: From Intention to Articulation*. Cambridge: MIT Press
（言語表出の基本的なモデルを提唱した必読書。）

Mazuka, R. (1998) *The Development of Language Processing Strategies: A Cross-Linguistic Study between Japanese and English*. Mahwah: Lawrence Erlbaum Associates

Mazuka, R. and Nagai, N. (eds.) (1995) *Japanese Sentence Processing*. Hillsdale: Lawrence Erbaum Associates

McCarthy, M. (1990) *Vocabulary*. **Oxford: Oxford University Press**

McDonough, K. and Trofmovich, P. (2009) *Using Priming Methods in Second Language Research*. New York: Routledge

Merlo, P. and Stevenson, S. (eds.) (2002) *The Lexical Basis of Sentence Processing*. Amsterdam: John Benjamins

Moore, B., Tyler, L. and Marslen-Wilson, W. (eds.) (2009) *The Perception of Speech: From Sound to Meaning*. Oxford: Oxford University Press
（言語知覚・言語理解の実験的研究を体系的に論考している。）

Nakayama, M. (ed.) (2002) *Sentence Processing in East Asian Languages*. Stanford: CSLI Publishers

Nakayama, M., Mazuka, R. and Shirai, Y. (eds.) (2006) *The Handbook of East Asian Psycholinguistics: Volume 2 Japanese*. Cambridge: Cambridge University Press

（日本語の処理過程・メカニズム・特徴を踏まえた理論構築を目指す。）
Pritchett, B. (1992) *Grammatical Competence and Parsing Performance.* Chicago: University of Chicago Press
Sekerina, I., Fernandez, E. and Clahsen, H. (2008) *Developmental Psycholinguistics: On-line Methods in Children's Language Processing.* Amsterdam: John Benjamins
Tartter, V. (1998) *Language and it's Normal Processing.* Thousand Oaks: SAGE Publications
Townsend, D. and Bever, T. (2001) *Sentence Comprehension: The Integration of Habits and Rules.* Cambridge: MIT Press
Trueswell, J. and Tanenhaus, M. (eds.) (2005) *Approaches to Studying World-Situated-Language Use: Bridging the Language-as-Product and Language-as-Action Traditions.* Cambridge: MIT Press
Wheeldon, L. (ed) (2000) *Aspects of Language Production.* Hove: Psychology Press

○認知言語学と「言語間の影響」の研究

Achard, M. and Niemeier, S. (eds.) (2004) *Cognitive Linguistics, Second Language Acquisition, and Foreign Language Teaching.* Berlin: Mouton de Gruyter
Holme, R. (2009) *Cognitive Linguistics and Language Teaching.* Hampshire: Palgrave Macmillan
Jarvis, S. and Pavlenko, A. (2006) *Crosslinguistic Influence in Langauge and Cognition.* New York: Routledge
Littlemore, J. (2009) *Applying Cognitive Linguistics to Second Language Learning and Teaching.* Hampshire: Palgrave Macmillan
Putz, M., Niemeier, S. and Dirven, R. (eds.) (2001) *Applied Cognitive Linguistics: Theory and Language Acquisition.* Berlin: Mouton de Gruyter
Robinson, P. and Ellis, N. (eds.) (2008) *Handbook of Cognitive Linguistics and Second Language Acquisition.* London: Routledge
（認知言語学の基本的概念と外国語文法との関連性を詳細にまとめている。）

第2章 技能指導の理論的な背景

安藤昭一編『英語教育現代キーワード事典』大阪　増進堂　1991年
Field, J. (2008) *Listening in the Language Classroom.* Cambridge: Cambridge University Press
Jackendoff, R. (2007) *Language, Consciousness, Culture: Essays on Mental Structure.*

Cambridge: MIT Press
Jackendoff, R. (2010) *Meaning and the Lexicon.* Oxford: Oxford University Press
Stern, H. (1983) *Fundamental Concepts of Language Teaching.* Oxford: Oxford University Press
（言語教育の基本的な考え方を体系的に展開した名著。）

第 3 章　聴解

Altmann, G. (ed.) (1990) *Cognitive Models of Speech Processing: Psycholinguistic and Computational Perspectives.* Cambridge: Cambridge University Press
Anderson, A. and Lynch, T. (1988) *Listening.* Oxford University Press
Brownell, J. (1996) *Listening; Attitudes, Principles, and Skills.* Boston: Allyn and Bacon
（リスニングの原理や基本的なメカニズムを概観している。）
Buck, G. (2001) *Assessing Listening.* Cambridge: Cambridge University Press
Davis, P. and Rinvolucri, M. (1998) *Dictation.* Cambridge: Cambridge University Press
Field, J. (2008) *Listening in the Language Classroom.* Cambridge: Cambridge University Press
（聴解のメカニズムを概観しながら，過程重視のリスニング観を展開する。）
Flowerdew, J. and Miller, L. (2005) *Second Language Listening.* Cambridge: Cambridge University Press
Helgesen, M. and Brown, S. (2007) *Listening.* New York: McGraw Hill
Kintsch, W. (1998) *Comprehension: A Paradigm for Cognition.* Cambridge: Cambridge University Press
河野義章編著　『授業研究法入門』　東京　図書文化社　2009 年
Nakamori, T. (2009) *Chunking and Instruction: The Place of Sounds, Lexis, and Grammar in English Language Teaching.* Tokyo: Hituzi Syobo
Nunan, D. and Miller, L. (eds.) (1995) *New Ways in Teaching Listening.* Alexandria: TESOL
Rost, M. (1990) *Listening in Language Learning.* Harlow: Longman
Rost, M. (2002) *Teaching and Researching Listening.* Harlow: Pearson Education
佐野正之編著『アクション・リサーチのすすめ』東京　大修館書店　2000 年
Ur, P. (1984) *Listening Comprehension.* Cambridge: Cambridge University Press
White, G. (1998) *Listening.* Oxford University Press
Wilson, J. (2008) *How to Teach Listening.* Harlow: Pearson Education

第 4 章　発話

○発音の指導

Bailey, K. and Savage, L. (eds.) (1994) *New Ways in Teaching Speaking.* **Alexandria: TESOL**
Celce-Murcia, M., Brinton, D. and Goodwin, J. (1996) *Teaching Pronunciation.* **Cambridge: Cambridge University Press**
Dalton, C. and Seidlhofer, B. (1994) *Pronunciation.* Oxford: Oxford University Press
Hewings, M. (2004) *Pronunciation Practice Activities.* **Cambridge: Cambridge University Press**
Kelly, G. (2000) *How to Teach Pronunciation.* Harlow: Pearson Education
Laroy, C. (1995) *Pronunciation.* **Oxford University Press**
Nakamori, T. (2009) *Chunking and Instruction: The Place of Sounds, Lexis, and Grammar in English Language Teaching.* Tokyo: Hituzi Syobo
Underhill, A. (2005) *Sound Foundations.* **Oxford: Macmillan**

○発話の指導

Bailey, K. (2005) *Speaking.* New York: McGraw-Hill
Bailey, K. and Savage, L. (eds.) (1994) *New Ways in Teaching Speaking.* **Alexandria: TESOL**
Boxer, D. and Cohen, A. (eds.) (2004) *Studying Speaking to Inform Second Language Learning.* Clevedon: Multilingual Matters
Bygate, M. (1987) *Speaking.* Oxford: Oxford University Press
Day, R. (ed.) (1986) *Talking to Learn.* London: Newbury House
Fulcher, G. (2003) *Testing Second Language Speaking.* London: Longman
Granger, C. (2004) *Silence in Second Language Learning.* Clevedon: Multilingual Matters
Guillot, M. (1999) *Fluency and it's Teaching.* Clevedon: Multilingual Matters
Harley, B., Allen, P., Cummins, J. and Swain, M. (eds.) (1990) *The Development of Second Language Proficiency.* Cambridge: Cambridge University Press
Hughes, R. (2002) *Teaching and Researching Speaking.* Harlow: Pearson Education
飯高京子・若葉陽子・長崎勤　『構音障害の診断と指導』　東京　学苑社　1987 年
Johnson, K. (1995) *Understanding Communication in Second Language* Classrooms. Cambridge: Cambridge University Press

Klippel, F. (1984) *Keep Talking*. Cambridge: Cambridge University Press
Lee, J. (2000) *Tasks and Communicating in Language Classrooms*. New York: McGraw-Hill
Luoma, S. (2004) *Assessing Speaking*. **Cambridge: Cambridge University Press**
（発話の考え方について評価の観点から整理している。）
Malamah-Thomas, A. (1987) *Classroom Interaction*. Oxford: Oxford University Press
Murphy, J. (2006) *Essentials of Teaching Academic Oral Communication*. Boston: Houghton
Nakamori, T. (2009) *Chunking and Instruction: The Place of Sounds, Lexis, and Grammar in English Language Teaching*. Tokyo: Hituzi Syobo
Nation, P. and Newton, J. (2009) *Teaching ESL/EFL Listening and Speaking*. New York: Routledge
Nolasco, R. and Arthur, L. (1987) *Conversation*. **Oxford: Oxford University Press**
Ssvignon, S. (1997) *Communicative Competence*. New York: McGraw-Hill
Thornbury, S. (2005) *How to Teach Speaking*. Harrow: Pearson Education
Thornbury, S. and Slade, D. (2006) *Conversation: From Description to Pedagogy*. Cambridge: Cambridge University Press
Underhill, N. (1987) *Teaching Spoken Language*. Cambridge: Cambridge University Press
VanPatten, B. (2003) *From Input to Output*. New York: McGraw-Hill
涌井豊・藤井和子編著　『側音化構音の指導研究』　東京　学苑社　1996年
Wong, W. (2005) *Input Enhancement*. New York: McGraw-Hill
Young, R. and He, A. (1998) *Talking and Testing*. Amsterdam: John Benjamins

第5章　読解

Aebersold, J. and Field, M. (1997) *From Reader to Reading Teacher*. Cambridge: Cambridge University Press
Alderson, J. (2000) *Assessing Reading*. Cambridge: Cambridge University Press
Anderson, N. (1999) *Exploring Second Language Reading*. Boston: Newbury House
Anderson, N. (2008) *Reading*. New York: McGraw-Hill
August, D. and Shanahan, T. (eds.) (2008) *Developing Reading and Writing in Second Language Learners*. New York: Routledge
Bamford, J. and Day, R. (eds.) (2004) *Extensive Reading Activities for Teaching Language*. **Cambridge: Cambridge University Press**
Bernhardt, E. (1991) *Reading Development in a Second Language*. Norwood: Ablex

Birch, B. (2007) *English L2 Reading*. Mahwah: Lawrence Erlbaum Associates
Carrell, P., Devine, J. and Eskey, D. (eds.) (1988) *Interactive Approaches to Second Language Reading*. Cambridge: Cambridge University Press
Colina, S. (2003) *Translation Teaching*. New York: McGraw-Hill
Day, R. (ed.) (1993) *New Ways in Teaching Reading*. Alexandria: TESOL
Day, R. and Bamford, J. (1998) *Extensive Reading in the Second Language Classroom*. Cambridge: Cambridge University Press
Fabbro, F. (1999) *The Neurolinguistics of Bilingualism: An Introduction*. Hove: Psychology Press
（外国語と脳の関係について様々な症例を踏まえて概説した意欲作。）
Feuerstein, T. and Schcolnik, M. (1995) *Enhancing Reading Comprehension in the Language Learning Classroom*. San Francisco: Alta Book
Grabe, W. (2009) *Reading in a Second Language: Moving from Theory to Practice*. Cambridge: Cambridge University Press
（読解の学習と指導について体系的にまとめている。）
Grabe, W. and Stoller, F. (2002) *Teaching and Researching Reading*. Harlow: Pearson Education
Grellet, F. (1981) *Developing Reading Skills*. Cambridge: Cambridge University Press
Gunderson, L. (2009) *ESL (ELL) Literacy Instruction*. New York: Routledge
萩原裕子　『脳にいどむ言語学』　東京　岩波書店　1998 年
Hatim, B. (2001) *Translation*. Harlow: Longman
本庄厳編著　『脳からみた言語』　東京　中山書店　1997 年
伊藤和夫　『英文解釈教室』　東京　研究社　1977 年
Koda, K. (2005) *Insights into Second Language Reading*. Cambridge: Cambridge University Press
Koda, K. (ed.) (2007) *Reading and Language Learning*. Oxford: Blackwell
Koda, K. and Zehler, A. (eds.) (2008) *Learning to Read across Languages*. New York: Routledge
Nation, P. (2009) *Teaching ESL/EFL Reading and Writing*. New York: Routledge
Nuttall, C. (1982) *Teaching Reading Skills in a Foreign Language*. Oxford: Heinemann
Seymour, S. and Walsh, L. (2006) *Essentials of Teaching Academic Reading*. Boston: Houghton
Smith, F. (1994) *Understanding Reading*. Hillsdale: Lawrence Erlbaum Associates
（読解とは何かについてメカニズムを詳述している。）
Wallace, C. (1992) *Reading*. Oxford: Oxford University Press

第6章 作文

○つづりの指導

Cook, V. and Bassetti, B. (eds.) (2005) *Second Language Writing Systems*. Clevedon: Multilingual Matters

Jones, S. and Deterding, D. (2007) *Phonics and Beginning Reading*. New York: McGraw-Hill

Nakamori, T. (2009) *Chunking and Instruction: The Place of Sounds, Lexis, and Grammar in English Language Teaching*. Tokyo: Hituzi Syobo

Nunes, T. and Bryant, P. (2009) *Children's Reading and Spelling*. West Sussex: Wiley

Shemesh, R. and Waller, S. (2000) *Teaching English Spelling*. Cambridge: Cambridge University Press

Wood, C. and Connelly, V. (eds.) (2009) *Contemporary Perspectives on Reading and Spelling*. London: Routledge

○作文の指導

Brookes, A. and Grundy, P. (1998) *Beginning to Write*. Cambridge: Cambridge University Press

Campbell, C. (1998) *Teaching Second-Language Writing*. Boston: Newbury House

Chandrasegaran, A. and Tang, K. (2008) *Teaching Expository Writing*. New York: McGraw-Hill

Ferris, D. and Hedgcock, J. (1998) *Teaching ESL Composition*. Mahwah: Lawrence Erlbaum Associates

Graham, S., MacArthur, C. and Fitzgerald, J. (eds.) (2007) *Best Practices in Writing Instruction*. New York: Guilford Press

Harmer, J. (2004) *How to Teach Writing*. Harlow: Pearson Education

Hedge, T. (2005) *Writing*. Oxford: Oxford University Press

Hudson, T. (2007) *Teaching Second Language Reading*. New York: Oxford University Press

Hyland, K. (2002) *Teaching and Researching Writing*. Harlow: Pearson Education

Hyland, K. (2003) *Second Language Writing*. Cambridge: Cambridge University Press

Kroll, B. (ed.) (1990) *Second Language Writing*. Cambridge: Cambridge University Press

Kroll, B. (ed.) (2003) *Exploring the Dynamics of Second Language Writing*. Cambridge: Cambridge University Press

Leki, I. (ed.) (2001) *Academic Writing Programs*. Alexandria: TESOL

Leki, I., Cumming, A. and Silva, T. (2008) *A Synthesis of Research on Second Language Writing in English*. London: Routledge

MacArthur, C., Graham, S. and Fitzgerald, J. (eds.) (2006) *Handbook of Writing Research*. New York: Guilford Press
（作文研究について系統的にまとめている。）

Nation, P. (2009) *Teaching ESL/EFL Reading and Writing*. New York: Routledge

Reid, J. (2006) *Essentials of Teaching Academic Writing*. Boston: Houghton

Shaw, S. and Weir, C.(2007) *Examining Writing*. Cambridge: Cambridge University Press

Tribble, C. (1996) *Writing*. Oxford: Oxford University Press

Weigle, S. (2002) *Assessing Writing*. Cambridge: Cambridge University Press

White, R. (ed.) (1995) *New Ways in Teaching Writing*. **Alexandria: TESOL**

Williams, J. (2005) *Teaching Writing in Second and Foreign Language Classrooms*. New York: McGraw-Hill

Wolfe-Quintro, K., Inagaki, S. and Kim, H. (1998) *Second Language Development in Writing: Measures of Fluency, Accuracy, and Complexity*. **Honolulu: University of Hawaii Press**

第 7 章　4 技能を取り入れた語彙の指導

Boers, F. and Lindstromberg, S. (2009) *Optimizing a Lexical Approach to Instructed Second Language Acquisition*. Hampshire: Palgrave Macmillan

Bygate, M., Tonkyn, A. and Williams, E. (eds.) (1994) *Grammar and the Language Teacher*. London: Prentice Hall

Carter, R. (1987) *Vocabulary: Applied Linguistic Perspectives*. London: Routledge

Carter, R. and McCarthy, M. (1988) *Vocabulary and Language Teaching*. London: Longman

Coady, J. and Huckin, T. (eds.) (1997) *Second Language Vocabulary Acquisition*. Cambridge: Cambridge University Press

Coxhead, A. (2006) *Essentials of Teaching Academic Vocabulary*. **Boston: Thomson Heinle**

Hatch, E. and Brown, C. (1995) *Vocabulary, Semantics, and Language Education*. Cambridge: Cambridge University Press

Lewis, M. (1986) *The English Verb*. Hove: Language Teaching Publications

Lewis, M. (1993) *The Lexical Approach*. Hove: Language Teaching Publications

Lewis, M. (1996) 'Implications of a lexical view of language' in Willis & Willis (eds.):

10-16

Lewis, M. (1997a) *Implementing the Lexical Approach*. Hove: Language Teaching Publications

Lewis, M. (1997b) 'Pedagogical implications of the lexical approach' in Coady & Huckin (eds.): 255-270

Lewis, M. (ed.) (2000) *Teaching Collocation: Further Developments in the Lexical Approach*. Hove: Language Teaching Publications

Morgan, J. and Rinvolucri, M. (2004) *Vocabulary*. Oxford: Oxford University Press

Nakamori, T. (2009) *Chunking and Instruction: The Place of Sounds, Lexis, and Grammar in English Language Teaching*. Tokyo: Hituzi Syobo

Nation, P. (1990) *Teaching and Learning Vocabulary*. Boston: Heinle & Heinle

Nation, P. (ed.) (1994) *New Ways in Teaching Vocabulary*. Alexandria: TESOL

Nation, P. (2001) *Learning Vocabulary in Another Language*. Cambridge: Cambridge University Press

Nation, P. (2008) *Teaching Vocabulary: Strategies and Techniques*. Boston: Heinle & Heinle

Read, J. (2000) *Assessing Vocabulary*. Cambridge: Cambridge University Press

Richards, B., Daller, M., Malvern, D., Meara, P., Milton, J. and Treffers, Daller, J. (eds.) (2009) *Vocabulary Studies in First and Second Language Acquisition*. London: Macmillan

Schmitt, N. (2000) *Vocabulary in Language Teaching*. Cambridge: Cambridge University Press

Schmitt, N. and McCarthy, M. (eds.) (1997) *Vocabulary: Description, Acquisition and Pedagogy*. Cambridge: Cambridge University Press

Thornbury, S. (2002) *How to Teach Vocabulary*. Harlow: Pearson Education

Willis, D. (1990) *The Lexical Syllabus*. London: Collins ELT

Willis, D. (1994) 'A Lexical Approach' in Bygate, Tonkyn & Williams (eds): 56-66

Willis, D. (2003) *Rules, Patterns, and Words*. Cambridge: Cambridge University Press

Willis, D. and Willis, J. (eds.) (1996) *Challenge and Change in Language Teaching*. London: Hieneman

第8章 4技能を取り入れた文法の指導

Batstone, R. (1994) *Grammar*. Oxford: Oxford University Press

Bygate, M., Tonkyn, A. and Williams, E. (eds.) (1994) *Grammar and the Language Teacher*. London: Prentice Hall

Celce-Murcia, M. and Hilles, S. (1988) *Techniques and Resources in Teaching Grammar.* Oxford: Oxford University Press

Celce-Murcia, M. and Larsen-Freeman, D. (1999) *The Grammar Book.* **Boston: Heinle & Heinle**

Cook, G. (1989) *Discourse.* Oxford: Oxford University Press

DeKeyser, R. (ed.) (2005) *Grammatical Development in Language Learning.* Oxford: Blackwell

Ellis, R. (ed.) (2001) *Form-focused Instruction and Second Language Learning.* Oxford: Blackwell

Farley, A. (2005) *Structured Input: Grammar Instruction for the Acquisition-oriented Classroom.* Boston: McGraw-Hill

Fotos, S. and Nassaji, H. (eds.) (2007) *Form-focused Instruction and Teacher Education.* Oxford: Oxford University Press

Heine, B. and Narrog, H. (eds.) (2010) *The Oxford Handbook of Linguistic Analysis.* **Oxford: Oxford University Press**
（現代文法理論の集大成。網羅的に編纂されている。）

Hinkel, E. and Fotos, S. (eds.) (2002) *New Perspectives on Grammar Teaching in Second Language Classrooms.* Mahwah: Lawrence Erlbuam Associates

Larsen-Freeman, D. (2003) *Teaching Language: From Grammar to Grammaring.* **Boston: Heinle & Heinle**

Nakamori, T. (2009) *Chunking and Instruction: The Place of Sounds, Lexis, and Grammar in English Language Teaching.* **Tokyo: Hituzi Syobo**

Nation, P. and Newton, J. (2009) *Teaching ESL/EFL Listening and Speaking.* **New York: Routledge**

Nunan, D. (2005) *Grammar.* **Boston: McGraw-Hill**

Odlin, T. (ed.) (1994) *Perspectives on Pedagogical Grammar.* Cambridge: Cambridge University Press

Pennington, M. (ed.) (1995) *New Ways in Teaching Grammar.* **Alexandria: TESOL**

Purpura, J. (2004) *Assessing Grammar.* Cambridge: Cambridge University Press

Rutherford, W. (1987) *Second Language Grammar.* London: Longman

Rutherford, W. and Sharwood Smith, M. (eds.) (1988) *Grammar and Second Language Teaching.* New York: Newbury House

Thornbury, S. (1999) *How to Teach Grammar.* Harlow: Pearson Education

Thornbury, S. (2001) *Uncovering Grammar.* **London: Mcmillan**

Ur, P. (1988) *Grammar Practice Activities.* **Cambridge: Cambridge University Press**

Wajnryb, R. (1990) *Grammar Dictation.* **Oxford: Oxford University Press**

あとがき

　英語教育には「理論」はない，必要なことではない，教育現場から乖離して何ら恩恵をもたらさない，というふうに学者や教師の間ではささやかれ，繰り返しいわれ続けている。英語教育は，技術上の分析対象と，経験に基づく方法の伝承として扱われてはきたが，学問領域として認知されてはこなかった。英語は言語でありことばである。言語を教育する中に，理論は存在しないのであろうか。

　日本の英語教育の位置付けは時代とともに変遷し，英語教師たちは，国家に対する責任，教育者としての成すべき信念を持って教壇に立ってきた。教育を大局的に見据え，次世代を担う人間の陶冶に情熱を傾けた。

　今，こうした英語教育者たちの築いてきた精神を空費し，風化させてはいないであろうか。

　英語教育のあり方を考えるとき，あまりにも局所的な小さな部分に目を奪われがちである。そのほころびを探し出し，理論的に根拠の定まらない次々と沸いてくる言説をもとに，補修に明け暮れている現状である。

　祖国の英語教育理論構築を願う筆者に，恩師 Neil Smith 教授から贈られた言葉「人間が生きていく上で最も大切なことは，人としての使命，生きることへの情熱，枯れることのない興味，関心，そして人生の幸福である」を胸に，英国留学から帰国した。

　難病と闘い，入院生活を送る恩師を訪ねた。静かに目を開いた師は，熱のある声で小さく話しかけられた。「教育は，セオリーで考えて…」そう言われ私の将来を心に掛け，灰色の瞳で見つめられたこと，それが師との別れとなり，教えとなった。

　理論が，人間共通の原理を証明する哲学であるならば，英語教育の根底には，教師たちの人間愛に基づく普遍の真理が息づき，教育者としての理念と哲学に貫かれた理論が存在するはずである。そのような思いから，本書を

「理論」と命題したことをお許しいただきたい。

　理論が，教壇に立つ全てのひとの授業力を支え，授業改善力向上に寄与し，英語教育者としての道程の中で，その一筋に光を照らし，心の傍らにあることを切望している。

著　者

索　引

A
alignment　35
analysis by synthesis　9
aspiration　7
authentic English　179

C
CALL　93, 109, 201
categorical perception　8
chunk　48
chunking　48
code switching　183
cognitive economy　19
coherence　192
cohort model　20
common errors　112
communication strategies　121
Communicative Language Teaching　60
consciousness raising　172
copy & paste　202
cue　35

D
double limited　183
drama method　244, 295

E
exposition　36

F
fixation　13

G
GA　66, 104, 131

H
Humanistic Approach　146

L
language production across the lifespan　34
late closure strategy　25
lemma　33
lexeme　33
Lexical Approach　67
lexical decision task　14
lexicalisation　33
logogen model　20

M
macrostructure　27, 84, 153
mental model　17
meta-language　48
microstructure　27, 84, 153
minimal attachment strategy　25
minimum essentials　112
monitoring　11, 34
mora　104
motor theory of speech perception　8

N
narrative　36
normalise　7
Noticing　94

O
oral introduction　172

P
pattern　70
perceptual span　13
priming　21
pro-form　41
pro-NP　42
Processing Instruction　94

R
recast　126

reference　17
regression　13
RP　66, 104, 131

S
saccade movement　13
schema　29
script　29
self-reference effect　27
semantic priming　21
sense relation　17
story grammar　29
Suggestopedia　146
syntactic planning　33
syntactic priming　35

T
tachistoscope　13
template　19
tip of the tongue　33
TPR　51, 139
tuning　109
turn-taking　35, 145

U
unity　192

W
w.p.m.　160
word-superiority effect　14
wrong mind set　107

あ
アイデンティティー　65
曖昧語　21
アクション・リサーチ　113, 114
アスペクト　257
アルファベット　12, 155, 176, 205
暗記　83, 235, 238

い
言い誤り　31, 34
一貫性　28, 39
一致要素　144
意味記憶システム　29, 33

意味チャンク　50, 160, 163
意味の場　20
意味役割　22, 33, 39, 153
意味役割の付与　5, 22
イントネーション　10, 120, 130, 140
韻律　9, 10, 52

う
渦巻き型　199, 213

え
英英辞書　140
英文和訳　166
演繹法　261

お
音響音声学　7
音声化　32, 34
音声規則　9
音声体系　9
音声脱落　81
音声チャンク　50, 92, 163
音声の自然さ　9
音声変化　81, 91, 92, 93, 130
音節　34, 40, 92, 104, 148, 246
音節文字　12
音素　8, 81, 92, 104, 148, 184
音読　50, 54, 92, 124, 150, 162

か
外国語学習理論　76
外国語教育学　72
解釈　5, 25
解読　6, 12, 83, 155, 161, 176, 234
概念化　32, 33
概念・機能シラバス　66, 69
概念構造　29, 237, 268
会話　35, 51, 88, 94, 106, 119, 123, 145
会話分析　123
書き言葉　108, 121, 124, 145, 190
書き取り　90, 93, 109, 206, 219
学習　183
学習指導案　112, 290
学習指導要領　72
格付与　23

カタカナ英語　103
学校教育臨床　71, 113
学校文法　253, 258
過程重視の指導観　57
過程重視の指導法　200, 214
仮定法　141
カリキュラム　112
カリキュラム設計　290
眼球運動　25, 38
関係代名詞　24
干渉　82, 160, 213, 237

き
キーワード　92, 94, 107, 133, 221
記憶　5, 228, 231, 238, 254
記憶システム　48
聞き間違い　81, 103
規則システム　48
気付き　83, 95, 258
機能　136, 173
技能教科　113
機能語　177, 239
技能の比率　65
機能範疇　184
帰納法　261
旧情報　28
共起　17, 232, 233
教材　216
強勢　10, 92, 103, 130, 143
協同学習　203, 207
協同作業　35, 59, 90

く
偶発的習得　166
句構造規則　23
屈折　16
クレオール　182

け
形式化　32, 33, 56
形態素　5, 16, 81, 257, 264
言語運用　253
言語活動　125
言語記述・言語分析のための文法　70, 167, 258

言語技能　56, 74
言語錯綜　183
言語知識　56, 89, 120, 253, 254
言語帝国主義　65
言語理解・言語表出のための文法　70, 167, 259
検索　20

こ
語彙知識　229
語彙中心の指導法　47, 66
語彙能力　229
構音　148
構音障害　148
項構造　22, 105, 153
口語体　108, 121, 189
構成要素　23, 41, 54, 105, 179
構造　33, 48, 105, 160, 259, 267
構造言語　22, 28, 54, 153
構造主義　72
構造処理　5, 23, 154, 168
拘束・束縛形態素　16
後置修飾　24, 50, 145
膠着言語　22
行動主義理論　76
口頭練習　97
高頻度語彙　14, 21, 171, 231
構文　38, 48, 107, 178, 259, 268
構文解析技術　108, 167, 259
語幹　16
国際語　65, 122
語順　22, 48, 105, 153, 178, 259, 267
個別言語　6
コミュニケーション能力　59, 65
コミュニケーション理論　76, 143, 254
語用論的知識　5, 26, 52, 82, 119

さ
作業記憶　5, 82, 153
3人称単数現在形　35, 66, 149, 257, 265

し
子音　6, 130
子音連続　103, 104
識別　150

視線　37, 38
視点追跡　12, 37
自動化　14, 50, 101, 142, 144, 190, 266
自動詞　22, 66, 145
自動修正機能　11
自動処理　89
弱化　81, 265
弱形　91, 130, 140
修辞学　195, 199
修飾要素　25
自由形態素　16
習得　183
自由発話　131, 142
修復　35
授業研究　38, 62, 111
主題文　99, 131, 165, 179, 221
受容語彙　63, 137, 204, 235
手話　181
使用域　17
情意フィルター　76, 146
状況　29, 120
情報構造　28
情報処理理論　76
助詞　22
処理系　5, 15, 56
処理負担　166
処理方策　30
シラバス　112
シラバス・デザイン　113, 290
自律学習　57, 63, 73
新情報　28
心的辞書　15, 81, 83, 120, 153, 229

す
推論　26, 87, 290
スキミング　30, 164
スキャニング　30, 164
ストレス言語　4
スペクトログラフ　7

せ
正確さ　57, 121, 136, 141, 192, 263
成果・知識重視の指導観　57
制御　89
制御作文　64, 199, 206

精読　166
生得主義　72
生得主義理論　76
生得的　181
青年心理　146

そ
総合英語　47, 57, 99, 289
相互作用主義　76
相互作用分析　113
増　24
速読　105

た
ダイクシス　86, 108
体制化　15, 81, 237
第2言語習得理論　59, 61, 75, 264
多義語　21
タスク　61, 67, 125
正しい知覚率　11
多聴　92
他動詞　22, 66, 145
多読　165
段階性　60, 71, 136
短期記憶　5, 82
単語　228
単語認識　14, 84, 153, 234
段落構成　200, 206
談話　119, 123
談話知識　27
談話分析　123

ち
チャンク　45, 48, 178, 231, 254
チャンク処理　48, 54, 92, 160
調音　148
調音位置　6
調音音声学　6
調音器官　6
調音動作　9, 93
調音様式　6
長期記憶　5, 82, 153
直線型　199, 213
直訳　140, 145, 268
貯蔵　15, 237

直観　254

つ
つづり　14, 34, 92, 103, 205, 234
つぶやき読み　9, 12, 54, 154, 161, 176

て
ティーム・ティーチング　143
定型表現　33, 48, 51, 70, 97, 138, 206, 228
低頻度語彙　100, 141, 174, 180, 232
適切さ　121, 136, 192, 263
添削の活動　203
伝統文法　256, 258

と
同音異義語　39, 103
同義語　18
統御　5, 27, 84, 85, 91, 106, 153, 156
統合　55, 59, 99, 124
統合技能　288
トーン　51, 103, 120, 140, 143
読解速度　54
トップダウン処理　30, 58, 94, 106, 158

な
内語　12
内容語　132, 177
なぞり読み　160

に
入力系　5, 6
人間陶冶　74

ね
ネットワーク　20, 39, 173, 238, 248

の
脳内の翻訳機　49, 84, 120, 138, 159

は
背景知識　27, 32, 89, 92, 98, 158, 172, 178
バイリンガル失語症　183
波及的　20
派生　16
派生形態素　16

発音
発音　88, 92, 109, 130, 138, 143
発見学習　233, 261
発表語彙　63, 126, 137, 204, 235
発話　119
発話行為　143
話し言葉　88, 108, 145, 190
場面　29
反意語　18

ひ
ピジン　182
百科事典的知識　5, 27, 33, 82, 153, 290
表語文字　11
表出技能　55, 64
剽窃行為　202
品詞　259, 266
頻度　218, 231

ふ
フィードバック　63, 76, 126
フォニックス　34, 177
複雑さ　121, 136, 192, 263
袋小路文　24
符号化　32, 34, 56
普遍文法　182, 253
文語体　108, 121, 180, 189, 232
文処理　22, 24, 38
分節化　8, 81
文復元　93, 109
文法機能　258, 265
文法シラバス　47, 69
文法性判断　253
文法訳読法　48, 49, 156, 167, 237, 258
文脈　29, 232, 239, 266, 269
文脈効果　166

へ
変種　104

ほ
母音　6, 130, 143
包摂関係　19
母語読解リサイクル　155
保持　27
ボトムアップ処理　30, 58, 92, 160

翻訳　168

ま
間　10, 50, 132, 145
まとまりのある文章　27, 35, 88

み
未知語　99, 107, 163, 232

む
無意識的習得　232
無意味語　21
無声音　7

め
メタ言語能力　70

も
モーラ言語　4
黙読　161
文字　154, 234
モニター　32, 34, 144, 253

や
訳読リサイクル　155
野生児　181

ゆ
有声音　7

よ
要約　100, 133, 140, 172, 206, 208, 293
抑揚　10, 130, 143
余剰性　257
余波効果　295
4技能　55, 288

ら
螺旋　52, 67, 217, 264

り
理解可能なインプット　59, 61
理解技能　55, 64
リズム　85, 92, 131
流暢さ　35, 57, 121, 136, 141, 192, 263
臨界期　181

れ
レディネス　60, 63, 66, 88, 92, 217
連語　17, 228, 231, 233
連続音声　9

ろ
ローマ字　205
ローマ字読み　176
論理構成　97, 107, 131, 200

わ
和文英訳　196

【著者紹介】

中森 誉之（なかもり たかゆき）

〈学歴〉横浜国立大学教育学部中学校教員養成課程英語科（学士）、ロンドン大学（UCL）大学院音声学・言語学研究科（言語学修士）、東京学芸大学大学院連合学校教育学研究科（教育学博士）。

〈職歴〉日本学術振興会特別研究員、横浜国立大学非常勤講師を経て、現在京都大学大学院人間・環境学研究科准教授。

〈主要著書〉*Chunking and Instruction: The Place of Sounds, Lexis, and Grammar in English Language Teaching*（2009 ひつじ書房）、『学びのための英語学習理論―つまずきの克服と指導への提案』（2009 ひつじ書房）。

学びのための英語指導理論―4技能の指導方法とカリキュラム設計の提案

発行	2010年10月12日 初版1刷
定価	2600円＋税
著者	Ⓒ 中森誉之
発行者	松本 功
印刷・製本	モリモト印刷株式会社
発行所	株式会社 ひつじ書房
	〒112-0011 東京都文京区千石2-1-2 大和ビル2階
	Tel.03-5319-4916 Fax.03-5319-4917
	郵便振替 00120-8-142852
	toiawase@hituzi.co.jp　http://www.hituzi.co.jp

ISBN978-4-89476-527-6

造本には充分注意しておりますが、落丁・乱丁などがございましたら、小社かお買上げ書店にておとりかえいたします。ご意見、ご感想など、小社までお寄せ下されば幸いです。

● ● ● ● ● ● ● ● ▶ 刊行案内 ▶ ● ● ● ● ● ● ● ●

学びのための英語学習理論―つまずきの克服と指導への提案
中森誉之著　定価 2,400 円＋税

ベーシック英語史
家入葉子著　定価 1,600 円＋税

ベーシック生成文法
岸本秀樹著　定価 1,600 円＋税

学びのエクササイズ認知言語学
谷口一美著　定価 1,200 円＋税

学びのエクササイズことばの科学
加藤重広著　定価 1,200 円＋税